Ellen Gunderson Traylor

VOM FINDELKIND ZUM VOLKSBEFREIER

Ellen Gunderson Traylor

Vom Findelkind zum Volksbefreier

Leuchter-Verlag eG · D-6106 Erzhausen

Titel der Originalausgabe: MOSES — THE DELIVERER

Übersetzung: KH. Neumann
Umschlaggestaltung: Dieter Illgen, Hannover

1. Auflage: Oktober 1991

ISBN 3-87482-154-4

Gesamtherstellung:
Schönbach-Druck GmbH, 6106 Erzhausen

INHALT

EIN WORT AN DEN LESER

Die Geschichte Moses ist eine der größten aller Zeiten. Deshalb kann ein Buch ihrer Wichtigkeit auch nicht gerecht werden, wenn es nicht zu umfangreich werden soll. Als ich begann, wenigstens einiges von dieser Großartigkeit zu Papier zu bringen, stand ich sofort vor dieser überwältigenden Tatsache.

Schon bald erkannte ich, daß die Periode im Leben Moses, die mit seiner Geburt beginnt und bis zum Auszug des Volkes Israel aus Ägypten reicht, Dimensionen annahm, durch welche die Grenzen eines einzigen Bandes gesprengt wurden.

Ähnlich ging es mir dann mit der zweiten Hälfte seiner Lebensgeschichte, in der Moses das Volk Israel von der Grenze Ägyptens bis zur Grenze ihres verheißenen Landes führte.

Aus diesem Grunde wird uns dieses Buch mit seinem Höhepunkt bis zur dramatischen Auseinandersetzung zwischen Mose und dem Pharao Ägyptens bringen, die dazu führte, daß Israel die Ketten seiner Sklaverei loswurde. Der weitere Teil der Geschichte, die in einem zweiten Band folgen wird, läßt dann auch Josua, den *Krieger Gottes,* als eine der Zentralfiguren dieses gewaltigen Volkszuges mit in dem folgenden Band auftreten, in dem wir den Weg des auserwählten Volkes Gottes durch die Wüste in das ihnen verheißene Land verfolgen können.

Während des Schreibens wurde mir immer wieder groß, auf welch wunderbare Weise Gott Seine Pläne verwirklicht.

Am meisten aber bewegte mich Gottes väterliches Herz denen gegenüber, die beginnen, Ihn zu suchen.

Ellen Gunderson Traylor
Spokane, Washington

PROLOG

Weißes Mondlicht fiel durch das einzige Fenster von Jochebeds Ein-Zimmer-Haus. Sie selbst saß, den Rücken an die Wand gelehnt, neben dem Fenster. Ihr zum Himmel emporgehobenes Antlitz zeigte den seltenen Ausdruck von Friede und Zufriedenheit. Als ihr bewußt wurde, daß etwas vom Silberlicht des Mondes auch auf ihren schon leicht anschwellenden Leib fiel, mußte sie lächeln und strich mit der Hand zärtlich darüber.

In einigen Wochen würde sie wohl die ersten leichten Geburtswehen verspüren. Und noch einige Wochen später würde sie wieder schweigend neben diesem Fenster sitzen und ihren neugeborenen Sohn stillen. Denn Jochebed wußte: Dieses Kind würde ein Sohn werden! Etwas in ihrem Herzen sagte ihr das.

Leise summte sie ein Schlummerlied aus dem alten Land ihrer Vorfahren vor sich hin und redete sich ein, das Kind in ihr würde es hören und dabei ihre mütterliche Liebe verspüren. Dabei betrachtete sie im Mondlicht die vor einigen Tagen angefangene Webarbeit, die sie jeden Tag fortsetzen würde, wenn es hell genug wurde. Es war eine kleine und besonders geformte Decke für den neuen Sohn.

Das Muster, das sie in die Decke wob, war das Erkennungszeichen des Stammes ihres Mannes, das auch in dem Stirnband zu finden war, das sie trug. Vom Zeitpunkt an, da ihr Sohn ein Mann wurde, würde er diese Decke als heiligen Mantel tragen, wenn immer er im Gebet vor seines Vaters Gott trat.

Gerade jetzt wurde das Schnarchen ihres Gatten Amram besonders laut, der an der anderen Wand auf ihrem gemeinsamen kärglichen Lager schlief. Zu schade, dachte sie, daß er nicht verstand, welcher Luxus eine so ruhige Nachtstunde für die junge Mutter war. Doch Frauen, deren Los auf dieser Erde so schwer war wie das der Israelitinnen, brauchten ab und zu ein wenig Zeit ganz für sich allein.

Amrams Leben war natürlich keinesfalls leichter. Kein ägyptischer Sklave, war er nun Semite oder dunkelhäutig, Mann oder Frau, hatte bei diesen rücksichtslosen Herren ein leichtes Leben.

Jochebed war zwar in Ägypten geboren, doch ihre Mutter war als Sklavin aus Nubien gebracht worden und hatte ihr oft von dem frohen und freien Leben im Lande ihrer dunkelhäutigen Vorfahren erzählt. Und manchmal hatte es auch in ihrem eigenen Sklavenleben kurze Augenblicke der Freude gegeben. Doch im allgemeinen war es ein schweres und unbefriedigendes Leben voll harter Sklavenarbeit und Unfreiheit.

Sie wußte, daß Amram sie liebte. Und während sie nun zärtlich den Schlafenden betrachtete, mußte sie an den Augenblick denken, da sie ihn zum ersten Mal gesehen hatte. Seine Gegenwart strahlte noch genausoviel Ruhe und Sicherheit aus wie damals.

Dieser schon lange zurückliegende Tag hatte damals für sie wie ein Alptraum begonnen, weil ägyptische Soldaten in ihr Dorf, das in der Ebene Gosen lag, eingedrungen waren. Die Ägypter hatten ja das Recht, die Sklavenwohnorte zu jeder Zeit zu betreten. Aber sogar eine Gefängniszelle kann eine Art Heim werden, wenn man das ganze Leben darin verbringen muß. Doch als die Soldaten die Straßen ihres Wohnorts durchstreiften, zerstörten sie für Jochebed die Geborgenheit des einzigen sicheren Platzes, den sie auf Erden kannte.

Die Felder der Ägypter, auf denen sie jeden Tag arbeiten mußte, waren nicht sicher. Mehr als einmal hatte sie den Schmerz verspürt, wenn die Peitsche eines Aufsehers ihren

Rücken traf. Und schon als kleines Mädchen hatte sie mit ansehen müssen, wie ihr Vater und die Mutter von ihren Herren zu Unrecht geschlagen wurden. Einmal war sie Zeuge geworden, wie eine ihrer Freundinnen von einem der Aufseher grob hinter ein Gebüsch gezerrt wurde, wo er seine sexuellen Gelüste an ihr ausließ.

Doch das Getto, in das sich die Sklavenfamilien bei Sonnenuntergang zurückziehen durften, war so etwas wie ein Zufluchtsort. Gewiß waren ihre Hütten nur armselige Behausungen mit gestampften Lehmböden und zwischen den Hütten offene kleine Abflußgräben für allen Unrat. Doch es kam so gut wie nie vor, daß ein Ägypter sich in die ärmlichen und ungesunden Wohnplätze der Sklaven wagte.

Deshalb war es für das Mädchen ein unheilvolles Erlebnis gewesen, das sie nie vergaß, als die ägyptischen Soldaten kamen und ganz plötzlich in die Wohnplätze der Sklaven einbrachen.

Jochebed war an die von der Sonne braungebrannten Gesichter der semitischen Sklaven gewöhnt, die mit ihnen in dem Dorf wohnten. Ihr Vater Gerschom war einer von ihnen. Ein Hebräer aus dem Stamme Levi — intelligent und stolz —, dessen Geist auch durch den harten Sklavendienst nie gebrochen werden konnte. Und auch die schwarzen Gesichter der Afrikaner, Nubier, Libyer und Äthiopier kannte sie. Ihre Mutter war eine von ihnen. Groß und schlank gewachsen, floß prinzliches Blut in ihren Adern. Sie war ebenso stolz wie Gerschom, den sie leidenschaftlich liebte.

Doch Jochebed hatte noch nie viele Ägypter auf einmal gesehen. Die Sklaven in den Städten waren an die Ägypter gewöhnt, aber zu ihnen auf die Felder kam selten einer dieser stolzen und überheblichen Menschen. Sie hatten ihre Aufseher, die früher meist selbst Sklaven gewesen waren; und die waren meist noch härtere Herren als die Ägypter selbst.

Groß und schlank und glattrasiert, mit bleichen, leicht olivfarbenen Gesichtszügen und geraden, dünnen Nasen, boten die Ägypter ein Bild des Schreckens, als sie an jenem

Morgen schwerbewaffnet und unter lauten Kommandorufen überraschend in das Sklavendorf eingedrungen waren. Sie hatten die Bewohner zusammengetrieben und mit Peitschen und vorgehaltenen Waffen fortgeführt nach Ra-Amses, der von Pharao so geliebten Stadt im Nildelta.

So war ihr Leben von einem Augenblick zum anderen verändert worden. Weil sie und die anderen Sklaven nun für Pharao Thutmoses an einem schlammigen Seitenarm des Nils Ziegel herstellen und brennen mußten, statt in der schönen Landschaft Gosen auf den Feldern zu arbeiten.

Doch so bitter dieses Ereignis einerseits gewesen war, hatte es doch andererseits auch etwas Hoffnung mit sich gebracht. Denn dadurch waren sie mit vielen anderen hebräischen Sklaven zusammengebracht worden, mit denen sie gemeinsam für Pharaos Traumstadt Ziegel herstellen mußten.

Damals hatte sie auch zum ersten Mal Amram gesehen. Eigentlich sah Amram sie früher als sie ihn. Und er hatte, wie er ihr später einmal gestand, beim ersten Blick schon sein Herz an sie verloren. Als er dann auch noch hörte, daß sie, wie er selbst, aus einer levitischen Familie stammte, war er fest entschlossen, sie zu seiner Frau zu machen.

Als Jochebeds Familie mit den anderen aus ihrem Ort in das schmutzige Getto der Stadtsklaven getrieben wurde und man sie dort mit ihrem Kummer und ihren Tränen einfach allein ließ, wurde Gerschom von einem seit langem von ihm getrennten Verwandten erkannt.

„Jahwe sei gepriesen!“ rief ein ehrwürdiger Hebräer und eilte mit weit offenen Armen und Tränen in den Augen auf Jochebeds Vater zu. Die beiden umarmten sich, und dann begann ein Austausch von Namen, Erinnerungen und Erfahrungen. Ein Levite begegnete einem anderen Leviten, und Menschen, die seit vielen Jahren auseinandergerissen waren, fanden wieder zusammen. Gerschom stellte den anderen stolz seine Frau und seine Familie vor; und Jochebed lernte zum ersten Mal die Verwandten ihres Vaters kennen.

Freude kam auf unter den alten Bewohnern des Gettos und den Neuankömmlingen, weil so viele frohes Wiedersehen feierten. Bald begannen sie trotz der traurigen Ereignisse zu feiern, zu singen und zu tanzen. Die wenigen anwesenden Ägypter staunten nicht schlecht, als die ersten Gesänge erklangen. Die Stadtsklaven, die nun die von den Feldern Kommenden bei sich aufnehmen mußten, eilten in ihre Hütten und brachten Musikinstrumente herbei.

Schon vereinigten sich die rhythmischen Töne der nubischen Trommeln, Pauken und Handpfeifen mit den zarteren Klängen der hebräischen Harfen, Zimbeln und Flöten. Die hochgewachsenen nubischen Frauen tanzten Seite an Seite mit den hebräischen Mädchen nach dem Takt der Musik.

Die ägyptischen Sklavengettos waren üble Orte für ihre Bewohner, und die Menschen dort führten ein elendes und armseliges Leben. Um so mehr nahmen sie dann die Gelegenheit wahr, wenn es für sie doch einmal etwas zum Feiern gab.

Langsam wurde auch Jochebeds Furcht durch die Freude verdrängt, die sie um sich herum sah, doch erst als ihre Augen Amrams Lächeln einfingen, verschwand sie ganz. Von diesem Augenblick an war sie eine Gefangene anderer Art — gefangen von der Liebe zu einem hebräischen Mann.

Jochebed mußte lächeln, als sie an diesen lange zurückliegenden Tag dachte, und wieder blickte sie liebevoll zu ihrem schlafenden Mann hinüber, der seither immer so freundlich zu ihr gewesen war.

Schon ihr levitischer Vater Gerschom hatte sie im Glauben an Jahwe und an die hebräischen Traditionen erzogen, und Amram hatte damit fortgefahren. Doch ganz verstanden hatte sie die Verehrung Jahwes, die nicht nur bestimmte religiöse Erfordernisse, sondern das ganze Leben einschloß, nie. Ihr genügte es, sich an ihren Gatten zu halten und in der Familie ihren Platz einzunehmen. Alles andere war die Sache der Männer. Doch eine tiefe Ehrfurcht vor dem allmächtigen Gott der Hebräer erfüllte ihr Herz.

Ihre Verantwortung jedoch galt der Familie. Deshalb blickte sie jetzt auch aufmerksam hinüber zum Feuer, in dessen Nähe auf dünnen Decken ihre beiden älteren Kinder schliefen, das großgewachsene neunjährige Mädchen Miriam und ihr dreijähriger aufgeweckter Sohn Aaron.

Amram hatte ihr seine große Liebe sehr deutlich gezeigt, als er ihr erlaubte, ihrem erstgeborenen Sohn einen nubischen Namen zu geben. Beide Kinder zeigten die Merkmale ihrer Rassen. Sie hatten die scharfgeschnittenen hebräischen Gesichtszüge, waren aber beide etwas dunkler als der Durchschnittshebräer.

Jochebed hoffte, ihr Gatte würde ihr erlauben, dem neuen Baby ebenfalls einen afrikanischen Namen zu geben, wenn er acht Tage nach seiner Geburt nach hebräischer Weise beschnitten wurde.

Während sie so darüber nachdachte, machte sich das Baby unter ihrem Herzen durch eine Bewegung bemerkbar. Sanft strich sie mit der Hand über ihren angeschwollenen Leib. Jawohl — das Kind in ihr hatte die richtige Lage. Es würde ein gesunder und tüchtiger Junge werden. Sie beugte ihren Kopf hinunter und betete flüsternd: „Jahwe beschütze dich. Du Gott seines Vaters, behüte ihn!“

TEIL I

KIND DER PROPHEZEIUNG

1. KAPITEL

Jannes, Oberpriester und oberster Zauberer von Ra-Amses, schritt energisch durch die Hallen des pharaonischen Prunkpalastes. Er hatte die Arme über der Brust verschränkt und zählte mit halbgeschlossenen Augen die Fackeln an den Wänden. „Fünf, sechs, sieben . . ." Die siebente brannte vor dem Eingang zu Pharaos Privatgemächern.

Von allen Ägyptern hatte nur Jannes, der Oberpriester, als einziger das Recht, Pharaos Räume unangemeldet zu betreten. Deshalb hielten ihn auch die Wachen im Gang nicht auf.

Jannes öffnete die Tür und meldete sich selbst mit lauter Stimme an. Zu seinem Kummer, aber keinesfalls zu seiner Überraschung, fand er König Thutmoses noch schlafend.

„Es ist bald Mittag", murmelte der Zauberer grimmig, während er zu dem offenen Balkon schritt und die Vorhänge beiseite schob, so daß die hellen und heißen Sonnenstrahlen auf Pharaos Bett fielen. „Wieder eine Nacht mit Torheiten verbracht", grollte der Priester. „Wie soll da die Nation bestehen können?"

Thutmoses erwachte langsam und hörte schläfrig die zornigen Worte. Doch er war an das Murren des alten Mannes gewöhnt, deshalb drehte er sich auf die andere Seite und vergrub sich tief in die Kissen.

„Noch ein wenig schlafen, noch ein kleiner Schlummer", sagte der weise Mann nun mit lauter Stimme. „Laß nur die Hände noch weiter ruhen, dann werden Armut und Unheil über dich kommen wie die Räuber!"

„Na, na, Jannes", lachte Thutmoses nun, „hör' auf damit! Ich habe deine Sprüche schon oft genug gehört."

„Und du wirst sie immer wieder hören müssen", mahnte der Priester. „Aber nicht nur von mir, sondern durch eigene bittere Erfahrung. Jeden Morgen gehen Zehntausende deines Volkes in den größten Städten und kleinsten Dörfern des Landes zu den Tempeln und Heiligtümern. Sie erwarten den Augenblick, da der große Gott Ra sich erhebt und seine prunkvollen Gewänder anzieht, damit auch ihr Tag beginnen kann. Und du müßtest der erste sein, der dann als fleischgewordener Gott unter den Priestern im Heiligtum steht. Doch jedesmal muß ich deinen Doppelgänger schicken, der sich das Gesicht im heiligen Becken wäscht und den Aufgang der Sonne ankündigt. Das kann nicht so weitergehen!"

Thutmoses setzte sich aufrecht, gähnte vergnügt und reckte seine Arme. „Die Leute brauchen ja nur zum Himmel aufzuschauen", sagte er lachend. „Jeden Morgen beginnt Ra hell und warm zu scheinen und sendet seine göttlichen Strahlen über die ganze Erde. Sie brauchen doch da nicht extra noch den Pharao zu sehen, um zu wissen, daß ich bei ihnen bin." Träge lehnte er sich in den Berg von Kissen zurück, die hinter ihm im Bett lagen.

Die meisten Ägypter schliefen nur auf dünnen Decken und hatten als Kissen nur eine harte Genickstütze. Nicht so Thutmoses und die Reichen seines Landes. Des Pharaos Räume waren überall mit Kissen und Polstern ausgestattet, ebenso sein Prunkwagen und sein privates Schiff.

Oft schon hatte Jannes diesen Luxus verurteilt und erklärt, daß das Nichtstun und Wohlleben, in das die obere Klasse der Ägypter verfallen war, einen trägen Geist verriet und ein warnendes Anzeichen für den Niedergang ihrer Kultur sei.

Jannes hatte schon zwei vorhergehenden Pharaonen fähige Dienste geleistet und würde wohl, so sagte Thutmoses immer, noch weitere hundert Jahre leben. Doch dem König waren die Schwarzsehereien des alten Mannes schon lange überdrüssig geworden. Es war aber wahrscheinlich ein besonderes Anzeichen alter Männer, vor allem wenn sie Priester waren, nur noch die dunklen Seiten des Lebens zu sehen.

Thutmoses selbst war erst im mittleren Alter, glaubte aber manchmal von sich, ihm werde ewige Jugend zuteil. Jedenfalls war er nicht bereit, sich von dem brummenden Jannes den Tag verderben zu lassen.

Das neue Reich, wie seine Herrscher es selbst nannten, war nun ein halbes Jahrhundert alt und zeigte noch keinerlei Anzeichen von Schwäche. Ägypten war nie stärker gewesen als zur Zeit und sonnte sich in seinem Ruhm und Reichtum, die größer waren als je zuvor in seiner langen Geschichte.

Von draußen hörte Thutmoses nun auch die Geräusche der Arbeiter, die an anderen Teilen seines großen Palastes immer noch bauten, weil er noch nicht mit seiner Größe und Schönheit zufrieden war. Ägypten hatte seine Größe und seine Erfolge fast immer der fleißigen Arbeit vieler Sklaven zu verdanken gehabt, und auch jetzt war sein Reichtum wieder auf den schwitzenden Rücken der Unterdrückten aufgebaut. Und nicht nur hier in Ra-Amses, sondern überall im Reich mußten jeden Tag unzählige Sklaven, hauptsächlich Hebräer und dunkelhäutige Afrikaner, sich quälen für den Reichtum und das Wohlleben ihrer ägyptischen Herren.

Jannes wußte, daß der König sich auf die noch nie dagewesene Macht seines Reiches verließ. Doch der Priester, der oft mit besorgten Blicken durch die Straßen ging, fand keine Befriedigung in der Ausbeutung der Sklaven. Als er jetzt den stolzen und zugleich spöttischen Blick Pharaos bemerkte, sagte er: „Seit die Hyksos vertrieben wurden, haben unsere Herrscher immer geglaubt, die Feinde besonders schwächen zu können, indem sie möglichst viele Sklaven machten. Das ist doch so?“

Thutmoses hatte keine Lust, sich eine Geschichtslektion anzuhören. Tatsächlich hatte der legendäre Pharao Ahmoses, nachdem er den letzten der Hyksos-Könige, die Jannes erwähnte, vertrieben hatte, die Anhänger dieser „Hirten-Könige“ alle zu Sklaven gemacht. Und seither war einer der wichtigsten Faktoren der blühenden Wirtschaft des ägyptischen Weltreichs die Arbeit der Sklaven gewesen, unter denen die Hebräer die Mehrzahl bildeten. Doch Thutmoses konnte in dieser für die Ägypter so nützlichen Politik keine Bedrohung erkennen.

„Man soll nie die Weisheit der Vorfahren bezweifeln“, zitierte er nun ein wenig spöttisch einen von des Priesters beliebtesten Aussprüchen. Doch dieser blickte immer noch bedrückt zum Fenster hinaus und beobachtete die dort arbeitenden Sklaven.

Da draußen war gerade eine große Gruppe von Sklaven damit beschäftigt, unter Anleitung eines Architekten und angetrieben von den Knuten der Aufseher einen riesigen Obelisk aus schwarzem Granit aufzustellen, der blankpoliert in der Sonne glänzte. In seine vier Seiten hatte Thutmoses all seine Taten einmeißeln lassen, und an Höhe überragte er alle Obelisken seiner Vorgänger.

Thutmoses, der die bedrückte Laune des Priesters nicht verstand, meinte achselzuckend: „Also nun sage mir, mein Freund, was verschafft mir das Vergnügen deiner Anwesenheit?“ Dabei überlegte er, ob er sich nicht doch noch für eine Stunde hinlegen sollte, als Jannes sagte:

„Majestät, ich hatte einen Traum.“

Thutmoses sprang aus dem Bett und blickte den Priester überrascht an. Nichts, was dieser auch sonst hätte sagen können, würde seine Aufmerksamkeit so gefangengenommen haben. Er hatte viele der Zaubereien des alten Mannes miterlebt. Er hatte gesehen, wie Jannes Geister beschwor, wie er Gegenstände bewegte, ohne sie zu berühren, wie er Donner und Blitze in einem Raum geschehen lassen konnte. Doch nichts von all dem verwirrte ihn mehr als die Erwähnung eines Traums.

Ein Traum des Oberpriesters war nichts, über das er hätte leichtfertig hinweggehen können. Es war vielmehr eine höchst heilige Angelegenheit, eine Warnung des Schicksals, ein Reden der Götter und vielleicht ein Hinweis auf die Zukunft.

„Ein Traum?“ fragte er verwirrt. „Eine Vision?“

„So ist es!“ bestätigte der Priester.

Verunsichert schlug der Pharao die Augen nieder. „Und was hat der Traum dir gesagt?“ forschte er leise.

„Mein Bruder Jambres und ich haben früher schon einige Male versucht, dich zu warnen“, begann der alte Mann mahnend. „Und unsere Väter haben versucht, deine Väter zu warnen, doch nie wolltet ihr auf uns hören.“

Thutmoses wollte empört auffahren, unterdrückte aber seinen Ärger, weil er den Traum hören wollte. Er wußte, daß so etwas sehr selten vorkam; vielleicht höchstens ein- oder zweimal während der Regierungszeit eines Pharaos. Sein eigener Vater hatte ihm oft erzählt, wie die Priester ihn vor einem Angriff aus dem Westen gewarnt hatten, so daß er sich gerade noch rechtzeitig darauf hatte vorbereiten können, so daß der Angriff erfolgreich abgewehrt wurde. Und da gab es auch noch den berühmten Bericht von diesem seltsamen Seher aus der Zeit des ersten Hyksos-Königs. Ein hebräischer Prophet namens Joseph hatte vor einer großen Dürre gewarnt und dadurch Ägypten vor einer furchtbaren Hungersnot bewahrt. Es würde also weise sein, wenn er dieser ersten Prophezeiung während seiner Regierungszeit volle Aufmerksamkeit schenkte.

„Sprich, Vater“, bat der König. „Ich mag nicht sehr religiös sein, doch ich habe jetzt meine Ohren und meine Seele weit geöffnet, um zu hören.“

Jannes blickte ihn einen Augenblick nachdenklich an, winkte dann mit der Hand und sagte: „Komm und schau mit mir hinab. Sieh einmal, was meine Augen sehen.“

Gehorsam trat Thutmoses auf den Balkon und blickte hinab auf die arbeitenden Sklaven.

„Sieh, König“, begann Jannes und wies mit der Hand nach unten, „die Hebräer zerbrechen nicht unter der schweren Arbeit, die du ihnen auferlegst, und es werden auch nicht weniger. Statt dessen macht die Arbeit sie hart und stark, und es werden immer mehr. Zahlenmäßig sind sie heute schon stärker als unser eigenes Volk."

Der Pharao beobachtete die sonnengebräunten Männer, die unter ihm arbeiteten und dabei eine Kraft entwickelten, die weit über der Durchschnittskraft des einzelnen Ägypters lag. Widerstrebend fragte er: „Wenn sie wirklich so stark sind, warum haben sie sich dann nie gegen uns erhoben? In mehr als dreihundert Jahren haben sie nicht einen einzigen Aufstand gewagt."

„Ihnen fehlt dazu nur eines, Majestät", erklärte Jannes mit mahnend erhobenem Finger. „Wir haben sie immer in Unwissenheit gehalten und in viele Sklavenlager aufgeteilt. Sie sind wie eine führerlose Herde. Aber gib ihnen einen Leiter, und alles wird sich ändern. Sie sind trotz allem in ihrem tiefsten Inneren noch wild und frei — Menschen der weiten Steppe. Wenn die rechte Persönlichkeit sie zur Einheit und Freiheit ruft, werden sie sich über alle Schwierigkeiten hinwegsetzen."

Thutmoses schüttelte ungläubig den Kopf. Für ihn wie für alle anderen Ägypter waren die Hebräer nur eine Herde stumpfsinniger Sklaven. Doch er wußte, daß Jannes Meinung ernst zu nehmen war. Immerhin war er der erste aller Priester, der Oberzauberer und Chefmagier und oberster Seher der über allen anderen Ägyptern stehenden Priesterkaste. Er und sein Bruder Jambres, der den gleichen hohen Rang in Theben einnahm, der Hauptstadt des südlichen Teils des ägyptischen Doppelreiches, machten nie oberflächliche Beobachtungen und Bemerkungen. Es gab vielleicht doch schon zu viele von diesen hebräischen Sklaven, und er würde überlegen müssen, wie ihre Zahl am besten zu vermindern war.

Der König wandte sich wieder an den alten Priester. „Und was hast du geträumt?" forschte er. „Erzähle es mir."

Jannes schloß die Augen, um sich alles wieder ganz deutlich zu vergegenwärtigen. „Ich sehe ein Kind", begann er,

„ein hebräisches Kind. Und nun ist er kein Kind mehr, sondern ein Prinz in prächtiger ägyptischer Kleidung. Aus seinen dunklen Augen leuchten Strahlen göttlicher Sendung, über seinem Haar liegt das Öl heiliger Salbung, und seine Zunge ist wie ein Schwert."

Thutmoses wurde von den Worten des Sehers völlig gefangengenommen. Atemlos lauschte er, als der Priester nun fortfuhr.

„In meinem Traum wurde der Prinz von vielen Tausenden verehrt. Sie jubelten ihm zu, zerbrachen ihre Sklavenketten, verließen mit ihm Ägypten und folgten ihm in die Freiheit."

Der Pharao packte Jannes am Ärmel. „Unmöglich!" stieß er hervor. „Sie sind zwar mehr als wir, aber sie haben keine Mittel und Möglichkeiten, gegen uns zu bestehen."

Er hoffte, der Priester würde ihm zustimmen. Doch dieser schloß nur wieder die Augen, und Thutmoses sah Tränen in seinen Augenwinkeln glänzen. „O König", seufzte er, „das war noch nicht alles. Aber du kannst es jetzt noch nicht ertragen."

Thutmoses ergriff den Arm des alten Mannes. Doch der schüttelte nur den Kopf. „Genug für jetzt!" beharrte er.

Der König ließ hilflos seine Arme hängen. „Gewiß hast du mir das alles nicht ohne Grund erzählt, weiser Mann", sagte er. „Sicher ist es nur eine Warnung, damit ich etwas unternehme, um das Unheil abzuwenden."

Jannes gab keine Antwort. Doch unnachgiebig fuhr der König fort: „Hat nicht der Hyksos-König Salatis große Lagerhäuser gebaut und Getreide darin gesammelt, als der hebräische Prophet Joseph ihn vor der Hungersnot warnte? So ist auch deine Prophezeiung eine Warnung, und ich werde mich darauf vorbereiten."

Jannes wollte den Raum verlassen, doch Thutmoses hielt ihn zurück. „Dieses Kind, das du sahst", fragte er, „ist es schon geboren oder ist es noch ein Phantom der Zukunft?"

„Ich weiß es nicht sicher", antwortete der Priester nachdenklich. „Aber der Traum hinterließ mir den Eindruck, daß der Knabe in Kürze geboren wird."

„Er ist also noch nicht geboren", überlegte der König. „Und ist er ein hebräisches Kind?"

„Ein Hebräer", nickte Jannes.

Der Pharao überlegte einige Augenblicke, dann breitete sich ein bösartiger Zug auf seinem Gesicht aus. „Da gibt es eine schnelle Lösung", meinte er listig. „Wenn du jetzt gehst, Jannes, sage draußen Bescheid, daß man sofort die Hebammen zu mir rufen soll. Ich möchte mit ihnen reden."

„Die Hebammen?" Des Priesters Stimme bebte ein wenig.

„Sicher", nickte der König selbstsicher. „Ich werde befehlen, daß man ab sofort alle hebräischen Knaben, die geboren werden, tötet. Auf diese Weise erreiche ich zweierlei: Die Zahl der Hebräer wird immer mehr abnehmen, und der Knabe, von dem du redest, wird ebenfalls nicht am Leben bleiben und ist keine Gefahr für mich und Ägypten."

Der Priester erschrak über die Rücksichtslosigkeit des Pharaos. „Majestät", stammelte er, „die Götter würden eine solche Gewalttat nicht gutheißen. Was du tun willst, ist böse, sehr böse!"

Thutmoses erwiderte unbeeindruckt: „Die Verteidigung Ägyptens ist niemals böse. Geh jetzt, und laß die Hebammen rufen!"

Als Jannes mit bleichem Gesicht den Raum verließ, ging Thutmoses auf den Balkon zurück und schaute mit harten Augen auf die hebräischen Sklaven hinunter.

2. KAPITEL

Das Frühlingswasser floß kalt und schnell durch den Bewässerungsgraben, der das Sklavengetto durchlief. Es war Mittagszeit. Die Sonne brannte unbarmherzig auf die einfachen Hütten der Sklaven herab. Trotzdem konnte man frohes Kinderlachen vernehmen.

Die Kinder, gewöhnt an die heiße afrikanische Sonne, waren mit ihrem Lieblingsspiel beschäftigt. Sie spielten Sklavenaufstand der Hebräer gegen ihre ägyptischen Unterdrücker. Natürlich gewannen am Ende immer die Hebräer, und die gefangenen Ägypter wurden jedesmal in den Hühnerstall gesperrt, der als Gefangenenlager diente.

Die Anführerin der hebräischen Partei war Jochebeds Tochter Miriam. Sie war groß gewachsen und eine Führerpersönlichkeit. Da auch ihr Vater Amram wegen seiner Weisheit und beeindruckenden Persönlichkeit, und weil er außerdem aus dem Stamme Levi war, unter den Sklaven besonders geachtet wurde, respektierten die anderen Kinder Miriams Autorität und unterordneten sich beim Spielen willig ihrer Führung.

So kam es, daß Miriam immer die Anführerin der hebräischen Partei war, obwohl die anderen Kinder ständig wechseln mußten und einmal die Ägypter waren und dann wieder die Hebräer sein durften.

Zwar mußten auch die größeren Kinder schon mitarbeiten, aber die Zeit, kurz vor dem Mittag- und Abendessen, wenn sie in ihre Hütten zurückkehren durften, nutzten sie immer zum Spielen. Dabei brachten sie in ihrem kindlichen

Spiel die Sehnsucht nach Freiheit und Überwindung ihrer ägyptischen Herren unbewußt zum Ausdruck.

So unterdrückt die Israeliten auch waren, hatten sie doch nie ganz das Wissen um ihre Zusammengehörigkeit und ihr Herkommen verloren. Wenn es ihnen auch an rechter Führung und Zielsetzung fehlte, hatten sie doch durch zähes Festhalten an ihren Überlieferungen dreieinhalb Jahrhunderte Sklaverei in einem fremden Land bisher als Volk unbeschadet überstanden. Und seit ihr Urvater Jakob gezwungen gewesen war, vor der Hungersnot Zuflucht in Ägypten zu suchen, hatten seine Nachkommen ihre kulturelle Einheit bewahrt.

Wenn abends die Spielzeit der Kinder vorüber war und jede Familie sich zum Abendessen in ihrer Hütte versammelte, sprachen die Väter zu den Ihren von dem einen wahren Gott und von dem Bund, den Er mit Israel geschlossen hatte, weil Er sie so liebte. Sie erzählten von den Stammvätern und Patriarchen ihres Volkes, von Abraham, Isaak und Jakob und von Joseph, der in Ägypten der Retter ihres Volkes und der Ägypter geworden war. Und obwohl es den Kindern manchmal langweilig wurde, diese alten Geschichten immer wieder zu hören, wurde doch dadurch eine tiefe Gewißheit ihres väterlichen Erbes und der göttlichen Verheißungen, die über ihnen lagen, in ihre Herzen gepflanzt.

Dies war das Geheimnis, das die Hebräer auch in ihrer Sklavenzeit als Volk zusammenhielt. Es gab viele verschieden Sklavengruppen in Ägypten: gefangene Äthiopier, Kuschiten, Nubier, Libyer und andere. Doch im Laufe der Zeit verloren sie alle ihre Volksidentität, heirateten untereinander und vergaßen ihr Herkommen.

Bei den Israeliten allerdings war es ganz anders. Obwohl auch manche von ihnen „fremde“ Frauen oder Männer heirateten, nahmen diese in der Regel dann doch den Glauben und die Kultur der Hebräer an. So hatte auch die Sklaverei die Israeliten nur noch enger zusammengebunden und sie als Volk nicht geschwächt, sondern eher noch stärker gemacht.

Dies zeigte sich eben auch schon bei den harmlosen Spielen der Kinder.

Miriam hatte bei diesen Kriegsspielen immer eine doppelte Aufgabe: Einmal mußte sie die hebräische Partei befehligen, zum anderen aber hatte sie rechtzeitig zu warnen, wenn sich einmal Ägypter dem Getto nähern sollten. Denn diese würden nicht gerade erfreut sein, sollten sie merken, mit welch einem Spiel sich die hebräischen Kinder die Zeit vertrieben. Da konnte es dann auch noch harte Strafen geben. Deshalb war Miriams Platz beim Spielen auch stets in der Nähe des Eingangs zum Getto.

Und Miriam war eine aufmerksame Wache. Doch in diesen Wochen gab es eine Sache, von der sie sich ablenken ließ. Sie wußte, daß ihre Mutter schwanger war und in wenigen Wochen die Geburt erwartet wurde. Da die Hütte ihrer Familie eine der ersten am Eingang zum Getto war, stand Miriam ganz in der Nähe und achtete darauf, ob die Mutter sie vielleicht rufen würde, weil sie ihre Hilfe nötig hatte.

Außerdem hatte Miriam den Auftrag, schnell zu den Hebammen zu laufen und sie herbeizuholen, wenn die Geburtswehen eintreten sollten. Als sie das letzte Mal nach der Mutter geschaut hatten, war alles bestens in Ordnung gewesen, und sie hatten gemeint, sie würden wohl erst wiederkommen, wenn es Zeit für die Geburt wäre.

Deshalb wunderte sich Miriam ein wenig, als sie jetzt die beiden Hebammen erblickte, die gerade durch das Gettotor kamen und geradewegs auf die Hütte ihrer Familie zugingen. Die beiden Frauen, Schiphrah und Puah waren ihre Namen, waren bei den Hebräern gut bekannt, denn sie waren vom Pharao beauftragt, bei den hebräischen Sklaven die Hebammendienste zu tun. Sie hatten Jochebed auch schon bei der Geburt von Miriam und Aaron beigestanden.

Die Hebammen unterhielten sich so eifrig, daß sie Miriam völlig übersahen, obwohl sie nahe bei ihr vorübergingen. Dabei hörte Miriam die Worte: „Wir wollen zuerst zu Jochebed gehen. Jahwe mag uns helfen und bewahren.“

Miriam wurde bei diesen Worten unruhig und lief den beiden nach. Dabei hörte sie weitere Bruchstücke der Unterhaltung: „Pharao ... grausam ... die Babys ... Gott mag uns helfen."

Sie rannte zu den beiden und rief: „Ihr beiden Frauen, was ist geschehen? Gibt es Kummer?"

Die beiden drehten sich um und erkannten Miriam. „Wo ist deine Mutter?" fragte Puah.

„Im Haus", antwortete das Mädchen. „Aber warum . . .?"

„Mache dir jetzt keine Sorgen", versuchte Schiphrah sie zu beruhigen. „Aber bleibe bitte draußen und gib acht, daß niemand kommt." Die Frauen gingen noch die wenigen Schritte zu Amrams Hütte und betraten sie.

Nun war Miriam doch besorgt. Sie ging nicht zu ihrem alten Platz zurück, sondern blieb vor der Tür stehen. Denn die beiden Hebammen hatten sich heute ganz anders benommen als sonst. Vielleicht konnte sie mithören, um was es ging.

Jochebed hatte überrascht aufgeblickt, als Schiphrah und Puah eintraten. „Willkommen!" sagte sie. „Was führt euch zu mir?"

Schiphrah betrachtete sie sorgfältig und bemerkte dann: „Wie ich sehe, geht es dir gut."

„Ja", lachte Jochebed. „Aber ich glaube, ihr seid viel zu früh gekommen." Als die beiden Gäste darauf nicht antworteten, fügte sie zaghaft hinzu: „Oder gibt es noch ein anderes Problem?"

„Wir müssen dringend alle werdenden Mütter bei den Hebräern besuchen und müssen sie warnen", nickte Puah.

Jochebed blickte die beiden verständnislos an: „Warnen?" staunte sie.

Deshalb ergriff Schiphrah nun das Wort und sagte: „Es wird das beste sein, wenn du in der nächsten Zeit kaum noch auf die Straße gehst, damit nur wenige bemerken, daß du schwanger bist. Und auch wenn das Kind geboren wird, sollten möglichst keine anderen Menschen anwesend sein.

Kopfschüttelnd fragte Jochebed: „Ihr habt mir nun schon bei zwei Geburten geholfen. Was ist denn diesmal anders?"

„Wir können jetzt nicht mehr sagen, aber du mußt uns vertrauen", drängte Puah. „Wenn die Wehen beginnen, darfst du nicht laut schreien wie sonst, sondern mußt versuchen, die Schmerzen zu unterdrücken. Wir kommen dann so schnell wie möglich. Doch du mußt während der ganzen Geburt still sein."

Als sie beiden Frauen gehen wollten, hielt Jochebed sie am Ärmel fest. „Ihr verbergt etwas Schreckliches vor mir", drängte sie. „Warum seid ihr so aufgeregt und warum diese geheimnisvollen Maßnahmen?"

„Wir haben jetzt keine Zeit zu langen Erklärungen, sondern müssen auch die anderen werdenden Mütter noch warnen", antwortete Schiphrah. „Wenn du tust, was wir dir sagten, wird alles gut werden." Damit verließen die beiden Hebammen das Haus und gingen eilig weiter.

Jochebed trat neben Miriam, und sie blickten den Davongehenden nach. Beide konnten sich die seltsamen Worte der Hebammen nicht erklären. Doch in die Freude auf die näherrückende Geburt mischte sich ein klein wenig Besorgnis.

3. KAPITEL

Der Pharao lief erregt auf der Plattform seines Empfangssaals hin und her. Sein Oberkörper war bloß, und nur der breite bunte Kragen verdeckte die Schultern und die Brust teilweise.

Jannes saß auf einem Stuhl in der Nähe der Plattform und las eifrig in einer langen Papyrusrolle. Als er endlich aufblickte, bemerkte er: „Ich habe dich gewarnt. Deine üblen Pläne können nicht verhindern, daß die Prophezeiung Wirklichkeit wird."

„Das werden wir noch sehen!" rief Thutmoses zornig. „Da gibt es sicher Leute, die versuchen, meine Befehle zu verhindern."

In diesem Augenblick betrat der Offizier der Wache den Saal und verkündigte, die beiden herbeigerufenen Frauen seien angekommen. Der Pharao nickte und forderte mit einer Handbewegung, sie hereinzubringen. Er nahm seinen Thronsessel ein und runzelte zornig die Stirn.

Schiphrah und Puah, die beiden hebräischen Hebammen, wurden hereingebracht und vor die Plattform geführt. Dort warfen sie sich zu Boden. Sie wußten, daß ihr Leben an einem seidenen Faden hing, denn sie hatten den Befehl des Königs mißachtet. Sie durften keinerlei Unsicherheit zeigen, sonst war ihr Leben verwirkt.

„Erhebt euch!" grollte der Pharao.

Die beiden Frauen folgten dem Befehl und blickten dem König offen ins Gesicht. Sie hatten sich vorgenommen, keine Rücksicht auf ihre persönliche Sicherheit zu nehmen, sondern die Anordnung des Pharaos im geheimen zu umgehen. Außerdem hatten sie sich abgesprochen, was sie ihm jetzt sagen wollten.

Es war zu sehen, daß der König ärgerlich war. Doch er hatte keine Beweise gegen sie in der Hand. Er streckte die Hand nach der Rolle aus, in der Jannes gelesen hatte, und riß sie dem Priester weg, als dieser sie ihm reichte.

Wütend zeigte er mit dem Finger auf Zeilen und Zahlen und grollte: „Hier ist zu lesen, daß im letzten Monat, seit ich euch meine Befehle gab, allein in Ra-Amses 40 hebräische Knaben geboren wurden, die noch am Leben sind. Diese Sandflöhe vermehren sich schneller als je zuvor." Seine Augen sprühten vor Zorn, als er die beiden Frauen nun direkt fragte: „Was habt ihr dazu zu sagen?"

„Wir haben versucht, nach deinen Befehlen zu handeln, Majestät", antwortete Schiphrah ruhig und blickte dem König direkt in die Augen. „Doch die hebräischen Frauen sind härter und stärker als die Frauen deines Volkes. Sie brauchen bei der Geburt ihrer Kinder nicht unbedingt unsere Hilfe, sondern kommen auch allein zurecht."

Sie spürte, wie ihr Herz heftig klopfte, als sie dem Pharao diese Lüge erzählte, die sie vorher sorgfältig abgesprochen hatten. Doch Thutmoses schien ihre Unruhe nicht zu bemerken.

„Es war eure Pflicht, jedes männliche Baby der Hebräer bei der Geburt zu töten!" rief der Pharao und zeigte mit ausgestrecktem Finger auf die beiden Frauen. „Ihr solltet den Kleinen bei der Geburtshilfe entweder das Genick brechen oder ihnen die Nabelschnur so um den Hals wickeln, daß sie erstickt wären oder euch sonst etwas einfallen lassen, was nicht zu sehr auffiel. Jedenfalls solltet ihr die Sklavenbabys umbringen!"

Puah schluckte heftig, als sie versuchte, den Kloß, der sich in ihrem Hals bildete, zu entfernen. „Majestät, auch wir haben uns gewundert", sagte sie endlich. „Es ist doch erstaunlich, daß die Sklavenfrauen ihre Kinder immer schon geboren hatten, wenn wir zu ihnen kamen. Sie müssen irgendwie von deinem Befehl gehört haben und ließen uns deshalb stets zu spät rufen. Wenn wir kamen, waren die Babys bereits abgenabelt und ruhten sicher in den Armen der Mutter oder des Vaters, so daß wir nichts mehr tun konnten."

Es wäre ein kleines Wunder, wenn der Pharao den Frauen diese Geschichte glauben würde, dachte Jannes, der die Szene aufmerksam beobachtete und Mühe hatte, ein kleines Lächeln zu unterdrücken, das sich auf seine Lippen stehlen wollte. Doch das Wunder schien tatsächlich zu geschehen. Es gehörte wohl dazu, um die Prophezeiung zu erfüllen.

Thutmoses blickte jetzt zu dem Priester, als suche er seine Unterstützung. Doch Jannes schien an der ganzen Angelegenheit kein Interesse zu haben. Er schaute wie abwesend in die äußerste Ecke des Raumes und schien den Blick des Pharaos nicht zu bemerken.

Eine ganze Weile herrschte Stille, während der Herrscher nachdachte. Dann sprang er auf und rief wütend: „Ich habe versucht geduldig zu sein und es diesen armseligen Schlammkriechern so leicht wie möglich zu machen. Doch sie haben meine guten Absichten und mein barmherziges Herz nur ausgenutzt und umgangen."

Jannes kannte den König gut genug, um am Ton seiner Stimme zu erkennen, daß ihm jetzt eine neue Gemeinheit eingefallen war. Doch was er zu hören bekam, hätte er vorher nie geglaubt, und es erschreckte ihn zutiefst.

„Ihr seid schlechte Dienerinnen gewesen und habt versagt", fuhr Thutmoses nun die Hebammen an. „Es bleibt mir deshalb keine andere Wahl, als diese Aufgabe den Leuten meines eigenen Volkes zu übertragen."

Selbst der beherzten Schiphrah fuhr der Schreck in alle Glieder, und sie begann zu zittern, als der König sich jetzt an den Priester wandte und zornig rief:

„Schreibe folgenden Befehl nieder, Jannes: ‚Meine ägyptischen Aufseher und Soldaten und auch alle anderen Ägypter sollen aufmerksam alle hebräischen Sklavenfrauen beobachten. Wenn diese Sklavinnen schwanger werden und bald mit der Geburt zu rechnen ist, soll man sie nicht mehr aus den Augen lassen. Wird dann ein Mädchen geboren, so darf es am Leben bleiben. Doch jeder Sohn, der den Hebräern geboren wird, den soll man ihnen wegnehmen und in den Nil werfen. Auf diese Weise werden die Götter Ägyptens uns erretten, und die Zahl unserer Feinde wird sich immer mehr verringern, und sie werden zugrunde gehen!' "

4. KAPITEL

Amram fuhr zitternd aus dem Schlaf auf. Seit der schreckliche Befehl des Königs bekannt war, hatte er keine Nacht mehr ruhig geschlafen. Schreckliche Träume plagten ihn, und beim kleinsten Geräusch oder der geringsten Bewegung seiner schwangeren Frau wurde er wach.

Schon waren im ganzen Land, wie der König es befohlen hatte, einige hundert männliche hebräische Babys in den Nil geworfen worden. Es gab keine hebräische Sklavensiedlung mehr, in der nicht Angst und Wehklagen herrschte.

Auch in ihrem eigenen Getto hatte man schon Eltern neugeborene Söhne entrissen und in die Fluten des Nils geworfen, vor die Mäuler hungriger Krokodile. Die Eltern, Nachbarn und auch die Hebammen hatten hilflos dabeigestanden. Sie wußten nicht, was sie hätten tun sollen. Die meisten Hebräer waren von dem grausamen Befehl noch immer wie gelähmt. Und von den Ägyptern, die in ihnen Lebewesen sahen, die nicht viel besser waren als das Vieh, wurden sie auch wie das Vieh behandelt.

Gewiß hatte es unter ihnen auch Väter und Mütter gegeben, die versucht hatten, ihre Babys zu verstecken oder zu verteidigen. Doch das hatte gewöhnlich damit geendet, daß die Eltern getötet oder mindestens sehr schwer verletzt wurden, und die Babys waren doch umgebracht worden. Bis jetzt wenigstens war kein Fall bekannt, wo eine hebräische Familie einen neugeborenen Knaben erfolgreich hätte verbergen können.

Deshalb lag Amram jede Nacht mit zitterndem Herzen

neben seiner Frau. Denn obwohl er abends vor dem Zubettgehen immer versuchte, Aaron und Miriam zu beruhigen, gab es doch keinen Grund für ihn, anzunehmen, daß es seiner Familie besser gehen würde als all den anderen, sollte ihnen ein Sohn geboren werden.

Doch als er diesmal in die Nacht hineinlauschte, wußte er nicht recht, ob er aus Angst oder aus Ehrfurcht wach geworden war. Ein Stück weiter die enge Straße der Siedlung hinunter waren jetzt Lichter zu sehen und Stimmen zu vernehmen. Er meinte, auch den Schrei einer Frau gehört zu haben. Doch da war noch etwas anderes, das ihm noch ganz lebendig vor Augen stand. War es nur ein Traum gewesen, der aus dem Wunsch seines Herzens geboren war, oder war es eine Vision?

Als er sich jetzt umdrehte, bemerkte er, daß auch Jochebed wach war und mit weit geöffneten Augen in die Dunkelheit starrte. Er legte ihr eine Hand auf den Arm, um sie zu beruhigen.

„Ich habe Angst", flüsterte sie. „Hast du den Schrei auch gehört?"

„Ja", gab Amram zu. Er erhob sich, ging zum Fenster, öffnete vorsichtig ein wenig den hölzernen Laden und spähte hinaus. Es waren mehr Lichter geworden. Brennende Fackeln waren es, die ägyptische Männer in den Händen hielten, die sich vor der Tür eines Hauses versammelt hatten. Sie schienen auch Waffen bei sich zu haben.

„Es scheint Schwierigkeiten bei Misnas Haus zu geben", flüsterte Amram.

„Misna?" Jochebed verschluckte sich. „Sie erwartet ihr Kind jeden Tag."

„Ich fürchte, sie hat es schon geboren", seufzte Amram. „Und die Ägypter kontrollieren jetzt, ob es ein Knabe ist."

Noch während er sprach, waren wieder die lauten Schreie einer Frau zu hören. Dann traten Männer aus dem Haus. Im Mondlicht erkannte Amram, daß einer von ihnen ein kleines Baby in den hocherhobenen Händen trug.

„Pharaos Häscher haben Misnas Baby!“ rief Jochebed entsetzt, die leise neben ihren Mann getreten war.

„Sei leise“, warnte Amram. „Wir dürfen sie nicht auf uns aufmerksam machen.“ Mit diesen Worten führte er sie zum Bett zurück. Er befürchtete, daß es in dieser Nacht kaum mehr Schlaf geben würde.

Als sie eine Zeitlang schweigend nebeneinander gelegen hatten, flüsterte Amram: „Ich hatte einen Traum. Es war nicht der Lärm, der mich geweckt hat, sondern ein Traum.“

„Ach“, meinte Jochebed weinend, „auch ich habe jede Nacht schreckliche Träume und kann vor Furcht nicht schlafen. Was soll nur noch werden, Amram?“

Der Mann strich ihr beruhigend über den Kopf und antwortete: „Das war kein schrecklicher Traum, Jochebed. Es war eher eine Vision und wie ein Versprechen.“

Zweifelnd blickte seine Frau ihn an. Doch er fuhr eifrig fort: „Ich habe unseren neugeborenen Sohn gesehen. Das Kind wird ein Knabe sein.“

Dieser Umstand hätte die Sorge eher noch vergrößern sollen, denn einem Mädchen würde keine Gefahr drohen. Doch Amrams Stimme klang sehr zuversichtlich.

Auch Jochebed war ja schon seit einiger Zeit davon überzeugt, das Kind würde ein Sohn sein. Deshalb nickte sie jetzt und meinte: „Es ist genau das, was ich auch befürchtet habe.“

Doch Amram war nicht zu bremsen. „Du mußt es von der anderen Seite sehen“, redete er seiner Frau zu. „Wenn meine Vision von Gott war, dann wird Er unser Kind bewahren, und es wird am Leben bleiben.“

Gerade begann Jochebed sich an den Worten ihres Gatten ein wenig aufzurichten, da hörten sie plötzlich die erbarmungswürdigen Schreie der armen Mutter, der man ihr Kind entrissen hatte, durch die Nacht dringen. Am ganzen Leib zitternd antwortete Jochebed: „Wie kannst du von Hoffnung reden, wenn du Misnas Klage hörst?“

„Ich verstehe ja den Traum oder die Vision auch nicht

ganz“, gab er zu. „Und am wenigstens verstehe ich, wieso in einem Sklavenhaushalt wie dem unseren ein Kind geboren werden soll, das einmal Fürst in Israel sein soll. Doch in meinem Herzen weiß ich, daß ich durch diese Vision einen Blick in die Zukunft tun durfte und daß unser Sohn einmal unser Volk befreien wird.“

Jochebed schmiegte sich eng an ihren Gatten, als könne sie durch seine Zuversicht auch neuen Mut empfangen. Doch sie sagte: „Sprich nicht mehr von unserem Kind. Gerade spüre ich wieder, wie es sich in meinem Leib bewegt, und das macht mir Angst. Wenn du sagst, daß es Hoffnung gibt, will ich versuchen es zu glauben. Aber der Gott deines Volkes bleibt mir ein Geheimnis. Ich glaube zwar an Ihn, aber verstehen kann ich Seine Wege nicht.“

5. KAPITEL

Amram eilte an diesem Abend so schnell nach Hause wie er konnte. Der Weg von dem Platz, an dem er mit anderen Sklaven arbeitete und Lehm gewann und daraus Ziegel formte, bis zu dem Ort, an dem sie ihre armseligen Hütten hatten bauen dürfen, war nicht weit. Doch an diesem Abend wurde ihm jeder Schritt zuviel, denn aller Voraussicht nach würde das Kind noch heute zur Welt kommen.

Noch schienen die endgültigen Geburtswehen nicht eingesetzt zu haben, sonst wäre Miriam gekommen, um ihn zu holen. Er war froh darüber, sonst wäre es vielleicht den Aufsehern noch aufgefallen und sie hätten Verdacht geschöpft, hätte er um Erlaubnis gebeten, früher gehen zu dürfen.

Es begann schon dunkel zu werden, als er sich dem Eingang des Gettos näherte. Gerade in diesem Augenblick kam Miriam herausgerannt und eilte, als sie ihn sah, auf ihn zu.

„Ist es soweit?" fragte er sie. Miriam nickte atemlos, und Amram begann zu laufen.

Als er eilig ihre Hütte betrat, sah er seine Frau auf dem Geburtsstuhl sitzen, umgeben von den beiden Hebammen, die beruhigend auf sie einredeten. Wie alle anderen Frauen, Ägypterinnen oder Sklavinnen, erwartete auch Jochebed die Geburt in sitzender Stellung. Schiphrah stand vor ihr, um das Kind im rechten Augenblick mit ihren geschickten Händen zu ergreifen, wenn es zutage trat. Puah, seitlich neben der Schwangeren, hatte neben sich ein scharfes Messer liegen, um im richtigen Augenblick die Nabelschnur zu durchtrennen.

Schnell trat Amram zu Jochebed, die sich unter Schmerzen wand und alle Kraft brauchte, um nicht zu schreien. Ihr Gesicht war schweißnaß von der Anstrengung. Doch es durfte nach Möglichkeit kein Laut nach draußen dringen.

Miriam eilte zu dem kleinen Aaron, der in der Ecke saß und mit großen Augen zuschaute. Normalerweise hätte man ein Kind seines Alters bei einer solchen Gelegenheit vorher rechtzeitig zu Nachbarn gebracht, bis die Geburt vorüber war. Doch die Umstände machten es notwendig, daß so wenige Menschen wie möglich von der Geburt erfuhren.

Da Jochebed sehr schlank war, hatte sie auch schmale Hüften. Bei den beiden vorherigen Geburten hatte sie es deshalb sehr schwer gehabt. Doch diesmal schien alles leichter zu gehen. Amram war noch keine zehn Minuten anwesend, da bäumte sich seine Frau mit unterdrücktem Stöhnen auf.

„Es kommt“, sagte Puah aufgeregt. Und schon wenige Augenblicke später hielt Schiphrah das Kind in ihren Händen, das sofort zu schreien begann. Schnell legte ihm die Hebamme ihre Hand zart und vorsichtig über den kleinen Mund, damit niemand draußen hörte, was hier geschah. „Es ist ein Junge“, erklärte sie nach einigen Augenblicken. Puah trocknete den Kleinen vorsichtig ab, und dann wurde er der Mutter in die Arme gelegt.

Tränen liefen über Jochebeds Gesicht. Es war nicht zu sagen, ob sie noch mit den ausgestandenen Schmerzen zusammenhingen oder ob es Freudentränen waren. Schnell legte sie das Baby an ihre Brust, wo es sofort begann, seinen offensichtlich großen Hunger zu stillen. So würde es wenigstens vorläufig nicht schreien.

Amram war auch schon wieder zu seiner Frau getreten, und die beiden Ehepartner betrachteten den Kleinen voller Stolz. Auch Miriam und Aaron kamen jetzt näher, um ihren neuen Bruder zu beschauen.

Amram wischte seiner Frau die Schweißtropfen von der Stirn und erklärte: „Er ist ein feines Kind, Jochebed. Ich bin stolz auf dich!“

Nach einer Weile, während alle schweigend die Mutter und das Kind betrachteten, sagte Jochebed: „Miriam, bring bitte die große Schachtel, die wir vorbereitet haben."

Eilig brachte Miriam aus einer Ecke einen kleinen Holzkasten, der außen mit Tuch umgeben und innen mit einer Decke und einem Kissen ausgelegt war. Es gab auch einen Deckel dazu. Außerdem waren Tragriemen daran befestigt, so daß man das Kästchen wie eine Tasche tragen konnte.

Amram und Jochebed hatten in der letzten Zeit eifrig an diesem Kästchen gearbeitet; und Amram hatte es so konstruiert, daß selbst wenn der Deckel, wegen der Gefahr des Entdeckens, aufgelegt werden mußte, das Kind immer genügend Luft bekam.

Dieses Kästchen, das äußerlich aussah wie eine Tragetasche, würde in der nächsten Zeit der Aufenthaltsort des Babys sein. Jochebed würde die Tasche mitnehmen, wenn sie am nächsten Tag zur Arbeit ging. Denn sie wollte keinen Tag länger daheim bleiben, um keinen unnötigen Verdacht zu erregen. Dabei konnten sie immer nur hoffen, daß der Kleine nicht zu unpassender Zeit schrie.

Amram wandte sich an die Kinder. „Miriam, du kennst deine Aufgabe. Wir haben alles oft genug besprochen", sagte er. „Du mußt deiner Mutter helfen, den Kleinen zu bewachen und möglichst immer einen etwas versteckten Platz für das Kästchen finden. Und ihr beide, Miriam und Aaron, müßt euch Mühe geben, die Aufmerksamkeit anderer immer von dem Kästchen abzulenken und auf euch zu ziehen."

„Ja, Vater", antwortete Miriam, „ich werde alles tun, was ich kann, und Mutter in allem unterstützen." Auch der kleine Aaron nickte ernst mit dem Kopf. Er schien sich der großen Verantwortung, die sie alle trugen, bewußt zu sein.

Schiphrah und Puah hatten verwundert das Kästchen betrachtet und den Worten Amrams gelauscht. „Glaubt ihr wirklich, ihr könnt den Kleinen dadrin für längere Zeit verstecken?" fragte Puah erstaunt. Man konnte ihr ihre großen Zweifel ansehen. Sie dachte dabei an die vielen anderen

Familien, die in letzter Zeit ohne Erfolg versucht hatten, ihre neugeborenen Knaben zu verbergen.

Jochebed drückte den Kleinen noch enger an sich, als wolle sie ihn vor jeder Gefahr beschützen. „Ist er nicht ein schöner Knabe?“ fragte sie. „Würdet ihr nicht auch alles tun, um ihn zu bewahren, wenn es euer Kind wäre?“

Puah lächelte nachdenklich. „Der Gott unserer Väter, der Gott Abrahams sei mit euch“, sagte sie.

„Er wird mit uns sein!“ antwortete Amram zuversichtlich. „Er hat versprochen, immer mit uns zu sein!“

6. KAPITEL

Jochebed richtete sich auf und beugte sich nach hinten und rieb dabei ihren vom vielen Bücken schmerzenden Rücken. Oft hatte sie das während der letzten Zeit ihrer Schwangerschaft getan, wenn ihr das Kind im Leib beim Bücken zu schwer geworden war. Jetzt täuschte sie durch Kissen, die sie unter dem Kleid trug, ihre Schwangerschaft immer noch vor, um zu verhindern, daß jemand sie nach dem Kind fragen würde.

Das Baby war nun drei Tage alt. Es schlief in der Tasche, hinter einigen Palmen verborgen, die in der Nähe des Feldes standen, auf dem Jochebed Stroh auflesen und zusammenbinden mußte, das von den Männern zur Herstellung der Ziegel gebraucht wurde. Auch Miriam arbeitete, wie immer, neben ihr.

Der Kleine war ungewöhnlich still und schrie so gut wie nie, sondern lallte höchstens ab und zu leise. Auch schlief er außerordentlich lange. Dies schien eine Bestätigung der Vision Amrams zu sein. Doch Jochebed wußte, daß dies durchaus nicht so bleiben mußte.

Bis jetzt war es ihr auch immer gelungen, sich unauffällig davonzustehlen, wenn der Kleine sie zum Stillen oder zum Wechseln der Windeln brauchte. Doch es war eben auch erst der dritte Tag ihrer schweren Bewährung. Die geringste Unaufmerksamkeit konnte das Unheil heraufbeschwören und nicht nur das Kind, sondern die ganze Familie in Gefahr bringen.

Außerdem konnte sie nicht für immer als Schwangere

herumlaufen, weil dies nur neue unnötige Fragen nach der Dauer ihrer Schwangerschaft bringen würde. Einer der Aufseher hatte sie schon einige Male nachdenklich angeschaut. Vielleicht stellte er sich schon die gleiche Frage. Doch da er ein sehr beschäftigter Mann war, wurde er immer wieder zu anderen Plätzen gerufen und konnte sich nicht näher mit ihr beschäftigen.

Außerdem mochte es jetzt von Vorteil sein, daß sie durch ihre Abstammung nur eine halbe Hebräerin war und auch nubisches Blut in ihren Adern hatte. Dadurch war ihre Haut viel dunkler als die der anderen hebräischen Frauen. Da der Aufseher ihren Mann nicht kannte, weil dieser dort arbeitete, wo die Ziegel hergestellt wurden, mochte er sie vielleicht für eine Nubierin halten. Und nubische Kinder waren ja von dem Gebot des Pharaos nicht bedroht.

Auch hatten Jochebed und Amram beschlossen, ihr Kind erst beschneiden zu lassen, wenn die größte Gefahr vorüber war. Nach hebräischer Tradition fand die Beschneidung am achten Lebenstag des Babys statt, und erst nachdem er beschnitten war, erhielt er auch einen Namen. War er noch nicht beschnitten, konnte man bei einer eventuellen Entdeckung des Kleinen nicht feststellen, ob er ein hebräisches Baby war. Dadurch würde die Gefahr, in der er sich ständig befand, etwas geringer werden.

Die Sklavenfrauen und älteren Kinder, die schon arbeiten mußten, durften in der größten Mittagshitze eine längere Pause machen, die durchaus länger als eine Stunde dauern konnte, je nachdem, wie heiß der Tag war. Den Männern hingegen war nur eine kürzere Unterbrechung für ihre Mahlzeit erlaubt.

Als der Aufseher die Pause ankündigte, liefen Jochebed und Miriam schnell zu der Tasche mit dem Kind und eilten nach Hause. „Wenn wir uns beeilen, können wir ihn vielleicht sogar noch baden“, flüsterte die Mutter.

In ihrer Hütte angekommen, öffnete sie schnell die Tasche, während Miriam sich um das Essen kümmerte. Der

Kleine erwachte und begann zu schreien. Als Jochebed ihn auswickelte, stöhnte sie: „Oh, Gott Israels! Miriam, schau doch mal, das Baby ist ganz mit Hautausschlag bedeckt."

Das Mädchen kam auch herbei und meinte seufzend: „Es wird wahrscheinlich zu heiß für ihn, wenn er den ganzen Tag in diesem Kästchen liegen muß. Mama, was können wir tun?"

Besorgt rieb Jochebed die Haut des Kleinen mit einem kühlen Lappen ab. Anschließend bestreute sie ihn mit Mehl. „Wir haben keine andere Möglichkeit, ihn zu verstecken", weinte sie. „Und bald wird er auch zu groß werden für dieses Versteck."

Miriam beugte sich über ihren kleinen Bruder und küßte ihn auf die Stirn. Er beruhigte sich jetzt schnell, und sie legte einen Finger in seine kleine Hand und wunderte sich, wie fest das Baby ihren Finger ergriff.

„Er ist schon kräftig, Mama!" rief sie erfreut. „Er ist kräftig und schön. Ganz sicher ist der Herr sein Bewahrer. Wir brauchen uns nicht allein zu sorgen!"

7. KAPITEL

Mittlerweile war in der Sklavensiedlung doch nicht mehr verborgen geblieben, daß Jochebed einen Knaben geboren hatte. Doch die wenigsten der hebräischen Sklaven glaubten daran, daß es gelingen würde, das Kind vor den Ägyptern zu bewahren. Als sie aber den Glauben und die Entschlossenheit von Amrams Familie sahen, ließen sich die anderen inspirieren und taten alles, um ihnen zu helfen. Vielleicht war es ja möglich, durch gemeinsames Handeln etwas zu erreichen. Und wenn dieses Kind gerettet werden konnte, dann war auch Hoffnung für andere.

So nahm bald die ganze Sklavensiedlung an der Verschwörung teil. Während der nächsten drei Monate war die Sicherheit des Kleinen die geheime Aufgabe aller. Alte Frauen, die nicht mehr zur Arbeit gehen mußten, kümmerten sich um ihn. Er wurde wie ein Mädchen angezogen und immer versteckt, wenn einmal Aufseher in der Siedlung auftauchten. Und als Jochebed ihre angebliche Schwangerschaft nicht länger aufrechterhalten konnte, wurde das Gerücht ausgestreut, sie habe eine Fehlgeburt gehabt.

Auch die beiden Hebammen beteiligten sich an dem Komplott. Sie hatten schon vorher Pharao hintergangen und zögerten nicht, auch jetzt zu helfen. Weil sich so viele darum kümmerten, war das Kind nie allein, und Jochebed konnte einigermaßen beruhigt zu ihrer Arbeit gehen. Doch nach und nach rückte die Zeit heran, da die Schwierigkeiten einfach zu groß wurden.

An einem dieser Tage saß Schiphrah vor Amrams Hütte

und hielt den schon recht groß gewordenen Jungen in ihren Armen. Sie hielt ihm ihren Zeigefinger vor die Augen und wedelte damit immer hin und her. Das schien ihm ausnehmend gut zu gefallen, denn er strampelte mit seinen kleinen Beinchen, strahlte über das ganze Gesicht und krähte vor Vergnügen.

Schiphrah, die den Kleinen in ihr Herz geschlossen hatte, liebte diese kurzen Zeiten der Entspannung mit dem Jungen, wenn sie gerade einmal nicht nach einer Schwangeren sehen oder bei einer Geburt helfen mußte. Die Sonne des späten Nachmittags taten ihr und dem Kleinen wohl.

Doch plötzlich war es, als hätte sich eine Wolke vor die Sonne geschoben. Als Schiphrah aufblickte, sah sie voller Schrecken, daß der Schatten nicht von einer Wolke herrührte, sondern von einem ägyptischen Aufseher, der eine Lederpeitsche in der Hand trug und das Baby aufmerksam musterte.

„Wessen Kind ist das?" fragte er in barschem Ton und mit gerunzelter Stirn.

Schiphrah, die es gewohnt war, mit Ägyptern umzugehen, duckte sich nicht etwa unter seinem harten Blick, sondern erhob sich. Da sie hoch gewachsen war, überragte sie den Ägypter noch ein wenig.

Sie hielt dem Blick des Ägypters stand und gab im gleichen barschen Ton zurück: „Ich bin eine Hebamme, und der Pharao selbst hat mich in diesen verantwortungsvollen Dienst berufen. Ich bin keine Sklavin, an der du deine schlechte Laune auslassen kannst. Und wenn du nicht gleich freundlicher wirst, werde ich mich über dich beschweren."

Überrascht trat der Aufseher einen Schritt zurück, erstaunt über die Kühnheit dieser Frau. Wesentlich freundlicher als vorher antwortete er: „Mein Dienst ist es, in dieser Sklavensiedlung darauf zu sehen, daß die Gesetze des Pharaos befolgt werden."

„Und mein Dienst als oberste Hebamme ist es, mich um die Schwangeren, die neuen Mütter und die neugeborenen Kinder in dieser Siedlung zu kümmern", konterte sie.

Der Aufseher deutete eine leichte Verbeugung an, denn die Hebammen waren geachtete Frauen in Ägypten, weil alle, Herren und Sklaven, sie brauchten. „Das ist schon in Ordnung", räumte er ein. „Doch du weißt auch, daß es meine Pflicht ist, nach allen neugeborenen Kindern zu sehen. Und deshalb frage ich dich nochmals: Wessen Kind ist das?"

Schiphrah, die durch das Wortgeplänkel Zeit gewonnen hatte, war zwischenzeitlich eine gute Ausrede eingefallen. Sie ließ sich nicht anmerken, wie heftig ihr Herz vor Furcht klopfte, sondern antwortete kühl: „Das ist Misnas Tochter."

Sollte der Aufseher je von Misnas Unglück gehört haben, daß andere Ägypter ihr den neugeborenen Sohn entrissen hatten, dann schien er sich wohl jetzt nicht mehr daran zu erinnern. Ganz schwach haftete noch in seinem Gedächtnis, daß eine hebräische Sklavin namens Misna vor nicht allzulanger Zeit schwanger gewesen war.

„So, so, ihre Tochter", murmelte er und kam wieder näher, um das Kind genau zu betrachten.

„So ist es", nickte Schiphrah. „Außerdem ist es Zeit, daß ich ihr jetzt die Windeln wechsele. Würdest du die Kleine einen Augenblick halten, während ich neue hole?"

Dieses Ansinnen schien nun doch unter der Würde eines ägyptischen Aufsehers und vor allem einer ägyptischen Nase zu sein. Mit einer abwehrenden Handbewegung bemerkte er, er habe hier schon zuviel Zeit vertrödelt und hätte wichtigere Dinge zu tun. Damit ging er eilig davon.

Schiphrah blickte ihm triumphierend nach und verzog ihren Mund zu einem spöttischen Lächeln. Immerhin mußte sie sich selbst eingestehen, daß die Gefahr diesmal sehr nahe gewesen war und daß es ein zweites Mal vielleicht nicht wieder so gut ausgehen würde.

8. KAPITEL

Die Öllampe in Amrams Haus brannte an diesem Abend sehr schwach, und es wurde nur mit sehr leiser Stimme gesprochen. Schiphrahs Bericht vom Zusammentreffen mit dem Aufseher lastete schwer auf den Gemütern der ganzen Familie. Sie saßen mit vorgeneigten Oberkörpern an dem Tisch und versuchten sich gegenseitig Mut zu machen.

„Gott hat uns bisher bewahrt", flüsterte Amram, „und zwar mehr als drei Monate lang. Das allein ist schon ein Wunder. Sicherlich wird Er uns auch weiterhin Weisheit genug geben, den Jungen vor allen Gefahren zu schützen."

Aaron und Miriam lauschten schweigend. Die vergangenen Monate waren für sie eine Zeit gewesen, in der sie tiefe Glaubenslektionen gelernt und erkannt hatten, welche Wunder der Gott Israels zu tun vermochte. Sie wußten, daß ihr Vater die Wahrheit sprach. Doch sie konnten sich trotzdem nicht vorstellen, wie Gott es bewerkstelligen sollte, den immer größer werdenden Jungen weiterhin verborgen zu halten.

Doch Jochebed, die unter der Spannung der letzten Monate am meisten gelitten hatte, schien in tiefes Nachdenken versunken zu sein. Sie hatte den Kleinen in ihren Armen und wiegte ihn sanft hin und her.

Plötzlich begannen Tränen über ihre Wangen zu rollen, und schluchzend erklärte sie: „Wir können es unseren Nachbarn und Freunden nicht länger zumuten, bei diesem Versteckspiel mitzumachen. Sie setzen um unseretwillen jeden Tag ihre eigene Sicherheit aufs Spiel. Jedesmal, wenn jemand den Kleinen vor den Ägyptern verbirgt, wird die ganze Siedlung in Gefahr gebracht."

Den anderen gefiel es durchaus nicht, daß die Mutter die Tatsachen so offen aussprach, wie sie nun einmal waren. Doch alle wußten, daß die Dinge so lagen.

„Ich habe in den letzten Tagen sehr viel über unsere Schwierigkeiten nachgedacht", fuhr Jochebed fort. „Wir können das Baby nicht mehr bei anderen Familien lassen, denn wir tragen die Verantwortung dafür. Ganz gleich, wie groß die Gefahr ist."

Amram runzelte die Stirn. „Aber das Kästchen und die Tasche sind mittlerweile viel zu klein geworden", wandte er ein. „Du kannst ihn nicht mehr mit zur Arbeit nehmen wie früher, weil du den Kleinen dort einfach nicht mehr vor den Aufsehern verstecken kannst."

„Das stimmt", nickte Jochebed. „Und ab morgen würde es noch schwerer. Man hat uns heute gesagt, daß wir morgen unseren Arbeitsplatz wechseln müssen. Wir müssen jetzt am Nil arbeiten, um dort Lehm zu gewinnen, damit noch mehr Ziegeln gebrannt werden können. Miriam und ich werden also ab morgen direkt am Ufer des Stromes arbeiten."

Während Amram noch über die Worte seiner Frau nachdachte, stand sie auf, ging in eine Ecke des Raums und kam mit einem großen Korb aus Schilfrohr wieder. Sie stellte ihn auf den Tisch und sagte: „Den habe ich heute auf dem Markt gekauft. Morgen werden wir Lehm mit nach Hause bringen. Damit dichten wir den Korb ab. Das wird ein feines Schiff für unseren Kleinen werden.

„Ein Schiff?" fuhr Amram erstaunt auf. „Was willst du damit anstellen?"

„Genau das, was ich gesagt habe", erklärte Jochebed. „Wir bauen ein Boot."

„Heißt das, du willst unseren Jungen auf das Wasser setzen?" empörte sich der Vater.

Die Frau drückte den Jungen noch fester an ihre Brust, sah aber dabei ihren Gatten entschlossen an. „Du selbst hast mich gelehrt, Glauben an den Gott Abrahams, Isaaks und Jakobs zu haben", sagte sie entschlossen. „Und nun ist die Zeit gekommen, daß wir unser Kind wirklich loslassen und ganz in die Hände Gottes legen."

Amram betrachtete seine Frau mit Staunen. Noch nie hatte er diese Seite ihres Wesens kennengelernt. „Ich bin nicht so sicher . . ." begann er zögernd.

Doch noch während er diese Worte sprach, bemerkte er, wie sie ihn selbst anklagten. War er es nicht gewesen, der gesagt hatte, Gott würde das Kind bewahren und es würde ein Fürst in Israel werden? Hatte Gott ihm das nicht in jener nächtlichen Vision gezeigt?

Er streckte seine Hand aus und strich damit sanft über den Kopf des Babys. „Du hast recht", sagte er zu Jochebed. Und in diesem Augenblick war es auch ihm innerlich möglich, seine Sorge um den Kleinen fahrenzulassen und ihn ganz in die Hand Gottes zu legen.

Jochebed und Miriam krochen leise durch den Morgennebel, der sich über dem Nil und seinen Ufern ausgebreitet hatte. Immer wieder hielten sie an, lauschten und warfen ängstliche Blicke um sich. Ihre Füße sanken tief in dem weichen Lehm ein, und ihre Kleider wurden immer mehr vom Morgentau durchnäßt.

Bald würde die Sonne aufgehen, das kündete der helle Streifen am östlichen Horizont an. Dann würde aus dem Halbdunkel heller Tag werden. Deshalb kämpften die beiden nicht nur gegen den zähen Lehm, aus dem sie die Füße nach jedem Schritt buchstäblich herausziehen mußten, sondern auch gegen die Zeit. Außerdem mußten sie jetzt, da sie in den bewachsenen Ufersaum des Nils eindrangen, auch noch achtgeben auf Giftschlangen und Krokodile, die in dem Schilf liegen konnten.

Doch was ihr Unternehmen noch schwieriger machte, war nicht nur die Dämmerung und der weiche Untergrund, sondern die Tatsache, daß sie zwischen sich den Korb trugen, den sie mit Lehm ausgeschmiert und dichtgemacht hatten und der nun einem kleinen Boot glich.

Amram hatte sich sehr viel Mühe gegeben, den Korb wasserdicht zu machen, und hatte mehrere Abende damit zugebracht. Ob es ihm aber wirklich ganz gelungen war, würde man erst sehen können, wenn man das Schiffchen den Wassern des Nils anvertraute. Jedenfalls schien es recht stabil zu sein, denn es hatte bis jetzt seine Form unverändert beibehalten, auch als es jetzt durch das dichte Schilf ging. Und in dem Korb lag ja auch noch ein reichlich drei Monate altes Baby.

Mutter und Tochter hatten während des ganzen Weges von ihrer Hütte bis zum Nilufer kein einziges Wort miteinander gesprochen. Ihre Herzen waren zu schwer vor Kummer, und beide fühlten in ihrem Hals einen Kloß sitzen, der es ihnen unmöglich machte, ein Wort herauszubringen. Doch ein unerschütterlicher Glaube trieb sie vorwärts.

Eine Frage war es, die sich immer wieder in Jochebeds Gedanken drängte. Warum, so überlegte sie, hatte sie keine Gelegenheit bekommen, dem Kind einen Namen zu geben? Warum mußte dieses ihrer Kinder namenlos in die Gefahren und Ungewißheiten gehen, die vor ihm lagen?

Wenn er wenigstens wie die anderen israelitischen Knaben beschnitten gewesen wäre und damit aufgenommen in die israelitische Volksgemeinschaft. Doch auch dieses Merkmal seiner Herkunft blieb dem Kind versagt, um seiner eigenen Sicherheit willen.

Nun hatten sie das Wasser erreicht. Einige Schritte mußten sie hineinsteigen, da der Rand des Stromes auch noch mit Schilf bewachsen war. Als sie nun den zum Schiff umgebauten Korb auf das Wasser setzten, beugten sich erst die Tochter und dann zum letzten Mal die Mutter über den Kleinen, der verlangend seine Händchen nach ihnen ausstreckte, und küßten ihn.

Dann gab Jochebed dem kleinen Fahrzeug einen Stoß,

damit es aus dem Schilfgürtel hinaus ins offene Wasser trieb. Dabei war ihr, als risse in ihrem Inneren etwas entzwei. „Jahwe, der Gott deines Vaters, schütze dich!“ schluchzte sie.

In diesem Augenblick ging am östlichen Horizont die Sonne auf, und ihre ersten Strahlen fielen genau auf das kleine Boot, das einsam auf dem Wasser dahintrieb.

TEIL II

KIND ÄGYPTENS

9. KAPITEL

Sonnenstrahlen fielen durch die Luftlöcher, die Amram vorsorglich am oberen Rand des kleinen Bootes gelassen hatte, denn er hatte auch einen Deckel angefertigt, mit dem Jochebed den Korb noch verschloß, ehe sie ihn in die Fluten des Nils hinausstieß. Die Gefahr, daß größere Wellen in das kleine Fahrzeug hineinschlugen oder daß Vögel sich vielleicht auf den Rand setzten und dann gar den Kleinen angriffen oder daß die höhersteigende Sonne ihn verbrannte, sollte möglichst vermieden werden.

Da das Baby an einen Deckel über seinem Versteck schon gewöhnt war, machte es ihm auch jetzt nicht viel aus. Wenn es auch im ersten Augenblick zu weinen begann, beruhigte es sich doch bald, weil die Wellen das kleine Boot sanft auf und nieder wiegten, was ihm sehr gefiel. Bald fiel es, trotz der ungewohnten plätschernden Geräusche von draußen, in einen sanften Schlummer.

Wie gut, daß mein kleiner Sohn nicht weiß, welch ungewissem Schicksal er entgegentreibt, dachte Jochebed, als sie nochmals zurückschaute. „Ich muß mich jetzt beeilen, daß ich noch pünktlich zur Arbeit komme“, sagte sie zu Miriam. „Dort werde ich schon eine Entschuldigung für dich für diesen Tag finden. Du weißt ja, daß die Aufseher es mit Kindern noch nicht so genau nehmen. Du kennst ja deine Aufgabe. Vermeide zu große Gefahren, aber versuche dem Kleinen zu folgen, damit wir wissen, was mit ihm geschieht.“

„Ja, Mutter, ich werde alles so tun, wie wir es besprochen haben“, nickte Miriam.

Damit trennten sich die beiden. Jochebed eilte zu ihrem Arbeitsplatz, und Miriam folgte am Ufer des Stromes dem langsam dahinschwimmenden Korb, der ihren kleinen Bruder trug.

Es war nicht einfach für Miriam, dem kleinen Fahrzeug immer zu folgen und es im Auge zu behalten, denn am Ufer gab es manche Hindernisse, die umgangen werden mußten. Außerdem begab sich Miriam auch in um so größere Gefahr, je weiter sie sich von ihrer Arbeitsstelle und ihrer Siedlung entfernte. Es konnte leicht geschehen, daß sie von einem Ägypter aufgegriffen wurde, der in ihr eine hebräische Sklavin erkannte. Dann würde man sie vielleicht verdächtigen, sie wolle fliehen.

Entlaufene Sklaven, die man wieder einfing, wurden in Ägypten schrecklich bestraft. Meist wurden sie halb totgeprügelt und oft zur Strafe auch noch verstümmelt. Es konnte vorkommen, daß man ihnen ein Ohr abschnitt oder die Zehen eines Fußes abhackte. Doch Miriam war ein tapferes Mädchen, und kräftig und ausdauernd war sie auch, so daß ihr die Verfolgung des kleines Wasserfahrzeugs nicht viel ausmachte.

Zum Glück gab es an diesem Abschnitt des Nils nur sehr wenige Gebäude, denen sie verhältnismäßig leicht aus dem Wege gehen konnte. Doch nach einiger Zeit tauchte vor ihr eine Gruppe von Häusern auf, die von ihrer Größe und Bauart her den Charakter eines Palastes trugen. Die Gebäude standen nicht weit vom Ufer des Stroms entfernt, und breite Terrassen zogen sich bis zum Strom hinunter.

Als sie näher kam, konnte sie auch erkennen, daß das größte Haus, man konnte dazu eher Palast sagen, schön geschmückt war. Die Dächer der kleinen Türmchen an den Palastecken leuchteten golden in der Vormittagssonne. Da sie mit der weiteren Umgebung so gut wie gar nicht vertraut war, wußte sie auch nicht, daß es sich um Tanis, einen der beliebten Aufenthaltsorte der pharaonischen Familie handelte.

Bisher war der Korb mit dem Knaben durch nichts aufgehalten worden. Wohl trieb er immer noch spielerisch leicht in der Nähe des Ufers dahin, war aber nicht an dem ins Wasser hineinwachsenden Schilf hängengeblieben. Die Eltern hatten Miriam gesagt, wenn dies geschehen würde, sollte sie in sicherer Entfernung sitzen bleiben und beobachten, was weiter geschah.

Nun erkannte Miriam auch, daß man neben den Terrassen eine Ausbuchtung des Ufers geschaffen hatte, so daß so etwas wie ein Becken entstanden war, in dem man baden konnte. Der Zugang zu dieser Ausbuchtung war nicht sehr breit. Wahrscheinlich sollten dadurch Krokodile und andere Tiere abgehalten werden. Stromaufwärts von der Ausbuchtung stand dichtes Schilf. Wohl um Badende besser vor den Blicken Neugieriger zu schützen. Andererseits konnte dadurch jemand, wenn er vorsichtig war, auch ziemlich nahe an die Badestelle herankommen, ohne entdeckt zu werden.

Auf der Terrasse waren eine ganze Anzahl junge Mädchen und Frauen zu sehen, und einige davon tummelten sich auch im Wasser. Hier schien sich also eine Schar adliger Frauen zu vergnügen. Vielleicht gehörten sie zum Hof des Pharaos, und vielleicht war sogar die Lieblingstochter Pharaos, Hatschepsuth, darunter.

Überall in Ägypten, auch bei den Sklaven, sprach man von der schönen und vor allem klugen Prinzessin Hatschepsuth und wie stolz der Pharao auf sie war. Obwohl sie auch einen Halbbruder hatte, von einer Nebenfrau des Pharaos, wurde doch gemunkelt, der König würde es am liebsten sehen, wenn sie seine Nachfolgerin sein könnte.

Die Beobachtung der Frauen und Mädchen hatte Miriam so gefesselt, daß sie darüber fast das kleine Boot ihres Bruders vergessen hätte. Als sie jetzt daran dachte, blickte sie erschrocken auf das Wasser hinaus. Was sie sah, setzte sie in Erstaunen: Wie von einer unsichtbaren Hand geschoben, nahm der schwimmende Korb geradewegs Kurs auf die schmale Einfahrt zu dem Badebecken, kam auch wohlbehalten hindurch und wurde dann in das Schilf getrieben, wo er hängenblieb.

Schnell, aber trotzdem vorsichtig, drang Miriam in den dichten Schilfgürtel ein, um dem Korb so nahe wie möglich zu sein.

Doch auch die Badenden und die anderen auf der Terrasse hatten gesehen, daß da etwas herangeschwommen kam und nun im Schilf hing. Neugierig und ein wenig furchtsam betrachteten sie das seltsame Ding, da sie sich nicht denken konnten, was es wohl sein könnte. Endlich wateten zwei besonders Mutige durch das Wasser bis zum Schilfrand und schoben den schwimmenden Gegenstand zur Terrasse hinüber.

Die Frauen versammelten sich um das Schiffchen und redeten aufgeregt durcheinander. Endlich hob eines der Mädchen, das einen besonders vornehmen Eindruck machte, die Hand. Augenblicklich wurden die anderen ruhig. „Was mag das wohl sein?“ fragte sie. „Ob jemand weiter stromaufwärts besonders unvorsichtig war und der Nil ihm dieses Ding hier entführt hat?“

„Öffnet es doch! Öffnet es!“ riefen die Frauen durcheinander.

Doch als sie das tun wollten, rief eine ältere Frau: „Halt! Seid vorsichtig! Es könnte auch eine Falle sein!“

Dieser Hinweis war nicht unbegründet, denn die gegenwärtige Regierung war bei vielen Ägyptern nicht besonders beliebt. Es konnte also auch ein Gefäß voll giftiger Schlangen sein oder eine andere tödliche Gefahr. Alle im königlichen Haushalt waren oft genug vor solchen möglichen gefährlichen Anschlägen gewarnt worden.

Erschrocken wichen alle zurück und betrachteten ängstlich das kleine Boot. Endlich trat das Mädchen, das Miriam schon vorher aufgefallen war, aus der Gruppe hervor und ging scheinbar furchtlos zu dem Korb zurück.

„Prinzessin“, rief eine ältere Frau, „sei vorsichtig!“

Als Miriam diese Anrede hörte, stockte ihr fast der Atem.

Also war das dort doch die berühmte Prinzessin Hatschepsuth. Was würde jetzt geschehen?

Die Prinzessin beugte sich nieder, hob den Korb aus dem Wasser auf das Trockene und öffnete vorsichtig den Deckel. Sobald das volle Sonnenlicht in den Korb fiel, begann das Baby erschrocken laut zu schreien.

Voller Erstaunen drängten sich nun die Frauen alle so eng um den Korb, daß Miriam befürchtete, sie könnten ihn zerdrücken.

„Geht zurück!" befahl die Prinzessin laut und hob das Kind aus dem Korb. Sie hob es hoch in die Luft und drehte es nach allen Seiten, so daß alle es ausgiebig betrachten konnten. Dabei zeigte auch ihr Gesicht einen erstaunten Ausdruck, als sie das Kind anschaute.

Freudige Ausrufe waren aus der Gruppe zu hören. „Ist es hübsch! Wie schön! Habt ihr je ein so feines Baby gesehen?" und so ging es einige Zeit weiter.

Auch die Prinzessin schien von dem Kind sehr angetan zu sein, denn sie zog es jetzt eng an ihre Brust, als wolle sie es nie wieder hergeben.

„Ganz gewiß gehört das Kind jemand weiter oben. Man hat es am Ufer unvorsichtig abgesetzt, und da ist es in das Wasser gefallen", sagte jemand.

„Seid still!" rief die Prinzessin. „Das Kind gehört niemandem, weder weiter oben noch weiter unten am Strom!"

Verwirrt blickten sich die Frauen an. „Was willst du damit sagen?" wagte eine zu fragen. „Du willst doch das Kind nicht etwa behalten?"

Doch genau das schien die Königstochter zu beabsichtigen. „Wir werden es baden und salben", erklärte sie. Dabei strich sie dem immer noch schreienden Baby sanft über den Kopf und fügte freundlich hinzu: „Nun beruhige dich doch. Es will dir ja niemand etwas tun."

Sie wandte sich wieder den Frauen zu und befahl: „Bringt schnell eine Decke herbei."

Eine ihrer Begleiterinnen griff in den Korb und holte die Decke heraus, auf der das Kind gelegen hatte. „Ist die gut genug?“ fragte sie und reichte sie der Prinzessin.

Wieder begannen die Frauen überrascht durcheinanderzureden, denn sie erkannten das Muster in der Decke.

„Das ist doch eines der hebräischen Kinder!“ rief die Prinzessin, und ihre Hände begannen ein wenig zu zittern, denn sie, wie alle ihre Begleiterinnen, kannten den königlichen Befehl genau. Sie wußten, daß dieses Kind nicht am Leben bleiben sollte.

Doch die Prinzessin zögerte nur einen Augenblick, schaute dann wieder auf das Kind in ihren Armen und sagte entschlossen: „Ich behalte es.“

„Das ist nicht dein Ernst!“ riefen die anderen.

Doch jetzt brach die königliche Ungeduld bei ihr durch, die keinen Widerspruch mehr hinnehmen wollte. „Ich werde tun, was mir gefällt!“ fuhr sie die Frauen an, ergriff die Decke und wickelte das Kind damit ein.

Schweigen legte sich über die Gruppe. Keine wagte etwas zu sagen, als die Prinzessin ein ägyptisches Schlummerlied zu summen begann. „Nun sei ruhig“, sagte sie dann. „Du mußt nicht wieder in den Korb zurück, mein Liebling. Eine feine goldene Wiege wirst du bekommen und feine Kleidchen.“

Als sie jetzt zum Palast zurückging und dabei das Kind sanft in ihren Armen wiegte, wagte eine der Frauen zu fragen: „Wie wird dein Vater reagieren? Wenn er davon hört, wird er sicherlich das Leben des Kindes fordern.“

„Ja“, stimmte eine andere zu. „Wenn er hört, daß es ein hebräisches Kind ist . . .“

Die Prinzessin fuhr herum. „Was wollt ihr eigentlich alle“, rief sie. „Sieht das Baby etwa hebräisch aus? Ich meine, dazu ist es ein wenig zu dunkel.“ Sie zog die Decke und das Kleid des Kindes beiseite. „Seht her“, forderte sie die anderen auf, „er ist zwar ein Knabe, aber er ist nicht beschnitten. Wir wissen doch, daß die Hebräer ihre Söhne acht Tage nach der Geburt beschneiden. Und der Kleine hier ist ganz gewiß schon viel älter als acht Tage."

Sie schwieg einen Augenblick und fuhr dann fort: „Dieses Kind wird erzogen wie ein ägyptischer Prinz, und wir werden ganz gewiß einen echten Ägypter aus ihm machen, welcher Abstammung er auch immer sein mag."

Diesem Argument hatte niemand mehr etwas entgegenzusetzen. Triumphierend musterte die Prinzessin ihre Begleiterinnen, als erwarte sie noch weiteren Widerspruch. Als alle schwiegen, schickte sie sich an, mit dem Kleinen in den Palast zu gehen.

Miriam zitterte in ihrem Versteck vor Erregung. Eine solche Entwicklung würden ihre Eltern wohl nie gebilligt haben. Was konnte ihrem kleinen Bruder noch Schlimmeres geschehen, als in einem heidnischen Palast aufzuwachsen und in ägyptischer Weise erzogen zu werden? Doch sie bekam keine Zeit, weiter darüber nachzudenken. Denn es schien sich nochmals eine kleine Hoffnungstür aufzutun.

Einer der Frauen war doch noch ein Argument eingefallen, das sie jetzt vorbrachte. „Prinzessin, wie soll das Kind ernährt werden?" fragte sie. „Wir haben keine Amme im Palast."

Diese Frage war ernst zu nehmen, das war auch der Prinzessin sofort klar. Sie blieb wieder stehen, und man sah ihr an, daß sie ernsthaft nachdachte. Denn es konnte nicht irgendeine Amme in Frage kommen. Die Ägypter glaubten, eine Amme müsse von derselben Rasse sein wie der Säugling. Jede andere Möglichkeit war für sie unvorstellbar. Und auch Hatschepsut war im stillen überzeugt davon, daß es sich hier um einen ausgesetzten hebräischen Knaben handelte, wenn sie es auch nicht zugab.

Gewohnt, ihren Willen durchzusetzen, fand die Prinzessin auch jetzt einen Ausweg. „Wir werden eine der hebräischen Frauen kommen lassen", erklärte sie. Ihre Stimme schien einen mitfühlenden Ton anzunehmen, als sie fortfuhr: „Es dürfte nicht schwer sein, unter den Hebräern eine

Amme zu finden, denn viele ihrer Frauen haben ja jetzt ihre Säuglinge verloren."

Wieder begannen die Frauen erregt untereinander zu murmeln, erstaunt über die schnelle Lösung, die der Prinzessin eingefallen war, aber ebenso verwundert über den mitfühlenden Ton, als sie von den hebräischen Frauen sprach.

Doch Miriam sah ihre große Chance, und mutig, wie sie war, nutzte sie die Gelegenheit. Ohne über ihre eigene schwierige Lage nachzudenken, stürzte sie aus dem Schilfdickicht hervor, eilte zu der Prinzessin und warf sich ihr zu Füßen, ehe jemand es hätte verhindern können.

„Königliche Hoheit", sprach sie Hatschepsut an, „vergib deiner geringen Dienerin, wenn ich einfach zu dir vordringe. Doch ich habe euer Gespräch mit angehört und könnte dir vielleicht helfen."

Die Frauen erkannten an der Kleidung, daß sie eine Hebräerin vor sich hatten, und waren erstaunt über die Kühnheit des Sklavenmädchens. „Wieso kommst du überhaupt nach hier?" fragte Hatschepsut.

Miriam hatte diese Frage erwartet und sich eine plausible Antwort zurechtgelegt. „Ich habe weiter stromauf diesen seltsamen Kasten auf dem Wasser schwimmen sehen", begann sie. „Da habe ich gehofft, er würde vielleicht ans Ufer getrieben und ich könnte etwas Wertvolles darin finden. Deshalb bin ich am Ufer mitgelaufen, als ich sah, daß es hier hineingetrieben wurde, und habe dann alles mit angesehen und angehört."

Die Prinzessin blickte streng auf das Mädchen hinunter, schien ihr aber dann zu glauben. „Was meintest du damit, du könntest vielleicht helfen?" fragte sie.

„Ich kenne eine hebräische Frau, die gerade erst ihren kleinen Knaben verloren hat", antwortete sie. „Ich weiß auch, daß sie gesund und stark ist. Soll ich gehen und sie zu dir bringen?"

Hatschepsut überlegte einige Augenblicke, dann sagte sie: „Gut, tue das. Ich werde dir eine meiner Begleiterinnen und einen Diener mitgeben, damit man dich nicht aufhält oder gar bestraft, wenn man dich unterwegs sieht. Aber beeile dich, denn ich glaube, der Kleine muß dringend gefüttert werden. Am besten wird es sein, ihr fahrt gleich mit einem Wagen. Das geht schneller."

Damit schaute sie auf den Knaben hinab, der nun in ihren Armen nicht mehr weinte, und strich ihm wieder liebevoll über den Kopf.

10. KAPITEL

Jochebeds Überraschung und die der anderen Sklaven und Aufseher war groß, als an ihrer Arbeitsstelle ein Wagen auftauchte, an dessen Bemalung man erkannte, daß er zum königlichen Haushalt gehörte. Noch mehr staunten alle, als sie Miriam darin erkannten.

„Wo ist nun die Sklavin, von der du gesprochen hast?" wandte sich die Begleiterin an Miriam, während der Diener, der den Wagen fuhr, dem herbeigeeilten Aufseher erklärte, warum sie hier erschienen waren.

„Sie arbeitet dort drüben." Miriam wies mit dem Finger auf ihre Mutter.

Als die Frau den nassen und schmutzigen Lehmboden sah, rümpfte sie die Nase. „Geh, und hole sie herbei", forderte sie Miriam auf, weil sie keine Lust hatte, von dem Wagen in den klebrigen Lehm zu steigen.

Miriam lief zu ihrer Mutter und sagte: „Schnell, komm mit und stelle jetzt keine Fragen."

Während der wenigen Augenblicke, die dem Mädchen bis zum Wagen blieben, unterrichtete sie Jochebed in fliegender Eile, wie sich die Dinge entwickelt hatten. „Am besten ist es, wir verschweigen vorerst, daß du meine Mutter bist", konnte sie gerade noch abschließend sagen, dann standen sie vor der Hofdame.

Die vornehme Frau betrachtete Jochebed eingehend und stellte eine ganze Reihe Fragen. Vor allem wollte sie wissen, ob die Angaben des Mädchens stimmten, daß sie eben erst ihren Sohn verloren hatte.

Als Jochebed das bejahte, wurde sie aufgefordert, in den Wagen zu steigen und mitzukommen.

Die Sklavin blickte auf ihre schmutzige Kleidung und wollte gerade Einwände erheben. Doch die Hofdame, die das bemerkte, sagte befehlend: „Wenn Prinzessin Hatschepsut ruft, läßt man sie nicht warten. Der Kleine braucht dringend Nahrung, sonst wird er die ganze Zeit schreien. Alles andere, auch deine Säuberung und andere Kleidung, kann im Palast erledigt werden."

Auch der dabeistehende Aufseher, der ja nun wußte, von wem die Befehle kamen, forderte Mutter und Tochter mit einer energischen Handbewegung auf, den Wagen zu besteigen, wenn er auch nicht ganz verstand, worum es hier eigentlich ging.

So kam es, daß die Mutter des Findelkindes der ägyptischen Prinzessin nun seine Amme wurde. Jochebed selbst und ihre ganze Familie konnten darin nichts anderes als die Führung und Vorsorge Gottes erkennen.

Hatschepsut erkannte schnell, daß die hebräische Sklavin den ihr befohlenen Dienst nicht etwa gleichgültig oder gar widerwillig tat, sondern daß sie sich dem Findelkind der Prinzessin freundlich und liebevoll zuwandte.

Da die Königstochter nicht wußte, daß sie die Mutter des Kleinen vor sich hatte, meinte sie, die Art, wie die Sklavin mit ihrem Findelkind umging, läge im Wesen dieser Frau. Sie kam deshalb zu der Überzeugung, keine Bessere finden zu können, der sie die Sorge für den Knaben bis zu seiner Entwöhnung übertragen konnte.

Das alles wirkte sich auch zum Guten für Amrams ganze Familie aus. Die Prinzessin wäre nie auf den Gedanken gekommen, ihr Adoptivsohn könne in einer armseligen Hütte in einem hebräischen Sklavengetto aufwachsen. Deshalb ließ sie in unmittelbarer Nähe des Palastes in Tanis ein nettes Haus errichten, in das Jochebed mit ihrer Familie einziehen durfte. Hier sollte sie bis zu seiner Entwöhnung für den Kleinen sorgen.

Die Prinzessin kümmerte sich darum, daß es dem Kleinen und seiner Amme an nichts fehlte. Wenn sie im Palast zu Tanis weilte, ließ sie den kleinen *Moses,* diesen Namen hatte sie ihm gegeben, sehr oft und lange mit seiner Amme zu sich kommen. Doch auch wenn sie in Ra-Amses war oder an einem anderen Ort des ägyptischen Reiches, kam sie, so oft es ging, nach Tanis, um den Knaben zu besuchen.

Zwar mußten Amram und Miriam weiter wie die anderen Sklaven zur Arbeit gehen. Doch sie wurden von den Aufsehern sehr rücksichtsvoll behandelt, da diese wußten, daß Jochebed die Amme des Findelkindes der ägyptischen Königstochter war.

Wieder einmal saß Jochebed im großen und freundlichen Wohnraum des Hauses. Sie war mit einer Handarbeit beschäftigt, während ihr Sohn zu ihren Füßen auf dem Fußboden herumkroch. Plötzlich hielt er sich an ihrem Gewand fest, und mit großer Anstrengung und keuchenden Lauten zog er sich daran empor und stand nun auf wackeligen kleinen Beinchen vor seiner Mutter. Es war das erste Mal, daß er sich selbständig aufgerichtet hatte.

Voller Freude und Stolz blickte Jochebed auf ihn. „Moses", lobte sie ihn, „du bist ja ein tüchtiger Bursche. Jetzt kannst du sogar schon allein stehen!" Dabei strich sie ihm liebevoll über das Haar. Der Kleine spürte die Anerkennung und jauchzte fröhlich.

Es fiel Jochebed etwas schwer, den ägyptischen Namen *Moses,* den die Prinzessin dem Jungen gegeben hatte, richtig auszusprechen. In der ägyptischen Sprache bedeutete dieser Name nichts anderes als „Kind".

Viel lieber hätte Jochebed es gesehen, ihr Sohn würde einen nubischen Namen tragen oder einen hebräischen. Das hebräische *Moscheh,* das in der Aussprache dem ägyptischen *Moses* ähnlich war, bedeutete etwa der *Herausgezogene.* Das wäre der Erfahrung der Rettung ihres Jungen aus dem Nil sehr nahe gekommen und hätte ihr sicherlich viel mehr bedeutet.

Sie hob den Jungen auf ihren Schoß, zog ihn an sich und küßte ihn auf die Stirn. „Moscheh", flüsterte sie, „du bist für mich aus dem Strom gerettet worden, herausgezogen durch die mächtige Hand Gottes."

Auch die Prinzessin Hatschepsut glaubte, wie Jochebed, an die Hand der Vorsehung. Doch für sie war der Gott, der ihr den kleinen Moses gebracht hatte, nicht der Gott der Hebräer, sondern der Gott des Nils.

So gewiß wie Jochebed glaubte, Moses sei gerettet worden, um dereinst der Befreier Israels zu werden, so fest glaubte die Prinzessin, der Flußgott habe ihn dazu berufen, einmal ein führender Mann in Ägypten zu sein.

Pharao Thutmoses hatte zwei Söhne gehabt, ältere Brüder von Hatschepsut. Doch sie waren beide schon im Kindesalter gestorben. So war ihm nur die Tochter als Thronerbin des Reiches geblieben.

Es gab viele in Ägypten, die meinten, Thutmoses der Zweite, der Sohn einer Nebenfrau, solle nach ihm den Thron besteigen. Doch der Pharao hatte stets darauf bestanden, daß dies nur möglich sein könnte, wenn dieser Sohn der Gatte und Mitregent von Hatschepsut werden würde. Da Thutmoses der Zweite ein Halbbruder von Hatschepsut war, würde eine Heirat zwischen ihnen nach der königlichen Tradition Ägyptens dazu verhelfen, daß die heilige Abstammungslinie der Pharaonen so rein wie möglich erhalten blieb.

Doch Hatschepsuts Ansicht war, Thutmoses der Zweite mache mit seinen niedrigen Augenbrauen und den stumpfsinnigen Augen den Eindruck eines Schwachsinnigen. Sie würde lieber sterben wollen, als seine Frau zu werden. Da sollte lieber die Linie der Pharaonen mit ihr aussterben, sollte sie kinderlos bleiben, als daß sie sich mit diesem abstoßenden Menschen vereinigt hätte.

An diesem Nachmittag wartete sie in ihrem prächtigen Wohnraum darauf, daß die Amme Moses zu ihr brachte. Währenddessen dachte sie darüber nach, wie wunderbar die Götter alles geführt hatten.

Bis zu diesem Augenblick hatte der Pharao noch kein Interesse daran gezeigt, das Findelkind seiner Tochter zu sehen. Doch eines Tages würde das geschehen, das wußte sie. In etwa zwei Jahren würde das Baby entwöhnt werden. Die Amme konnte dann mit ihrer Familie zu den anderen Sklaven zurückkehren. Denn der Knabe konnte von da an bei Hatschepsut leben und würde erzogen werden, wie es einem Königssohn gebührte.

Die Prinzessin war überzeugt davon, daß auch ihr Vater Moses lieben und schätzen lernen würde, wenn die Zeit gekommen war. Nie würde er auf den Gedanken kommen, daß dieses unbeschnittene Kind mit der etwas dunkleren Hautfarbe hebräischer Abstammung sein könnte. Er würde Moses so aufnehmen, wie seine Tochter es getan hatte. Und war dies erst geschehen, gab es keine Grenzen mehr für die Zukunft ihres Adoptivsohnes. Er würde der Thronerbe sein, ein Sohn des Pharaos, der von den Toten wieder auferstanden war.

Hatschepsuts Herz klopfte freudig bei diesem Gedanken. Sie blickte zum Fenster hinaus auf die Wasser des Nils. War nicht das Wasser ein Symbol des Todes und des Grabes? Vielleicht hatte der Flußgott tatsächlich den Geist des verstorbenen Sohnes des Pharaos zurückkehren lassen in den kleinen Knaben, den sie auf dem Strom gefunden hatte! „Ra“, flüsterte sie, „großer Gott Ra, ich danke dir!“

In diesem Augenblick vernahm sie die Schritte der Amme und die helle Stimme des Kleinen vom Flur her und wurde dadurch in die Wirklichkeit zurückversetzt.

Ihr Vorzimmermädchen meldete die Ankunft der Amme, doch Hatschepsut eilte Jochebed und dem Kind schon entgegen und ließ sich den Kleinen von der Amme in ihre ausgebreiteten Arme legen.

„Vielen Dank“, sagte sie freundlich zu der Sklavin und drückte den Knaben an sich. Alle Liebe und Hoffnung kam in dem Ton ihrer Stimme zum Ausdruck, als sie jetzt sagte: „Moses, Moses — mein Kind!“

Plötzlich verstand Jochebed, was der Name *Moses* für die Prinzessin bedeutete. Die Bezeichnung *Kind* war keine Erniedrigung für das armselige Wesen, das sie aus dem Nil gerettet hatte, sondern für Hatschepsut war es ihr eigenes Kind geworden, nicht mehr ein fremdes, dessen sie sich angenommen hatte. Es war *das Kind ihrer Träume.*

In Jochebeds Herzen stritten verschiedene Gefühle miteinander. Verständnis für die Frau, die vor ihr stand und in dem Knaben ihren Sohn sah; und gleichzeitig der Kummer einer Mutter, die nicht zeigen durfte, daß dieses Kind ihr Sohn war.

War es wirklich die Absicht des Gottes Israels, daß diese Ägypterin ihren Platz einnahm? fragte sich Jochebed, als sie sich vor der Prinzessin verneigte und schweren Herzens den Raum verließ.

11. KAPITEL

Es war nun nur noch ganz kurze Zeit bis zu dem Tag, da der kleine Moses entwöhnt werden sollte. Zur Freude seiner Familie, aber auch zur Freude Hatschepsuts, war er ein kräftiger, gesunder und aufgeweckter Junge von rund drei Jahren.

So sehr sich auf der einen Seite Jochebed und ihre Familie über die prächtige Entwicklung des Kleinen freuten, so wurden doch auf der anderen Seite ihre Herzen von Woche zu Woche schwerer. Ihnen war klar, daß nun der Tag mit Riesenschritten nahte, da die Fürsorge für Moses ganz aus den Händen seiner Mutter-Amme genommen wurde und auf Hatschepsut und die von ihr bestimmten ägyptischen Erzieher und Erzieherinnen überging.

Die hebräische Amme wurde dann nicht mehr gebraucht, und die Familie würde in die Sklavensiedlung zurückkehren müssen. Was aber das Schlimmste war: Sie wurden endgültig von ihrem kleinen Sohn getrennt.

Amram hatte sich vor allem in diesem letzten Jahr stets viel Zeit genommen, dem Kleinen von dem großen und allmächtigen Gott ihrer Väter, dem Gott Abrahams, Isaaks und Israels, zu erzählen, dem einzig wahren Gott, der alle Dinge geschaffen hatte. Er hatte ihm von der Geschichte des Volkes Israel erzählt und davon, wie Gott ihr Volk auserwählt und besonders gesegnet hatte und welche Versprechungen Er dem Volk gegeben hatte, die noch der Einlösung harrten und in der Zukunft lagen.

Zwar war dem Vater klar, daß der kleine Junge noch kaum etwas von dem verstand, was er ihm erzählte. Doch er hoffte, daß diese Dinge tief in das Unterbewußtsein des Knaben eindrangen, so daß Gott sie ihm später wieder ins Gedächtnis rufen konnte, wenn der geeignete Zeitpunkt dazu gekommen war. Es war eine Saat auf Hoffnung, die der Vater in die Seele des kleinen Jungen streute.

Mittlerweile ließ der Pharao auch seinen Befehl, alle hebräischen Knaben, die geboren wurden, zu töten, nicht mehr so streng befolgen. Seit diesem Befehl waren rund drei Jahre vergangen, und Thutmoses war der Meinung, daß der Knabe, den der Oberpriester Jannes in seiner Vision gesehen hatte, unter denen gewesen sein mußte, die in diesen drei Jahren getötet wurden, denn er sollte ja damals *bald* geboren werden.

Außerdem hatten einige seiner Berater und Minister ihn gefragt, wo sie in 15—20 Jahren den Nachwuchs an Sklavenarbeitern hernehmen sollten, wenn jetzt alle männlichen hebräischen Sklavenkinder getötet wurden. Der Pharao wandte seine Aufmerksamkeit längst wieder anderen Dingen zu und hatte erst kürzlich einen Kriegszug nach Äthiopien mit großem Erfolg beendet und auch von dort viele Sklaven mitgebracht.

Er nahm zwar den Befehl, die hebräischen Säuglinge zu töten, nicht zurück. Kein Pharao, der ja nach ägyptischer Überzeugung göttlichen Geschlechts war, würde einen Befehl zurücknehmen. Doch er sorgte dafür, daß er je länger um so weniger ausgeführt wurde, so daß diese Not in den Hütten der hebräischen Sklaven immer mehr aufhörte.

Nun war der Tag von Moses' Entwöhnung gekommen. Im Palast zu Tanis würde zu diesem Anlaß ein kleines Fest gefeiert werden, denn der Sohn der Tochter Pharaos, den ihr die Götter geschenkt hatten, hatte nun die dreijährige Säuglingszeit hinter sich. Jochebed wußte zwar, daß Moses schon etwa drei Monate älter war als drei Jahre, doch sie hatte dies aus begreiflichen Gründen immer verschwiegen. Und die Prinzessin sah den Tag, an dem sie Moses auf dem Nil gefunden hatte, als seinen Geburtstag an.

Schiphrah und Puah, die beiden hebräischen Hebammen, waren schon am frühen Morgen in das Haus gekommen, in dem Amram mit seiner Familie die letzten drei Jahre gewohnt hatte. Sie hatten während dieser drei Jahre immer wieder einmal hereingeschaut, weil auch sie wissen wollten, wie es dem kleinen Jungen erging, bei dem sie damals mitgeholfen hatten, ihn vor den ägyptischen Häschern zu verbergen. Heute waren sie gekommen, um auch Abschied zu nehmen von dem kleinen Moses. Und außerdem wollten sie der Familie in ihrem Trennungsschmerz beistehen.

Amram und Miriam hatten schon gehen müssen, um pünktlich an ihrem Arbeitsplatz zu sein. Miriam hatte herzzerreißend geweint, als sie von ihrem kleinen Bruder Abschied nahm. Amram hatte die Tränen unterdrückt, als er seinen Sohn ein letztes Mal in die Arme schloß und immer und immer wieder an sich zog. Endlich sagte er mit erstickter Stimme: „Unsere Gebete werden dich jeden Tag umgeben und tragen. Jahwe schütze dich, mein Sohn.“ Dann setzte er den Knaben ab und verließ mit schleppenden Schritten und hängenden Schultern, als müsse er das Elend der ganzen Welt tragen, das Haus.

Schiphrah und Puah hatten sich weiter um Jochebed und Aaron und den kleinen Moses gekümmert, denn die Mutter schien nicht in der Lage zu sein, irgend etwas zu tun.

Doch es wurde nun Zeit, den Jungen zum Palast zu bringen. Ein letztes Mal nahm Jochebed den Kleinen an ihre Brust und säugte ihn. Dabei sang sie ihm nochmals das alte israelitische Lied, das sie ihm so oft vorgesungen hatte:

Wir werden Milch und Honig haben
in dem Land unseres Vaters Jakob.
In dem Tale Jahwes
werden wir ausruhen.

Schwer wurde dieser letzte Weg mit dem kleinen Moses zum Palast für Jochebed. Mit jedem Schritt schien sich die Last zu vergrößern, die ihr Herz erdrücken wollte. Ihre Beine wollten den Dienst versagen, als sie, im Palast angekommen, die letzten Schritte zu den Räumen der Prinzessin ging.

Hatschepsut erwartete sie schon an der Tür und zog den Knaben liebevoll in die Arme. Als sie dann aufblickte und in das gramdurchfurchte Gesicht der Amme sah, meinte sie mitleidig: „Ich weiß, auch du hast meinen kleinen Moses liebgewonnen, und der Abschied fällt dir jetzt schwer. Ich bin dir dankbar für deine Dienste. Du hast nicht wie eine Amme, sondern wie eine Mutter für den Kleinen gesorgt."

Jochebed war es, als würde ihr bei diesen Worten das Herz in der Brust entzweigeschnitten. Hatschepsut fuhr fort: „Ich werde dir immer dankbar sein. Hier, nimm diesen Geldbeutel, damit ihr, wenn ihr nun in die Sklavensiedlung zurückkehren müßt, nicht ganz so elend zu leben braucht wie früher. Ich werde auch einen Diener beauftragen, ab und zu nach euch zu sehen und euch stets mit dem Notwendigsten zu versorgen."

„Nun verabschiede dich von deiner Amme", sagte Hatschepsut zu Moses.

Der Kleine schien das Endgültige dieses Abschieds zu spüren. Er rannte zu Jochebed und umklammerte sie so fest wie nie zuvor. Jochebed strich ihm immer wieder sanft über das Haar. Sie kämpfte tapfer mit den Tränen, konnte aber dann doch nicht mehr verhindern, daß sie zu schluchzen begann.

Die Prinzessin, die Mitleid empfand, wollte die Szene beenden. Sie trat auf die beiden zu und ergriff die Hand des Jungen. „Komm jetzt, Moses", sagte sie freundlich, zog ihn mit sich in ihre Räume und schloß die Tür hinter sich.

Jochebed stand noch einen Augenblick wie versteinert. Dann wandte sie sich um und ging mit schleppenden Schritten davon. „Mosche", flüsterte sie, „mein Mosche", dabei unbewußt die hebräische und nicht die ägyptische Form des Namens verwendend.

Eines tröstete die beiden Eltern in der nächsten Zeit. Amram hielt unerschütterlich daran fest, daß ihr jüngster Sohn von Gott einen besonderen Auftrag erhalten hatte und deshalb auch im Palast der ägyptischen Königstochter Seine bewahrenden Hände über ihn halten würde.

Auch Jochebed hatte sich mittlerweile von der Zuversicht ihres Gatten anstecken lassen. Außerdem hatte sie zu viel staunenswert Seltsames mit ihrem Sohn erlebt, so daß sie gar nicht anders konnte, als davon überzeugt zu sein, daß der Gott Israels den Jungen bewahrte.

12. KAPITEL

Prinzessin Hatschepsut saß mit ihren Hofdamen auf dem weiten Balkon ihrer Räume im großen Palast von Ra-Amses. Warme Frühlingsluft strich von draußen durch alle Gänge und Hallen des Palastes, und vom Ufer des Nils her hörte man fröhliches Singen.

Es war Frühling, die Zeit des Jahres, zu der der Nil seinen höchsten Wasserstand erreichte. Auch hier, im taniakischen Arm des riesigen Stromes, der sich im Delta in mehrere Arme teilte, war das Wasser wieder weit über seine normalen Ufer getreten und brachte aus dem Inneren Afrikas die gute schwarze Erde mit, die zurückblieb, wenn das Wasser abfloß und die das Delta so fruchtbar machte.

So fruchtbar war das Land im Nildelta, daß es schon seit Jahrhunderten in Ägypten als besonders kostbarer Besitz galt. Für viele Pharaonen war diese Stadt schon zu ihrem Lieblingsaufenthalt geworden und hatte während der vielen Dynastien schon ganz verschiedene Namen getragen.

Das weit ausgedehnte Weideland, das nahe der Stadt begann, nannte man Gosen. Joseph, der große hebräische Prophet und Wesir Ägyptens, hatte dieses Land seinem Volk Israel gegeben, als sie vor Jahrhunderten unter ihrem Patriarchen Jakob einer großen Hungersnot wegen nach Ägypten gekommen waren. Während Josephs Regierungszeit, als die Hyksos-Könige herrschten, hatte die Stadt Avaris geheißen. Weit ausgebreitet lag sie am Ufer des Nils. Breit waren ihre Straßen, prächtig die Paläste und sonstigen Bauten, und hoch ragten überall die Obeliske empor.

Doch der Lieblingsaufenthalt der Prinzessin Hatschepsut war dieser breite und lange überdachte Balkon, der vor den Räumen des Palastes lag, die sie bewohnte. Von hier aus hatte sie einen großartigen Blick auf den Nil und auf einen Teil der Stadt.

Der Gesang, den sie hörte, stimmte sie fröhlich. Sie kannte das Lied. Es war ein Loblied an den Nilgott, daß er ihnen auch in diesem Jahr so reichlich Wasser und damit so viel fruchtbare Erde geschenkt hatte, denn das versprach eine gute Ernte, so daß in diesem Jahr niemand zu hungern brauchte.

Hatschepsut war auch sonst keinesfalls schlechter Laune, denn sie hatte in den vergangenen zwei Stunden dem Unterricht zugehört, der ihrem Sohn erteilt wurde. Sie tat dies oft und war stolz darauf, daß Moses ein so guter und überaus intelligenter Schüler war.

Der Junge war nun zehn Jahre alt. Groß und kräftig und überaus hübsch und intelligent. Die Prinzessin liebte ihn so sehr, daß sie oft vergaß, daß er gar nicht ihr eigener Sohn, sondern nur ein Findelkind war.

Der alte Priester Jannes saß mit Moses an einem großen Ebenholztisch. Sie studierten zusammen eine Papyrusrolle, die sie vor sich ausgebreitet hatten. Die Prinzessin bemerkte, mit wieviel Stolz der alte Mann seinen Schüler betrachtete. Und er kann sicherlich stolz auf ihn sein, dachte sie, denn er ist bestimmt der klügste von allen Schülern, die der Priester jemals hatte. Sein Gedächtnis war staunenswert, und das Verständnis für Geschichtszusammenhänge war für einen Zehnjährigen wirklich enorm.

Gerade an diesem Vormittag hatte der Lehrer noch einmal in einem kurzen Überblick sieben Dynastien der ägyptischen Geschichte zusammengefaßt, die sie in den letzten Monaten ausführlich studiert hatten. Ganz besonders hatten sie sich dabei mit dem Niedergang des Alten Reiches, der Deltarevolution und dem Aufstieg der Könige Mittelägyptens befaßt.

Der Junge hatte fast jede Einzelheit des Unterrichts der vergangenen Monate behalten. Außerdem hatte er mit großem Fleiß fast alles niedergeschrieben. Und wenn ihm nun doch einmal eine Einzelheit entfallen war, brauchte er nur kurz in seine Notizen zu blicken, und schon war ihm alles wieder gegenwärtig.

Doch Jannes' Interesse an seinem Schüler war nicht nur ein akademisches. Er wußte, daß junge Leute, die ihm zum Unterricht anvertraut wurden, stets für hohe Aufgaben in Ägypten bestimmt waren. Deshalb nahm er diesen Unterricht genauso ernst wie seine Aufgaben als Oberpriester. Ihm war stets bewußt, daß Moses der Adoptivsohn von Hatschepsut war. Nach ihr konnte er deshalb eines Tages durchaus den Thron des mächtigsten Reiches der Erde für sich beanspruchen.

Außerdem war der alte Mann nicht nur ein Lehrer, sondern auch ein Philosoph. Er brachte seinem Schüler nicht nur die historischen Fakten bei, sondern versuchte in ihm das Verständnis für die Zusammenhänge und Ursachen der geschichtlichen Ereignisse zu wecken. Und was ihm an Moses so besonders gefiel, war, daß er trotz seiner Jugend auf die Gedanken seines Lehrers einging.

„Also, Moses", sagte Jannes, „wir sind nun bei der elften Dynastie angelangt. Die Rolle, aus der du gerade liest, ist ein festliches Klagelied auf König Antuf."

„Ja", nickte der Junge. „Und es ist wirklich sehr traurig."

„Das stimmt", bestätigte der Priester. „Aber viele Schriften gerade aus jener Zeit sind so. Welchen Abschnitt würdest du für besonders traurig halten?"

Nochmals flog Moses Blick über das Klagelied, und kopfschüttelnd meinte er: „Es ist keinerlei Hoffnung darin. Höre auf dieses Stück." Damit begann er zu lesen:

„Das Schicksal des Leibes ist es, zu vergehen. Die ein Haus bauen, und die, die kein Haus bauen, sieh, was aus ihnen wird. Ihre hohen Schutzmauern sind verfallen. Ihre Häuser sind so, als hätten sie nie existiert. Kein Mann kommt

von drüben, der uns etwas von ihren Reden sagt, von ihrem Geschick erzählt, der unsere Herzen ermutigt. Ihr geht zu dem Ort, von dem sie nie wiederkehren. Stärke dein Herz, um zu vergessen, wie du dich erfreut hast; erfülle dir deine Wünsche, während du lebst. Gehe deinen Wünschen nach, während du auf Erden bist, so wie es dir dein Herz befiehlt. Der Tag wird zu dir kommen, da du keine Stimme mehr hörst, da jene, die ruhen, keine Stimmen mehr hören. Singe dem, der im Grab ist, nicht noch Klagelieder. Denn siehe, keiner, der von hier geht, kommt je zurück."

Hatschepsut gefiel nicht, was sie hörte. Sie liebte den hoffnungslosen Ton in diesem Klagelied nicht, denn sie war an Fröhlichkeit und Vergnügen gewöhnt. Warum, so fragte sie sich, nahmen die Alten das Leben so schwer?

Nicht gerade erbaut, bemerkte sie, wie Jannes eine zweite Rolle ausbreitete und neben die erste legte.

„Sieh, das ist eine Hymne unserer Zeit", sagte er. „Du hast sie vielleicht schon einmal gehört, denn sie wird ab und zu im Tempel gesungen. Wie ist sie, im Vergleich zu dem Klagelied auf Antuf?"

Moses strich nochmals die Rolle glatt und begann zu lesen:

„*Die Menschen sterben seit den Zeiten von Ra. Alle Nüstern atmen einmal den Hauch des Morgenwindes ein, doch alle, die von Frauen geboren sind, gehen an ihren Ort. Mache einen guten Tag, o heiliger Vater. Laß Gesang und Musik vor deinem Angesicht sein und lasse alle üblen Sorgen hinter dir. Achte auf die Freude, bis der Tag deiner Wanderschaft kommt, an dem du dich dem Land näherst, in dem man die Stille liebt. Die im Schatten sitzen am Ufer des Flusses . . ., trinken von seinem heiligen Wasser, in Frieden folgen sie deinem Herzen . . .*"

Der junge Leser meinte staunend: „Das klingt aber viel fröhlicher."

Hatschepsut mischte sich wieder ein. „Gewiß", lachte sie. „Jannes, du mußt dem Jungen nicht immer so traurige

Sachen zum Lesen geben. In unserer Zeit will niemand etwas von solchen trübseligen Gedanken wissen."

Doch der alte Priester schüttelte ernst den Kopf. „Es gibt einen guten Grund, ehrwürdige Prinzessin, daß Moses auch lernt, was in der Vergangenheit war. Denn wenn wir um die Vergangenheit wissen, können wir auch die Gegenwart besser verstehen. Und wenn wir unsere Zeit nicht verstehen, besteht wenig Hoffnung für unsere Zukunft."

Er wandte sich wieder seinem Schüler zu. „Nun, Moses, was meinst du, warum waren die Gedanken der Menschen in jener Zeit wohl so traurig?"

Moses überlegte eine ganze Weile und sagte endlich zögernd: „Das mag daher kommen, weil die Leute jener Zeit noch den Niedergang des alten Reiches vor Augen hatten und weil sie selbst in einer Zeit lebten, in der die Herrschaft der Pharaonen von Theben auf Gewalt und Blutvergießen aufgebaut war und das Volk unterdrückt wurde. Der Reichtum Ägyptens wurde mit militärischer Gewalt durch die Arbeit der Sklaven hervorgebracht. Kunst und Wissenschaft existierten nur am königlichen Hof und in der oberen Klasse, weil alle anderen unterdrückt wurden. Während es im alten Reich ganz anders war. Da lebten freie Menschen unter der Regierung ihrer Pharaonen."

Hatschepsut war bei Moses' Worten zusammengezuckt. War das nun nur eine Beschreibung jener Zeit der elften und zwölften Dynastie, oder dachte der Junge auch an ihre eigene Zeit, überlegte sie.

Doch Moses ließ es mit dieser Antwort bewenden und zog keinen Vergleich zur Gegenwart.

Jannes aber schien von der Antwort entzückt zu sein. „Ich staune über dein großes Maß an Verständnis und Einsicht", meinte er.

„Bei solch einem Lehrer ist das doch nicht sehr verwunderlich", gab der Junge das Kompliment zurück.

„Es ist gut, wenn du den Unterschied zwischen guten und schlechten Regierungen erkennst und auch siehst, was hätte anders sein sollen. Das wird dir helfen, die Fehler, die andere gemacht haben, zu vermeiden und dich nach dem Beispiel der Pharaonen zu richten, unter deren Regierung das Volk frei und zufrieden lebte“, fügte der alte Priester noch hinzu.

Einige Augenblicke herrschte Schweigen. Dann erhob sich der alte Mann und sagte: „Für heute haben wir genug getan und beschließen den Unterricht.“

Sorgfältig nahm er die Papyrusrollen an sich und legte sie in eine große Truhe. Er wandte sich der Prinzessin zu, verbeugte sich leicht und verließ den Raum.

Moses trat auf den breiten Balkon hinaus. Doch sein Blick ging nicht hinüber zu den Wassern des Nils, sondern er beobachtete mit gerunzelter Stirn eine große Schar von Sklaven, die, von den Peitschen ihrer Aufseher angetrieben, unter Aufbietung ihrer letzten Kräfte riesige Steine transportieren mußten.

13. KAPITEL

In ganz Ägypten war ein Tag lustiger Festlichkeiten. Es wurde oft gefeiert in dieser geschäftigen und materialistischen Gesellschaft. Wenn jemand die Ausdauer und die Mittel besaß, quer durch Ägypten zu reisen, konnte er fast an jedem Tag des Jahres in irgendeinem Landesteil oder einer Stadt an einer Festlichkeit teilnehmen.

Bei all diesen Festen nahm auch die Religion stets einen großen Raum ein. Entsprechend großzügig und weitherzig waren auch die Ansichten der Priesterkasten der verschiedenen Götter und der Theologen.

Doch an diesem Tag hatte der König einen nationalen Feiertag ausrufen lassen. Pharao war mit seiner Armee kürzlich von einem überaus siegreichen Feldzug aus Syrien zurückgekehrt. Durch die großen Siege, die errungen waren, wurde Ägyptens Macht im palästinensisch-syrischen Raum wieder nachhaltig gestärkt und der Ruf von Thutmoses als einem der größten Kriegerkönige der ägyptischen Geschichte nachdrücklich unterstrichen.

Der König hatte deshalb diesen Tag dazu bestimmt, seinen großen Sieg zu feiern. Außerdem wollte er diese günstige Gelegenheit, da ganz Ägypten ihm zujubelte, gleich benutzen, seine Tochter Hatschepsut als Nachfolgerin auf dem Thron von der Priesterschaft, dem Militär, den höchsten Verwaltern des Reiches und der oberen Klasse anerkennen und bestätigen zu lassen. Er wußte, daß kaum noch eine günstigere Gelegenheit als diese sich bieten würde, diesen Plan ohne Widerspruch durchzusetzen.

Dem gesamten Volk war verkündigt worden, was an diesem Tag geschehen sollte. Und so hatte man im ganzen Reich Vorbereitungen für Feierlichkeiten getroffen. Am meisten hatte man sich natürlich in Ra-Amses selbst vorbereitet, denn hier sollte die eigentliche Zeremonie der Einsetzung der Prinzessin als Nachfolgerin ihres Vaters auf dem Thron der Pharaonen stattfinden.

In der Morgendämmerung dieses glorreichen Tages stand Moses im Hof von Pharaos Privattempel, dem *Haus des Morgens*. Jannes, oberster Priester Ägyptens, stand neben ihm. Sie erwarteten das Kommen des Pharaos.

An diesem Tag brauchte Jannes den König nicht zu wecken. Es war auch kein Doppelgänger für den Tagesbeginn-Ritus nötig. Thutmoses würde die jeden Tag stattfindende Zeremonie heute wirklich höchstpersönlich durchführen.

In Ägypten glaubte man, der Tag könne nicht beginnen, ehe der Herrscher, die Inkarnation des Sonnengottes Ra, das *Haus des Morgens* betreten und seine Glieder gewaschen hatte. So wie der große Gott Ra jeden Morgen aus seinem Bad im Ozean zum Himmel emporstieg, mußte der Pharao seinen Körper baden, um die lebenspendenden Kräfte zu erneuern, die von ihm durch das ganze Reich flossen.

Wenn auch der König an gewöhnlichen Tagen kaum zu bewegen war, diesen Morgenritus selbst auszuführen und zum Ärger von Jannes ein Doppelgänger ihn vertreten mußte, um so das Volk zu betrügen, so ließ Thutmoses sich doch keine Gelegenheit entgehen, bei Feierlichkeiten, wenn die Priesterschaft und das Volk versammelt waren, seinen Eifer für diese Zeremonien, von denen nach ihrem Glauben die Wohlfahrt der Ägypter abhing, zu beweisen. Und die Feier seines großen Sieges in Syrien und der Erhebung seiner Tochter zu seiner Nachfolgerin war solch ein Tag.

Auch Moses brauchte an diesem Morgen nicht geweckt zu werden, hatte er doch vor Aufregung in der Nacht kaum geschlafen. Mit zwölf Jahren war er nun schon gut vertraut mit den Lehren und Theologien der ägyptischen Priester.

Die ganze Woche hatte er auf das große Ereignis gewartet, in dem er selbst zum ersten Mal mit dem Oberpriester dem Tagesanbruch-Ritual und den anschließenden Feierlichkeiten beiwohnen durfte. Nun stand er hier wartend neben Jannes, und soeben kündigten Trompeten die Ankunft des Pharaos und seiner Tochter an.

Jannes war in die heiligsten Prachtgewänder des höchsten Priesters Ägyptens gekleidet, die er nur an besonderen Festtagen trug. Über seinem Gewand hing ein Leopardenfell, und auf seinem Kopf trug er eine Horusmaske. Es war eine große Nachbildung des Falkenkopfes mit langen Federn, die ihm über den Rücken hinunterhingen. Gekrönt war die Maske von einem weißen Helm, und in seiner Hand hielt er eine goldene Schöpfkelle, um damit das Wasser für die Waschung Pharaos aus dem geweihten Becken zu schöpfen. Niemand, nicht einmal der junge Prinz, durfte ihn jetzt berühren.

Stolz erfüllte den jungen Prinzen jetzt, als Thutmoses und die Prinzessin an ihm vorüberschritten und den kleinen Tempel betraten. Er hatte Thutmoses bisher nur wenige Male bei hohen Feierlichkeiten zu sehen bekommen. Immer war der Pharao dabei als Verkörperung des Gottes Ra aufgetreten. Und so waren in der Vorstellung des Jungen sein Großvater und die Gottheit untrennbar, und Ehrfurcht erfüllte ihn deshalb, als der fleischgewordene Gott in seinen Prachtgewändern so nahe an ihm vorübergegangen war wie noch nie zuvor.

Auch seine Mutter war nicht länger nur die Prinzessin Hatschepsut. Sie war gekleidet in die Gewänder der Göttin Isis, der obersten Tochter der Erde und des Himmels, die die Schwester-Frau des Totengottes Osiris und die geliebte Mutter von Horus, der Frau von Ra, dem Mächtigen, war.

Dem Pharao und seiner Tochter folgten eine Schar von kahlköpfigen Priesterschülern, die auf ihren Schultern eine Nachbildung der Lebensbarke trugen, in der eine große goldene Sonnenscheibe stand, das Ebenbild der Gottheit.

Hatschepsut, die hier als Verkörperung der Frau von Osiris auftrat, hatte selbst keinen Gatten. Vielmehr konzentrierte sich all ihre Liebe auf *das Kind,* auf Moses.

Nachdem der Pharao beim Beginn der Dämmerung den Morgen ausgerufen hatte, setzte sich die heilige Prozession wieder in Bewegung und zog zum Palast hinaus zum Nilufer. In den Festzug hatten sich nun alle Priester, die Leibwache Pharaos, die obersten Würdenträger des Staates und die höchsten Generäle und Beamten eingereiht. Am Nil wurden Schiffe bestiegen, und die Prozession fuhr durch die ganze Stadt. An beiden Ufern standen die Volksmassen und jubelten dem fleischgewordenen Gott zu.

Moses selbst wurde von all den Zeremonien mitgerissen. Er sah auch seine Mutter mit ganz neuen Augen. Wenn sein Großvater ein Gott war und seine Mutter auch, so überlegte er, dann mußte ja auch er göttlichen Geschlechts sein. Ihm war bei diesem Gedanken, als würde seine Seele zu schweben beginnen und sich von seinem Leib trennen wollen.

Er stand auch jetzt auf dem Schiff neben dem Oberpriester und nicht weit von dem Pharao und seiner Tochter entfernt. Auch Jannes, den er als seinen verständnisvollen und klugen Lehrer sehr verehrte und liebte, kam ihm heute in der Maske des Oberpriesters etwas fremd und furchterregend vor. Als er jetzt wieder einmal scheu zu ihm aufblickte, bemerkte er, daß des Priesters Augen durch die Maske auf ihn herabschauten.

Da beugte sich Jannes ein wenig zu ihm herab und flüsterte: „Schau dir alles genau an. Eines Tages wird das alles auf dich übergehen. Und es steht dir rechtmäßig zu, denn du wirst ein würdiger und weiser Herrscher sein, mein Sohn, davon bin ich überzeugt."

14. KAPITEL

Laute Musik, Gelächter und Tanz und Vergnügen erfüllten die Straßen von Ra-Amses. Durch die kurvenreichen Straßen der Stadt, an Scharen von feiernden und betrunkenen Menschen vorüber, fuhr eine elegante Kutsche.

Auf Befehl des Eigentümers hielt der Kutscher immer wieder einmal an. Zwar stets weit genug von eventuellen Gefahren entfernt, doch nahe genug, um die rohen und ausschweifenden Vergnügungen des Volkes genau in Augenschein nehmen zu können.

Dem Wagen, der mit den Abzeichen des Oberpriesters geschmückt war, folgte außerdem in einigem Abstand, aber nahe genug, um schnell eingreifen zu können, ein Trupp Soldaten.

Der Oberpriester Jannes war der Besitzer der großen Kutsche. Seine Gäste waren einige Söhne der höchsten Würdenträger des Reiches, die alle seine Schüler waren. Auf dem vorderen Sitz neben ihm saß Moses, dem dieser Abend gemeinsam mit seinen engsten Freunden und seinem verehrten Lehrer viel Freude machte.

Bisher war Moses Leben meist in Zeiten konzentrierten Lernens und Stunden der Zerstreuung und des Spiels mit seinen Freunden eingeteilt gewesen. Jetzt, da sein dreizehnter Geburtstag nahte, wollte Jannes ihn in die weitere Welt einführen.

Dies war keinesfalls nur ein Entgegenkommen des Priesters, sondern war notwendig, um einem künftigen Herrscher zu zeigen, wie sein Volk lebte. Außerdem war in allen Klassen Ägyptens, bei Reich und Arm, bei Hoch und Niedrig, das Vergnügen, Trunksucht und rohe sexuelle Ausschweifungen und Gewalt an der Tagesordnung; das reichte sogar hinauf bis in das königliche Haus. Deshalb durfte nach Jannes Meinung ein junger Mann, der ins Leben trat, all diesen Dingen nicht unvorbereitet gegenüberstehen.

Das Fest der Katzengöttin Basst, das an diesem Tag gefeiert wurde, war sicherlich die geeignete Zeit, um einen Blick in die perverse Seite des ägyptischen Lebens zu tun. Wie die gern im Dunkeln herumschleichenden Katzen trugen an diesem Tag die Männer und Frauen Katzenmasken und hatten die Freiheit, sich allen nur möglichen üblen Gewohnheiten und Unsitten zu ergeben.

Wenn es Abend wurde und es war genug Wein getrunken worden, kam es nicht mehr darauf an, wer sich mit wem zusammentat. Selbst den Sklaven wurde an diesem Tag große Freiheit gewährt. Es war nicht selten, daß am nächsten Morgen ein reicher ägyptischer Kaufmann mit einem fremden Sklavenmädchen im Bett erwachte oder daß die Frau eines Handwerkers die Nacht mit einem hochstehenden Adligen verbrachte. Niemanden kümmerte es.

Auch in der Kutsche des Priesters herrschte an diesem Abend ein freierer Geist. Sonst legte Jannes bei seinem Unterricht sehr strenge Maßstäbe an und forderte, daß jeder seiner Schüler sich an Ordnung und Disziplin und die Etikette des Hofes hielt. Doch heute hatte er reichlich Wein in der Kutsche mitgenommen, und nachdem die Jungen die Becher hatten einige Male rundgehen lassen und sie geleert hatten, lockerte sich die zuerst etwas gespannte Stimmung zusehends.

Außerdem trug das, was rundum auf den Straßen vorging, auch noch dazu bei, Ausgelassenheit zu erzeugen. Überall sangen, tanzten und tranken maskierte Menschen; und jetzt, da es begann dunkel zu werden, vergnügten sich an manchen Plätzen Männer und Frauen auch sexuell recht offen miteinander.

Noch nie hatte Moses solche Szenen gesehen, wie sie ihm an diesem Abend immer wieder begegneten, auch hatte er noch nie so viele gemeine Worte und Flüche gehört.

Der Priester erlaubte den Jungen zwar nicht, sich an dem, was auf den Straßen vorging, zu beteiligen, dazu waren sie doch noch zu jung. Doch hier und da, wo es besonders lustig oder auch frivol zuging, ließ er die Kutsche anhalten, so daß die Jungen, die alle in Moses Alter waren, ausgiebig zuschauen konnten.

Die Jungen begannen bald, untereinander in ebenfalls recht derber Sprache mit ihrem eigenen Wissen zu prahlen, und jeder wollte den anderen übertreffen. Außerdem machte es ihnen Spaß, den Frauen und Mädchen in den Straßen manches zuzurufen und zu winken, was von diesen gewöhnlich erwidert wurde.

Auch Moses Kopf wurde immer leichter und seine Stimmung immer lustiger. Sein Herz klopfte heftiger, und das Blut rann schneller durch seine Adern. Als er sich jetzt wieder einmal, weil ihm sehr warm war, weit aus der Kutsche lehnte, sah er vor sich ein phantastisches Bild.

Es war nicht deshalb phantastisch, weil es besonders gemein gewesen wäre, sondern weil es ganz anders war als alles, was sich sonst auf den Straßen abspielte. Das Herz des jungen Prinzen wurde durch das, was er sah, seltsam bewegt.

An einer Straßenecke stand eine kleine Gruppe von Sklaven, die keine Masken trugen. Sie beteiligten sich auch nicht an dem, was um sie herum an Trunksucht, Vergnügen und Lust vorging. Sie hatten vielmehr ihre Arme ineinander verschränkt und sahen nun so aus, als bildeten sie eine kleine Festung, an der alles andere um sie herum abprallen mußte. Außerdem hatten sie alle die Köpfe zum Himmel erhoben und schienen zu beten.

Von den Vorübergehenden und Umstehenden wurden sie ausgelacht und verhöhnt, aber das schien ihnen nichts auszumachen. An den Stirnbändern, die sie trugen, erkannte Moses, daß es sich um Israeliten handeln mußte. Er wandte sich an seinen Lehrer und fragte: „Sieh einmal, Jannes, was sind das denn für Leute?“

Der Priester ließ die Kutsche anhalten, und alle blickten hinaus.

„Ach, das ist nur ein dreckiger Haufen von Sandflöhen", meinte einer der Jungen spöttisch. Die anderen stimmten bei dieser Bemerkung ein lautes, spöttisches Gelächter an.

„Ich weiß selbst, daß es Hebräer sind", meinte Moses. „Was mich interessiert, ist, warum sie sich so seltsam benehmen?"

Einer der Jungen kicherte: „Israeliten sind eben immer seltsam. Das weiß doch jeder."

Es stimmte allerdings, daß sich unter allen ethnischen Gruppen in Ägypten die Israeliten besonders abhoben mit ihrer Einmaligkeit. Mit allem Eifer wachten sie über ihre Traditionen, ihre rassische Abstammung und ihre Religion, über die Moses so gut wie nichts wußte.

„Die haben sich ganz sicher nicht an all den Festlichkeiten beteiligt", wunderte sich Moses. „Aber was machen sie dann hier?"

„Vielleicht hat ihr Herr sie mitgenommen", meinte einer, „um ihnen auch einmal etwas Gutes zu tun. Denn am Fest der Katzengöttin sollten alle lustig sein. Aber diese Kerle scheinen kein Interesse daran zu haben."

Der Priester hatte zu der Unterhaltung geschwiegen. Nun räusperte er sich und befahl dem Kutscher: „Fahr weiter!" Mit einem Ruck fuhr die Kutsche an.

„Lehrer", wandte Moses sich jetzt an ihn, weil ihn das seltsame Verhalten immer noch beschäftigte, „erzähle mir etwas von diesem Volk. Warum stehen sie dort und starren zum Himmel hinauf?"

Da Jannes nicht gleich antwortete, wurde Moses Neugier noch mehr geweckt. „Sag, Lehrer, haben die etwa gebetet?" bohrte er. „Zu welchem Gott beten sie denn?"

Endlich antwortete der Priester mit etwas heiserer Stimme: „Ich weiß es nicht, mein Junge. Ich kenne ihren Gott nicht."

Jetzt trat allgemeines Schweigen in der Kutsche ein. Noch nie in all den Jahren, da die Jungen zu Füßen ihres Lehrers gesessen hatten, war es vorgekommen, daß dieser in religiösen

Dingen keine Antwort gewußt hätte. Der Gedanke, daß der Priester unter den Hunderten von Göttern, die man in Ägypten anbetete, einen nicht kannte, schien ihnen unglaublich.

Das Schweigen schien sich zu verdichten, während die Kutsche weiter durch die dunklen Straßen rollte. Jannes fingerte nervös an den Ärmeln seines Gewandes herum. Endlich schien er eine Antwort gefunden zu haben. „Was ich sagen wollte ist, daß ich den Namen ihres Gottes nicht kenne", murmelte er. „Der Gott der Israeliten hat keinen Namen."

In dieser Nacht konnte Moses nicht schlafen. Sein Leben hatte bisher aus Luxus, Privilegien und Sorglosigkeit bestanden, deshalb hatte er noch nie erlebt, daß er keinen Schlaf fand. Doch das Verhalten dieser Hebräer und ihre seltsamen Gebete ließen ihm keine Ruhe.

Als er unruhig auf seinem Bett lag, fragte er sich, ob die Erinnerungen an den Abend, die ihm keine Ruhe ließen, nur das Ergebnis von zuviel Wein waren? Vielleicht würde er alles vergessen, wenn sein Kopf wieder klar wurde. Vielleicht kam ihm das Verhalten der Israeliten dann nicht mehr so geheimnisvoll und schwerwiegend vor?

Moses erhob sich, ging leise auf den Balkon und starrte in die Nacht hinaus. Er wollte die Wachen nicht aufschrecken, die draußen im Gang standen, und hatte auch nicht das Bedürfnis, mit irgend jemand zu reden, denn er hätte nicht gewußt, wie er das erklären sollte, was sein Herz bedrückte.

Es gab Millionen von Sklaven in Ägypten, von vielen verschiedenen Stämmen und Völkern. Doch nie hatte sich Moses bisher dafür interessiert, was diese Sklaven dachten, welche Traditionen sie hatten und an welche Götter sie glaubten. Seine Erziehung hatte ihn gelehrt, sie so wenig zu beachten wie die Lasttiere, die auch nur zum Arbeiten da waren — Ochsen, Esel, Maultiere oder Kamele. Es war die Ironie der ägyptischen Religion, daß sie einem Mistkäfer Göttlichkeit zusprach, während man die Sklaven nicht einmal als Menschen sehen wollte.

Während Moses so in die Nacht hinausblickte, versuchte er sich selbst darüber klar zu werden, was ihn eigentlich so unruhig machte. Er wußte nichts über diese Israeliten oder über ihren Glauben. Es konnten also keine religiösen Fragen sein, die ihn nicht schlafen ließen.

Er kannte auch keinen hebräischen Sklaven persönlich. Eigentlich hatte er sich nie Gedanken darüber gemacht, ob der Sklave, der sein Pferd putzte, Syrer oder Midianiter war, oder ob jener, der sich um seine Kleider und Schuhe kümmerte, aus Äthiopien oder Phönizien kam. Es war keinesfalls Symphathie mit den Unterdrückten, die ihn plagte.

Als die Nacht langsam dem grauen Licht der ersten Dämmerung wich, überlegte er sogar, ob jemand, der ihm übel wollte, ihn vielleicht verzaubert hatte, so daß böse Geister ihn quälten und nicht zur Ruhe kommen ließen.

Langsam wurde es etwas heller, wenn auch die Sonne noch nicht aufging. Draußen konnte man die ersten Sklaven sehen, die zu ihrer Arbeit gingen. Unter ihnen fiel ihm plötzlich eine Frau auf. Sie war dunkel, schlank und hochgewachsen, wahrscheinlich eine Nubierin, und trug einen Wasserkrug auf ihrem Kopf. An sich war nichts Ungewöhnliches an ihrer Erscheinung. Doch sie war dort unten stehengeblieben und blickte aufmerksam zu ihm herauf.

Als Moses sich jetzt über den Balkon lehnte, um die Frau näher in Augenschein zu nehmen, bemerkte sie es und rannte davon so schnell sie konnte.

Moses hätte vielleicht nicht weiter darüber nachgedacht. Doch etwas fiel ihm noch auf: Obwohl ihre Haut dunkler zu sein schien als seine eigene, trug sie doch ein Stirnband, wie es nur die Israeliten hatten.

15. KAPITEL

Auch in den nächsten Tagen legte sich Moses innere Unruhe nicht. Immer wieder machte er sich Gedanken über die Israeliten, und viele Fragen, dieses Volk betreffend, beschäftigten ihn in jeder Minute, die er allein war. Während der Nacht erschreckten ihn seltsame Träume und weckten ihn auf. Und wenn er dann wach lag, blieben immer Bruchstücke dieser Träume in seinem Gedächtnis hängen, und irgendwie zog dann auch immer ein leiser Gesang durch seine Seele, den er aber nicht identifizieren konnte. Manchmal war ihm dann, als ob sich irgend etwas, das er längst vergessen hatte, wieder in sein Gedächtnis drängen wolle.

Jene Frau, die er in der Morgendämmerung von seinem Balkon aus gesehen hatte, war häufig ein Teil seiner Träume. Er wußte nicht, warum das so war, denn er kannte sie ja überhaupt nicht. Doch von ihr schien auch der leise Gesang zu kommen, der immer wiederkehrte.

Zuerst meinte er, dies alles würde bald vorübergehen und sei nur das Ergebnis der Eindrücke jenes Abends mit seinem Lehrer und seinen Freunden in der Kutsche. Doch diese Empfindungen verschwanden nicht, sondern wurden immer stärker und verflochten sich zu einem seltsamen Kneuel. Dabei bemerkte er auch voller Erstaunen, daß irgendwo in seiner Seele eine leise Symphathie für die Unterdrückten dieser Erde entstand.

Die Erziehung im Palast ermutigte solche Gefühle keinesfalls. Barmherzigkeit und Mitleid waren sehr seltene Qualitäten am ägyptischen Königshof, und ganz gewiß erstreckten sie sich nicht auf die Sklaven. Doch aus einem unerklärlichen Grund bemerkte Moses, daß ihm jedes harte Wort und jeder Peitschenschlag gegen die Unterdrückten irgendwie weh tat. Und ganz besonders bewegte ihn die Last der Israeliten, der Verachtetsten unter allen Sklaven des Reiches.

Wenn ein Feind ihm diese verdrehten Gedanken eingepflanzt hatte, dann war es wahrhaftig ein kluger Feind, dachte Moses. Denn einer der Hauptgründe für die Macht und den Reichtum Ägyptens, jenes Ägyptens, über das er einmal herrschen sollte, bestand in der Arbeit seiner Sklaven. Symphathie mit diesen Unterdrückten und Geplagten war also nichts anderes als Verrat an der Wohlfahrt des ägyptischen Weltreichs.

Seit einigen Tagen war der Pharao wieder einmal mit seiner Familie und dem Hof nach Theben, der alten Hauptstadt Oberägyptens, gezogen, die einige Tagereisen nilaufwärts von Ra-Amses lag. An diesem Nachmittag mußte Moses mit seiner Mutter verschiedene Bauprojekte besichtigen, die im Auftrag Thutmoses in Theben durchgeführt wurden. Es war nicht das erste Mal, daß er Hatschepsut bei solchen Anlässen begleitete. Doch diesmal sah er alles mit anderen Augen an.

Zum ersten Mal empfand er die Härte der Arbeit mit, unter der die Sklaven litten. Zwar waren sie erstaunlich stark, doch Moses bemerkte, wie sie unter den Lasten, die sie tragen oder bewegen mußten, fast zusammenbrachen. Und dabei mußten sie auch noch ständig befürchten, von den Aufsehern mit der Peitsche geschlagen zu werden. Dabei wurde kein Unterschied gemacht, ob es sich um einen Sklaven oder eine Sklavin handelte, ob einer stärker oder schwächer war.

Hatschepsut neben ihm im Wagen mochte sich vielleicht über seine Schweigsamkeit wundern, doch da er stets ein nachdenklicher Junge gewesen war, machte sie sich nicht viele Gedanken darüber. Vielleicht war er überwältigt von der Größe der Bauten seines Großvaters.

Als sie an die größte Baustelle kamen, zu dem Tempel, der in Deir el-Bahri zu Ehren des Gottes Ammon errichtet wurde, bemerkte sie jedoch, daß Moses sich über etwas zu ärgern schien. Mit gerunzelter Stirn betrachtete er zuerst die riesigen Säulen, die schon standen, und dann das Heer der Sklaven.

Plötzlich rief er dem Kutscher zu: „Halte den Wagen an und laß mich aussteigen!"

Ohne Erklärung sprang er vom Wagen und lief durch die riesige Baustelle. Verdutzt blickte Hatschepsut ihrem Sohn nach, der etwas zu suchen schien. Sie wußte nichts um die Gedanken, die Moses in der letzten Zeit bewegt hatten, denn er hatte mit niemand darüber gesprochen. Auch war ihr nicht klar, daß es Töne waren, denen er folgte, und nicht etwas Sichtbares.

Moses hatte einen Gesang gehört, und die Melodie hatte tief in seinem Inneren etwas anklingen lassen. Es war ein Lied der Sklaven, die ihre schwere Arbeit etwas leichter ertrugen, wenn sie dabei sangen. Obwohl er die Worte des Liedes nicht verstand, wollte er doch jene finden, die da sangen.

Als er um die hohen Mauern eines fast fertiggestellten Pylons bog, hielt er abrupt an, denn vor sich sah er die Sänger, die Quadersteine auf die Mauern des Pylons hinauftrugen. Sie alle trugen um ihre Köpfe das gleiche Stirnband mit dem Muster, das anzeigte, daß es sich hier um israelitische Sklaven handelte. Und es war das gleiche Stirnband, das auch jene Frau getragen hatte, die nun oft in seinen Träumen auftauchte.

Als er so nahe bei den Sängern war, wurde ihm auch klar, daß sie ein Lied sangen, das ebenfalls im Hintergrund seiner Träume immer wieder auftauchte und das eine Ahnung an längst vergangene Ereignisse in ihm weckte. Wenn er auch den Sinn der Worte nicht verstand, so erinnerte er sich doch, sie irgendwann schon gehört zu haben. Die Sklaven sangen:

Wir werden Milch und Honig haben
in dem Land unseres Vaters Jakob.
In dem Tale Jahwes
werden wir ausruhen.

Nun wußte Moses, daß dies ein Lied der Israeliten war; und durch sein Herz zog ein ganz seltsames Gefühl, das er selbst nicht hätte erklären können.

Moses konnte es kaum erwarten, bis sie wieder in Ra-Amses zurück waren. Im Palast angekommen, warf er seine Reisekleidung ab, schlüpfte in ein kurzes bequemes Gewand und eilte durch lange Gänge zu den Räumen des Oberpriesters. Er mußte Jannes sprechen — und zwar sofort!

Als er die Tür zu den Räumen seines Lehrers erreichte, schob er die Wachen beiseite und stürzte ohne Anmeldung hinein. „Heiliger Mann", rief er, „wir müssen dringend miteinander reden!"

Jannes saß am Fenster und hatte vor sich auf dem Tisch eine Papyrusrolle liegen, auf der ein uraltes Gebet zu dem Gott Horus niedergeschrieben war. Einer der Tempelschreiber war damit beschäftigt gewesen, es aus dem uralten Ägyptisch, das man vor 1500 Jahren gesprochen hatte, in die heutige Sprache zu übersetzen und hatte an einigen Stellen Schwierigkeiten bekommen. Deshalb hatte er es zu dem Priester gebracht.

„Lege die Rolle beiseite, Lehrer", forderte Moses. „Warum willst du nach mehr geistigem Licht suchen, wenn du es vor deinen Schülern verborgen hältst?"

Der alte Zauberer blickte Moses erstaunt an, denn dieser hatte noch nie in einem so ärgerlichen Ton zu ihm gesprochen. „Was macht dir denn Kummer, Junge?" fragte er und rollte den Papyrus zusammen.

Moses trat an den Tisch, schaute dem Priester direkt in

die Augen und begann: „Ich ärgere mich, weil mein Lehrer, von dem ich soviel über Religionen gehört habe, eine wichtige Sache ganz verschwiegen hat. Wer, großer Meister, ist Jahwe? Du sagst, du hättest mich alles über die Götter gelehrt. Doch diesen Gott hast du niemals mit einem Atemzug erwähnt."

Bei dieser Frage wurde der Priester blaß, und sein Gesicht nahm einen unsicheren Ausdruck an. „Wo hast du denn diesen Namen gehört?" fragte er mit bebender Stimme.

„Du weißt, daß wir in Theben waren", erklärte Moses.

Der Priester nickte.

„Dort haben wir auch den noch nicht fertiggestellten neuen Ammon-Tempel in Deir el-Bahri besichtigt", fuhr Moses fort. „Israelitische Sklaven, die dort arbeiteten, sangen ein Lied, in dem dieser Name vorkam."

„Ach, natürlich", lachte Jannes und schien erleichtert zu sein. „Die Erklärung auf deine Frage ist doch ganz einfach. Wenn ich sagte, daß ich dich alles über die Götter gelehrt habe, so meine ich natürlich unsere ägyptischen Götter. Doch es gibt selbstverständlich noch Hunderte andere Götter und Göttinnen, die von den verschiedenen Sklavenvölkern und anderen Ausländern verehrt werden. Von denen habe ich dir natürlich nichts erzählt, weil sie uns nichts angehen. Beschwere also dein Herz nicht unnütz damit."

„Aber dieser Jahwe wird von Millionen von Sklaven verehrt, die seit Jahrhunderten gemeinsam mit uns in diesem Land leben und die mitgeholfen haben, mit ihrem Schweiß und Blut unser mächtiges Reich aufzubauen", beharrte Moses. „Da mußt du doch zugeben, daß dieser Jahwe kein kleiner Gott sein kann."

Der Priester war so überrascht, daß er keine Antwort wußte. Doch Moses ließ ihm keine Ruhe, sondern fuhr fort: „Hast du mir nicht stets gesagt, daß in allen Dingen ein Funke des Göttlichen vorhanden ist? Du hast mich gelehrt, daß wir allen Dingen und allem Leben, vom Nil an bis zur kleinsten Fliege, Verehrung entgegenbringen müssen, denn ein heiliger Geist hüllt sie alle ein."

Jannes nickte betreten und fragte sich, worauf der Junge mit seiner Logik hinauswollte. Es stimmte schon, daß in den heidnischen Lehren der Ägypter die Göttlichkeit alles Existierende durchdrang und ihre höchste Form dann in der Person des Pharaos annahm.

„Ja, Sohn", bestätigte der Priester, „so habe ich dich belehrt."

„Wie kommt es dann, daß du die Israeliten und ihren Gott einfach ignoriert hast?" wollte Moses wissen. „Könnte es sein, daß du vor diesem Jahwe Angst hast, Lehrer?"

Mittlerweile hatte der Priester seine Gelassenheit wiedergefunden. Sein Gesicht nahm den üblichen überlegenen Ausdruck an, und er erwiderte fest Moses Blick.

„Angst!" rief er lachend. „Glaubst du denn, die Magie eines ägyptischen Oberpriesters und die Orakel Ägyptens müßten sich vor irgendeinem Stammesgott fürchten? Wie kannst du nur solche Fragen stellen, Moses? Ich schäme mich fast für dich, meinen besten Schüler. Hast du denn in all den Jahren nichts bei mir gelernt, daß du meine Macht für so gering hältst?"

Moses hatte großen Respekt vor diesem weisen Mann vor ihm. Er war oft schon Zeuge seiner priesterlichen Zauberkräfte geworden und hatte seine Lehren in sich aufgenommen. Nie hatte er Jannes magische Macht und seine Weisheit in Frage gestellt.

Doch all das, was ihn in den vergangenen Wochen in seiner Seele plagte, hatte so viele Fragen in ihm aufgeworfen, daß er nicht einfach blindlings akzeptieren wollte, was sein Lehrer sagte.

„Deine magischen Kräfte, Meister?" wandte er ein. „Ist es denn das, worauf es am meisten ankommt? Geht es nicht vielmehr um Recht und Unrecht? Geht es in der Religion nur darum, daß man geheime Kräfte manipulieren kann?"

„Aber alle Dinge sind heilig . . ." begann Jannes.

„So wird es im allgemeinen geglaubt", wurde er von Moses unterbrochen. „Denn auf diese Weise ist kein Gott höher als du selbst; kein Gott ist mächtiger als die Kräfte, die du kontrollierst."

Des Priesters Augen verengten sich, und man sah ihm an, daß er zornig wurde. „Du trampelst auf heiligem Boden herum", warnte er. „Sei vorsichtig!"

„Oder was geschieht sonst?" forderte der Junge ihn heraus. „Werden deine Zauberkünste mich sonst in einen Mistkäfer verwandeln? Soll der Sohn des Pharaos dann in dem Dreck vor deinen Füßen herumkriechen?"

„Du weißt nicht mehr, was du redest", meinte Jannes kopfschüttelnd. „Setz dich erst einmal und beruhige dich, mein Sohn." Er wies auf einen zweiten Stuhl, der am Tisch stand. Doch der junge Prinze lehnte ab. „Vielleicht bin ich gerade dabei, mich selbst zu finden", überlegte er.

Jannes hätte nun den Beleidigten und Verärgerten spielen können. Doch weise, wie er war, ging er auf die Argumente des Jungen ein. „Jeder überdurchschnittlich begabte Schüler kommt einmal an den Punkt, wo er die Weisheit seines Lehrers in Frage stellt", meinte er. „Das ist nichts Ungewöhnliches."

„Genau", behauptete Moses seinen Standpunkt. „Wenn ich die Folgerungen aus dem ziehe, was ich von dir gelernt habe, gibt es so etwas wie Recht oder Unrecht gar nicht. Denn in allen Dingen ist ja das Göttliche. Wo kann dann das Böse existieren? Doch ich kann mich auch erinnern, daß du sagtest, aus üblem Handeln erwachsen schlechte Konsequenzen."

O ja, Jannes erinnerte sich daran, wie er seinem brillanten Schüler auch gezeigt hatte, wie mancher Pharao in der Vergangenheit schlecht regiert hatte und daß die Konsequenzen daraus immer Leiden und Unterdrückung für das Volk waren und daß solche schlechten Regierungen stets einen weiteren Schritt zum Niedergang des Reiches bedeuteten.

„Ja, natürlich", gab der Priester zögernd zu, „doch was hat das alles mit diesem Gott Jahwe zu tun?"

„Dieses Reich, wie schon die Dynastien der Vergangenheit, ist groß und mächtig geworden durch die Sklavenarbeit und den Schweiß unserer besiegten Feinde. Die Ungerechtigkeit ist heute genauso groß wie damals im Mittleren Reich. Und man wird den daraus folgenden Konsequenzen nicht einfach dadurch entgehen können, daß man sie ignoriert, wie du es mit dem Gott Jahwe tust", sagte Moses nachdrücklich. „Und ich glaube, genau das ist es, was du fürchtest. Ich denke, du fürchtest dich vor dem, was der Gott der Israeliten tun könnte."

TEIL III

KIND ÄGYPTENS

16. KAPITEL

Bunte Papierlaternen, mit denen Hatschepsuts breite Palastterrasse und der daran anschließende große Hof geschmückt waren, schwangen im leichten Abendwind leise hin und her. Von innen erleuchtet, strahlten ihre vielen Farben in der Dunkelheit und zeigten an, daß hier ein Fest gefeiert wurde.

Die vielfarbigen Lampions paßten gut zu der farbenprächtigen Kleidung der rund tausend Gäste, die sich eingefunden hatten. Da waren hohe Würdenträger und Tanzmädchen; Staatsmänner trugen prunkvolle Hüte, an denen man ihren Rang erkannte; reiche Kaufleute bemühten sich, mit würdevoller Haltung, den feinsten Gewändern und kostbarem Schmuck ihren Reichtum auch recht zur Geltung zu bringen. Dazwischen überall die ebenso bunt und prächtig gekleideten Frauen der Adligen, Würdenträger und Reichen, mit ebenso kostbarem Schmuck und Straußenfedern und anderen modischen Dingen geschmückt, waren bemüht, sich gegenseitig an Prunk und Charme auszustechen.

Für die Diener war es gar nicht so einfach, durch das Gewühle dieser vornehmen Gesellschaft immer wieder mit ihren vollbeladenen Tabletts, auf denen sie den Gästen laufend die kostbarsten Speisen und feinsten Getränke anboten, hindurchzukommen.

Es war Moses dreizehnter Geburtstag. An diesem Abend würde man ihn zum Mann und vollwertigen Mitglied der ägyptischen Gesellschaft erklären. Seine Stellung als Prinz war dann nicht mehr eine Sache kindlicher Vorrechte, sondern trug von nun an den Stempel der Autorität.

Die Einladungen zu diesem Fest waren schon vor vielen Wochen hinausgegangen, und aus allen Teilen des Reiches hatten sich die geladenen Gäste eingefunden, da es sich bei dieser Feierlichkeit ja um eine Angelegenheit handelte, die für das ganze Reich wichtig war. Hier wurde ja nicht irgendwer zum Mann erklärt, sondern der zukünftige Herrscher Ägyptens; der Enkel des regierenden Pharaos und Sohn seiner Nachfolgerin.

Niemand von den Eingeladenen war dem Fest ferngeblieben. Denn sie wollten damit alle zeigen, daß sie loyal zu ihrer künftigen Herrscherin und ihrem Nachfolger standen.

Außerdem war es eine Ehre, zu den Eingeladenen zu zählen. Deshalb hatten die Adligen und Reichen auch mit Ausgaben nicht gespart, um selbst recht prunkvoll auftreten zu können und nach Möglichkeit auch eines der schönsten und auffälligsten Geschenke für den Prinz Moses zu dessen Ehrentag zu präsentieren. Viele der Würdenträger waren mit mehr als hundert Sklaven oder Dienern und Begleitern und ganzen Wagenladungen voll Kleidung und sonstiger Ausstattung angereist, und alle Gästehäuser der Stadt waren bis zum Überlaufen belegt.

Das Fest sollte eine ganze Woche dauern, da brauchte man ja für jeden Tag neue Kleidung und manches andere; und außerdem nahmen auch die Geschenke für den Prinzen oft viel Raum ein.

Schon Tage vorher waren die Karawanen der Gäste von allen Seiten in die Stadt eingezogen, so daß die Stadtbewohner immer neuen Anlaß hatten, über die prunkvollen Züge zu staunen und darüber zu diskutieren, wer der Herr der einen oder anderen Karawane wohl war und woher sie kam.

Moses selbst würde wohl Wochen brauchen, um alle für ihn bestimmten Geschenke in Augenschein zu nehmen. Wahrscheinlich würde er manches davon überhaupt nicht näher betrachtet haben, ehe die Dienerschaft alles in seine persönlichen Schatzkammern räumte.

Unter den Geschenken waren auch viele Tiere zu finden

— Kamele und Esel aus Asien, Affen und Antilopen aus Äthiopien, viele verschiedenartige und bunte Vögel aus Nubien und Kusch, stolze, schnelle Pferde aus Arabien und vieles mehr. All diese Tiere würden ihren Platz im Palast-Zoo oder in den Ställen des Königs finden. Doch jetzt, da sie alle noch in einer dafür abgeteilten Ecke des Palasts als Geschenke an den Prinzen beieinander waren, durchdrang ihr Schreien, Blöken, Zwitschern und Lärmen die ganze Palastanlage und die umliegenden Straßen.

Natürlich waren auch alle höhergestellten Beamten und Verwalter, die zum unmittelbaren Haushalt des Pharaos gehörten, eingeladen worden, und auch sie hatten sich alle auf dieses Fest gefreut. Denn Moses war wegen seiner Freundlichkeit, die er allen, sogar noch den Dienern und Sklaven, entgegenbrachte, bei dem Personal des königlichen Haushalts allgemein beliebt. So kam es, daß sich unter den Eingeladenen auch die beiden Oberhebammen des Königs befanden, nämlich Schiphrah und Puah.

Die Geschenke der zum königlichen Haushalt gehörenden Personen sollten am ersten Abend übergeben werden. Moses saß am Kopfende einer langen Tafel, auf der schon viele Geschenke lagen, die er später noch besonders anschauen wollte.

Auch viele der anwesenden Gäste betrachteten die Geschenke voller Interesse. Unter ihnen waren auch Schiphrah und Puah, die beiden hebräischen Hebammen, die auch vorgaben, sich für die Geschenke zu interessieren. In Wirklichkeit aber beobachteten sie fortwährend den Prinzen, um eine Gelegenheit zu finden, einige Worte allein mit ihm zu wechseln.

Die beiden Frauen hatten Moses nur bei sehr wenigen Gelegenheiten zu Gesicht bekommen, seit er ihrer Freundin Jochebed ganz fortgenommen und zur Erziehung in den Palast gebracht worden war. Doch sie waren wahrscheinlich unter allen Anwesenden die einzigen, denen die volle Wahrheit über das prinzliche Herkommen bekannt war.

Natürlich wußten auch Hatschepsut und ihre Begleiterinnen seit jenem Tag, als sie den Kleinen in dem Korb auf dem Nil gefunden hatten, daß es sich bei ihm aller Wahrscheinlichkeit nach um einen israelitischen Knaben handelte. Doch auch sie kannten Moses wirkliche Eltern nicht und wußten nicht, wie er der Verfolgung des Pharaos entkommen war.

Über all diese Dinge und auch darüber, wie sie damals den Pharao hintergangen und sein grausames Gebot immer wieder übertreten hatten, war seither anderen gegenüber nie ein Wort über die Lippen der beiden Hebammen gekommen. Doch auch sie waren an diesem Abend beeindruckt, als sie sahen, wie prächtig das hebräische Findelkind am ägyptischen Königshof herangewachsen war. Moses war wirklich ein stattlicher junger Ägypter geworden, der von allen, aber vor allem von den Frauen, überaus bewundert wurde.

Doch die beiden Frauen bemerkten auch, daß Moses Gedanken scheinbar oft abschweiften. Während er sich sichtbar bemühte, an den Festlichkeiten teilzunehmen und für jeden, der zu ihm trat, ein freundliches Wort übrig hatte und auch den Speisen und Getränken durchaus zusprach, glitt sein Blick manchmal scheinbar ziellos in die Ferne und nahm einen fragenden Ausdruck an.

„Vielleicht wird er doch einmal für einige Augenblicke allein sein und sich ausruhen wollen, dann können wir ihm vielleicht das Geschenk überreichen", meinte Puah leise.

„Aber Wachen werden ständig in seiner Nähe sein", gab Schiphrah zu bedenken. „Wir werden kaum eine Chance haben."

Puah seufzte leise und überzeugte sich wieder einmal davon, ob das Päckchen in ihrem Gewand auch griffbereit war. Die beiden hatten ihr eigenes Geschenk zwar auch zu dem Tisch gebracht, doch dabei keine Gelegenheit gefunden, mit dem Prinzen einige vertrauliche Worte zu wechseln. Doch was Puah noch in ihrem Gewand trug, war in Wahrheit ein Geschenk von Jochebed, das der Prinz unbedingt so erhalten mußte, daß er es auch öffnete. Es durfte nicht mit den anderen Gaben in die Schatzkammer geraten und dort vergessen werden.

„Sieht er nicht großartig aus?“ flüsterte Puah. „Jochebed wäre bestimmt stolz auf ihn.“

„Ja“, stimmte die andere zu. „Wir werden ihr einen ausführlichen Bericht von diesem Abend geben.“

„Sie wird wissen wollen, welche Kleidung er trug“, sagte Puah ahnungsvoll. „Ich denke, wir sollten ihr nicht sagen, daß er wie der Gott Horus gekleidet war und auf dem Haupt eine Kobra-Krone trug. Denn die Kobra ist das Symbol der ägyptischen Königsfamilie.“

„Ganz bestimmt werden wir das nicht tun“, nickte Schiphrah. „Ich glaube, ihr Herz würde vor Kummer brechen.“

„Auch das Hatschepsut so dicht neben ihm sitzt, werden wir ihr nicht sagen“, murmelte Puah ärgerlich. „Ach, wenn ich daran denke, wie man ihn von seiner wirklichen Mutter fortgenommen hat...“ sie führte den Satz nicht zu Ende.

Nach einiger Zeit blickte sich Moses plötzlich nach allen Seiten um. Dabei bemerkte er, daß ein Ende der großen Terrasse menschenleer war, weil sich die meisten Gäste im Hof aufhielten. Dorthin schien er jetzt gehen zu wollen. Doch er wollte offensichtlich allein sein, denn er forderte alle, die ihn begleiten wollten, mit einer Handbewegung und einigen Worten auf, zurückzubleiben.

Auf dem Weg in die leere Ecke mußte der Prinz auch an den beiden Hebammen vorbei. Schiphrah nahm allen Mut zusammen und sprach ihn an.

„Königliche Hoheit“, sagte sie mit tiefer Verbeugung, „würdest du deinen geringen Dienerinnen die Gnade gewähren, einige Augenblicke mit uns allein zu sprechen?“

Ihre Kühnheit machte den Prinzen einen Augenblick sprachlos. Gleichzeitig war er aber auch interessiert daran, was sie Wichtiges haben konnten, daß sie ein solches Wagnis eingingen, aus dem ihnen leicht großer Schaden erwachsen konnte.

„Wer seid ihr?“ fragte er. „Ich wollte eigentlich einige Augenblicke allein sein.“

„Wir sind die hebräischen Hebammen des Palastes“, antwortete Puah schnell. „Also Dienerinnen des Pharaos. Wir haben ein Geschenk für dich, Hoheit, das ganz bestimmt du selbst, und niemand anderes, in die Hand bekommen sollst.“

Ihre hebräische Abstammung ließ Moses plötzlich hellwach und noch interessierter werden. „Gut“, nickte er entgegenkommend, „ich will euer Geschenk gern annehmen.“

Die beiden Frauen wußten, wie sehr sie gegen die Hofetikette verstießen und was das für sie bedeuten konnte. Deshalb zitterte Puahs Hand auch sehr heftig, als sie jetzt das Päckchen aus ihrem Gewand zog und es Moses überreichte.

Der Prinz zögerte einen Augenblick, denn dieses Päckchen konnte auch Gefahr für ihn bedeuten. Ihm war oft genug gesagt worden, daß die Pharaonenfamilie auch Feinde hatte und daß er stets wachsam sein müsse vor Attentaten auf sein Leben.

Er blickte kurz zu seinen Begleitern und bemerkte, wie sie alle die Szene aufmerksam beobachteten. Vor allem zwei der Wachsoldaten schoben sich langsam näher und hielten ihre Waffen kampfbereit. „Geht zurück“, forderte Moses sie energisch auf, „und laßt mich mit den beiden Frauen einen Augenblick allein.“

Er wandte sich wieder den Frauen zu. „Was ist da drin?“ wollte er wissen.

Ihm das jetzt wirklich zu erklären, hätte wiederum große Gefahr gebracht. Doch die beiden hatten diese Frage erwartet und sich die Antwort darauf schon sorgfältig überlegt.

„Hoheit“, begann Schiphrah, „der Inhalt ist uns vor vielen Jahren zur Aufbewahrung übergeben worden. Es gehörte dir, als du noch ein ganz kleines Baby warst, und ist von jemand angefertigt worden, die dich sehr lieb hat.“

„Als ich ein Baby war?“ staunte der Prinz. „Aber wer . . .?“

„Es ist deine Amme, Hoheit", erklärte Puah, „die dich bis zum Ende deines dritten Jahres in ihrer Obhut hatte und ernährt hat. Sie gab uns dieses Geschenk mit der Bitte, es dir an dem Tag zu übergeben, an dem du ein Mann wirst."

Moses nahm verwundert das Päckchen aus Puahs Hand und fragte: „Ihr seid also Israelitinnen?"

„Ja", nickten die beiden Frauen.

Plötzlich standen alle Gedanken der letzten Zeit und auch das Gespräch mit Jannes wieder ganz lebendig vor ihm. Ihm war klar, daß all seine innere Unruhe von den unbeantworteten Fragen kam. Bot sich jetzt etwa eine Gelegenheit, Antwort zu erhalten?

Er blickte die beiden Frauen interessiert an und fragte: „Ich habe bei meinem Unterricht bei den Priestern viel über die Götter Ägyptens und auch über Götter anderer Völker gehört. Aber niemand hat mir Näheres über den Gott der Israeliten berichtet. Könnt ihr mir sagen, welchen Gott ihr anbetet, wie Er heißt und wie Seine Gesetze sind?"

Nun begannen die beiden Frauen zu staunen. Es war fast unglaublich, daß der ägyptische Prinz sich für den Gott der hebräischen Sklaven interessieren sollte. Da sie solche Fragen nicht erwartet hatten, waren sie darauf auch nicht vorbereitet und antworteten, so gut sie konnten.

„Wir sprechen den Namen unseres Gottes eigentlich nur sehr vorsichtig und mit großer Ehrfurcht aus", begann Puah. „Eigentlich kennt bei uns niemand Seinen wahren Namen, deshalb nennen wir Ihn nur *Jahwe,* das heißt: *der Herr!"*

„Das ist recht seltsam", überlegte Moses, der an Götter gewöhnt war, die es gern hörten, wenn man ihren Namen nannte. „Und wie sieht er eigentlich aus, euer Gott?" forschte er weiter.

Wieder waren die Frauen um eine Antwort verlegen. „Auch das weiß niemand", gab Schiphrah endlich zu. „Denn noch niemand hat den Herrn je gesehen."

„Aber", fiel Puah ein, „es gibt bei uns solche Männer, die Ihm sehr nahe gewesen sind. Unsere Patriarchen zum

Beispiel haben mit Ihm bei vielen Gelegenheiten gesprochen."

Moses hätte fast gelacht. Doch er wollte die Frauen nicht verletzen und hielt sich zurück. Verwundert fragte er: „Wollt ihr damit etwa sagen, daß euer Gott sich vor euch versteckt? Und wie kann es sein, daß manche von euch mit Ihm gesprochen, Ihn aber nie gesehen haben?"

Einige Augenblicke blieben die Hebammen schweigend und blickten verlegen zu Boden.

„Hoheit", stammelte Schiphrah endlich, „wir müssen zugeben, daß wir über diese Dinge nicht sehr viel wissen. Doch wir haben viele weise Männer bei uns; und wenn es dein Wunsch ist, über unseren Glauben mehr zu erfahren, dann . . ."

„Ja, ja", nickte Moses und erinnerte sich an seine Diskussion mit Jannes. „Mir scheint, euer Gott ist recht außergewöhnlich. Wenn ihr denn schon nichts weiter über Ihn sagen könnt, wie ist es dann mit Seinen Geboten? Sind sie sehr verschieden von den unseren?"

Die beiden Frauen blickten sich unsicher an. Ihnen war klar, daß sie diese Frage nicht beantworten konnten, ohne den Prinzen zu verärgern.

„Wir können nur nochmals wiederholen, Hoheit, daß wir in diesen Sachen nicht sehr viel Wissen haben. Doch unsere Lehrer sagen uns, unsere Patriarchen seien von Gott zu einer hohen Aufgabe berufen worden."

„Zu welcher?" forschte Moses.

„Um allen Menschen die Wahrheit zu offenbaren", antwortete Schiphrah.

„Welche Wahrheit soll das denn sein?" bohrte er weiter, während er das Päckchen in seiner Hand von allen Seiten betrachtete.

„Vielleicht solltest du unsere Lehrer darüber befragen, Hoheit", versuchte Puah nochmals kläglich den Fragen des Prinzen zu entkommen.

Doch Moses ließ nicht locker. „Was ist denn die Wahrheit?“ beharrte er bei seiner Frage und schaute Puah dabei mit durchbohrendem Blick an.

Schiphrah wollte ihrer Freundin zu Hilfe kommen. Sie nahm allen Mut zusammen und sagte: „Hoheit, unsere Gesetze sind wirklich ziemlich einfach. Wir haben keine großen Bücher, in denen sie aufgeschrieben sind, sondern wir suchen den Weg der Schlichtheit. Wenn unsere Gesetze in Worte gefaßt werden sollten, so könnten sie gut in dem kurzen Gebet zusammengefaßt werden, mit dem wir jeden Morgen und jeden Abend zu unserem Gott kommen.“

„Und wie lautet dieses Gebet?“ ließ der Prinz nicht locker.

Die beiden Frauen blickten sich an, nickten sich kurz zu und begannen dann gemeinsam: „Der Herr unser Gott ist der einzige Gott. Es gibt keine anderen Götter außer Ihm!“

Das waren sehr mutige Worte einem ägyptischen Prinzen gegenüber, in dessen Religion es viele Götter gab. Er reagierte ganz anders, als sie befürchtet hatten.

Freundlich sagte er: „Ich danke euch“, und entließ die Hebammen mit einer Handbewegung.

Seinen Begleitern rief er zu: „Es ist alles in Ordnung, laßt sie in Ruhe!“ Dann ging er in die leere Ecke der Terrasse und blickte lange nachdenklich in die Dunkelheit. Die Feiernden vor ihm im Hof schien er gar nicht mehr wahrzunehmen.

17. KAPITEL

Moses saß allein in seinem Raum. Die Geräusche von seiner Geburtstagsfeier drangen vom Hof her an sein Ohr, doch er reagierte nicht darauf. Obwohl nun fast die Morgendämmerung nahte, war er nach dem Gespräch mit den hebräischen Frauen noch nicht zu den Feiernden zurückgekehrt.

Hatschepsut hatte einige Male nach ihm geschaut und ihn gebeten, zu den Gästen zurückzukehren, die doch seinetwegen gekommen waren. Doch er hatte sich damit entschuldigt, er fühle sich nicht wohl und würde sich am nächsten Tag sicher wieder sehen lassen.

Wenn er nach dem Gelächter, dem Lärm und der Fröhlichkeit urteilen sollte, die unten im Hof herrschte, so kam er zu dem Schluß, daß seine Gäste sich auch glänzend ohne ihn amüsierten. Er war jedenfalls froh, jetzt nicht unter diesen vielen Menschen sein zu müssen. Und außerdem stimmte es sogar, daß er sich nicht wohlfühlte. Sein Kopf brummte ihm von den wild durcheinanderschwirrenden Gedanken, und in seinem Magen hatte er das Gefühl, als würde eine Faust ihn zusammendrücken.

Er war in seine Räume gegangen, um das Päckchen zu öffnen, das die Hebammen ihm gegeben hatten. Irgendwie wußte er, daß sein Inhalt für ihn bedeutsam sein würde. Doch gerade davor fürchtete er sich andererseits ein wenig.

Schon seit vielen Stunden lag das Päckchen nun ungeöffnet neben ihm auf dem Tisch. Doch als die Morgendämmerung das Wasser des Nils rot färbte, konnte er nicht mehr länger zögern. Er löste das Band um das Päckchen und begann auszupacken.

Das Geschenk war eine Art kleine Decke oder Umhang. Schnell breitete er es aus und hielt es gegen das Licht. Im ersten Augenblick war nichts Bemerkenswertes an diesem schalartigen Stück. Offensichtlich hatte seine Amme es als eine Art Decke für ihn gemacht, als er noch sehr klein war. Und nun hatte sie es ihm bei seiner Mannbarkeitsfeier als Erinnerung zukommen lassen.

Es ist also gar nichts Besonderes an dieser kleinen Decke, überlegte Moses kopfschüttelnd, als er sie auf dem Tisch ausbreitete. Warum hatte er dann so lange gezögert, das Geschenk auszupacken? Eines so belanglosen Dinges wegen hatte er nun seine Gäste verlassen und sich selbst verrückt gemacht. Ihm war, als müsse er über sich selbst lachen.

Ich werde das Ding in irgendeine Ecke legen, dachte er und wollte die Decke zusammenfalten. Doch als er sie jetzt nochmals betrachtete, kam sie ihm seltsam bekannt vor. Es war das Muster in der Decke, das ihm nun auffiel und das er beim ersten Blick wohl übersehen hatte. Er kannte dieses Muster: Die israelitischen Sklaven trugen es in ihren Stirnbändern. Und auch die seltsame Frau, die immer wieder in seinen Träumen auftauchte, trug dieses Muster in ihrem Stirnband.

Doch warum hatte seine Amme ausgerechnet dieses Muster in seine Decke gewebt? War sie etwa auch eine Israelitin?

Plötzlich kam ihm ein Gedanke, der seinen Atem stocken ließ. Ammen wurden immer ausgewählt nach der Abstammung der Babys: Eine ägyptische Amme für ein ägyptisches Baby, eine Kuschiterin für kuschitische Säuglinge, eine Israelitin für . . .“

Moses weigerte sich im ersten Augenblick, weiterzudenken. Trotz der Wärme fühlte er einen kalten Schauer den Rücken hinunterlaufen. Mit stumpfem Blick schaute er auf die ausgebreitet auf dem Tisch liegende Decke.

Er wußte, daß er ein Findelkind war. Hatschepsut hatte das nie vor ihm geheimgehalten. Doch sie hatte ihm gesagt, er sei ein Geschenk der Götter, die Reinkarnation von Pharaos gestorbenem Erben, sei er aus den heiligen Wassern des Nils geboren und ihr als Sohn übergeben worden.

Weiter hatte man ihm über seine Herkunft nichts erzählt. Und er hatte mit der vertrauensvollen Unschuld eines Kindes geglaubt, diese Information sei für seine Herkunft ausreichend.

Doch nun war er kein Kind mehr. Er trat in das Mannesalter ein; und über Nacht war das Geheimnis seiner Herkunft für ihn entscheidend wichtig geworden.

Lange saß er regungslos an dem Tisch und versuchte, seine Gedanken so zu ordnen, daß sie zusammenpaßten. Wenn seine Amme eine Israelitin war, kam er dann auch von diesem Volk? Ihm wurde fast nicht bewußt, daß er sich erhob und unruhig in dem Raum hin und her ging und mit Überlegungen kämpfte, die ihn erschauern ließen.

Doch plötzlich mußte er an sein ungewöhnlich dunkles Gesicht denken, und ein befreiendes Lachen brach aus ihm hervor. Hatten Hebräer etwa eine so dunkle Haut? Hatschepsut hatte gemeint, er müsse von königlich nubischer oder äthiopischer Herkunft sein. Die Götter hatten einen Mann edler Abstammung für den Thron Ägyptens ausgewählt.

Doch bald kehrten seine Befürchtungen zurück. Er mußte an die israelitische Frau denken, die er von seinem Fenster aus an jenem Morgen gesehen hatte. Sie war noch dunkler gewesen als er. Voller Unruhe und Ärger rannte er auf den Balkon hinaus und blickte über die Palastmauer hinweg zum Nil hin. Und zu seinem Schrecken stellte er fest: Dort, auf der Straße am Nil, war sie wieder! Und genau wie beim ersten Mal trug sie einen Wasserkrug auf dem Kopf und blickte zu ihm herauf. Auch das Stirnband mit dem israelitischen Muster konnte er erkennen.

Weit beugte er sich über den Balkon. „Halloo! Du da, warte! Warte auf mich, ich komme!“ Dabei winkte er ihr heftig zu.

Doch die Frau fuhr vor Schreck so zusammen, daß ihr der Wasserkrug vom Kopf rutschte und sie ihn gerade noch auffangen konnte. Nie hatte sie erwartet, von ihm angerufen zu werden. Wer weiß, in welche Gefahr sie sich begab, wenn sie sich so oft in der Nähe des königlichen Palastes herumtrieb.

Den Wasserkrug mit beiden Händen festhaltend, drehte sie sich um und rannte davon, so schnell sie konnte.

18. KAPITEL

Ein kleiner zweirädriger ägyptischer Wagen raste durch die Basarstraßen von Ra-Amses. Obwohl der Morgenmarkt gerade erst geöffnet hatte, waren neben den Kaufleuten schon eine ganze Anzahl Kunden unterwegs. Alle machten eiligst Platz, da sie an den Abzeichen erkannten, daß es sich um ein königliches Gefährt handelte.

Seit Wochen sprach man in der Stadt über das große Geburtstagsfest des Prinzen Moses. Nun, da die Festwoche angebrochen war, hätte niemand erwartet, den Prinzen mit seinem Wagenlenker im Galopp durch die Straßen fahren zu sehen.

Die meisten Menschen erkannten den jungen Prinzen, verbeugten sich überrascht, als der Wagen vorüberfuhr, und tuschelten erstaunt hinter ihm her.

Moses bemerkte die Verbeugungen und erstaunten Blicke kaum. Wie angewachsen stand er neben dem Wagenlenker. Nur seine Blicke durchforschten aufmerksam die Straßen, und immer wieder wandte er den Kopf nach rechts oder nach links.

„Sie ist nicht hier“, sagte er zu dem Wagenlenker, als sie den Basar durchquert hatten. „Fahre zu der israelitischen Sklavensiedlung.“

Der Fahrer warf dem Prinzen einen erstaunten Blick von der Seite zu, sagte aber nichts, sondern lenkte den Wagen in die Richtung der neuen großen Bauprojekte des Pharaos. Denn dort in der Nähe befand sich auch die Sklavensiedlung.

Kurz vor dem Gettoeingang stoppte der Fahrer den Wagen und blickte Moses fragend an. Noch nie war jemand aus der königlichen Familie hier in der Nähe gewesen, und der Fahrer wußte nun nicht, was er tun sollte.

„Was ist los?" fragte Moses. „Warum hältst du an?"

„Möchtest du etwa in die Sklavensiedlung fahren?" fragte der Wagenlenker verwundert.

„Ja", nickte der Prinz. „Und nun vorwärts!"

Der Fahrer gehorchte und lenkte den Wagen vorsichtig durch das nicht allzu breite Tor. Er machte dabei ein Gesicht, als müsse er geradewegs in die Hölle fahren.

Wegen des großen Festes der Mannbarkeit des Prinzen hatten auch alle ägyptischen Beamten die ersten drei Tage dieses Festes arbeitsfrei. Das betraf auch die Sklavenaufseher an den Arbeitsplätzen. Dies wiederum kam den Sklaven zugute, da diese ohne ihre Aufseher und Antreiber auch nicht arbeiten mußten. So waren an diesem Tag die Bewohner der Sklavensiedlung alle daheim.

Waren die Besucher des Basars überrascht gewesen über die frühe Fahrt des Prinzen, so traf dies auf die Sklaven hier noch viel mehr zu. Sie waren völlig sprachlos und standen wie erstarrt vor ihren Hütten oder blickten vorsichtig aus Fenstern und Türen.

Als der Wagen hielt, rief der Fahrer mit lauter Stimme: „Seine Hoheit, der Prinz Moses, Sohn der Regentin Hatschepsut und Enkel des großen Pharaos, Prinz des Nils! Verbeugt euch!"

Wie von einer Sichel umgemäht, fielen alle Umstehenden zu Boden. Normalerweise würde sich ein königlicher Prinz um diese Sklaven so wenig kümmern wie ein großer Bulle um die Ameisen unter seinen Füßen. Auch Moses war es gewöhnt, daß die Menschen sich vor ihm bis auf die Erde verneigten. Doch als er nun die Sklaven vor sich auf dem Boden liegen sah, erfüllte ihn ein seltsames Mitgefühl.

Moses sprang vom Wagen und blieb länger als üblich vor den auf dem Boden liegenden Sklaven stehen. Ihm wurde gar nicht bewußt, wieviel Zeit vergangen war, als der Fahrer ihm zuflüsterte: „Herr, soll ich sie wieder aufstehen lassen?"

„Ja, ja", gab Moses verwirrt zurück. „Natürlich!"

„Erhebt euch!" schrie der Wagenlenker. Die Sklaven gehorchten und wagten kaum zu atmen.

„Prinz Moses sucht eine bestimmte Hebräerin", rief der Fahrer. „Sie hat dunklere Hautfarbe als bei den Hebräern üblich und hat früher einmal bei seiner Mutter im Palast gedient!"

Diese Beschreibung reichte aus. Gewiß wußten alle Umstehenden nun, wer gemeint war.

Doch die Sklaven hielten untereinander zusammen. Keiner von ihnen wollte zum Verräter werden an einer Angehörigen ihres Stammes. Denn die Suche des Prinzen nach Jochebed konnte kaum etwas Gutes bedeuten. So kam es, daß alle weiter schwiegen und die Augen niederschlugen. Jeder hoffte, einem ausführlichen Verhör zu entgehen.

„Also gut", rief der Wagenlenker. „Ihr wißt ja, was mit denen geschieht, die königlichen Befehlen nicht gehorchen! Eure Verpflegungsrationen werden ab sofort um die Hälfte gekürzt, bis die Frau gefunden ist!"

Gewöhnlich hatte der Lenker eines königlichen Wagens die Autorität, solche Anordnungen zu treffen. Er konnte im Namen des Prinzen Strafen gegen alle aussprechen, die irgendwie nicht gehorchten oder sich ungebührlich benahmen. Doch Moses stimmte seiner Entscheidung diesmal nicht zu.

„Ich denke, das wird nicht notwendig sein", erklärte er. Nochmals wandte er sich an die Umstehenden und fragte: „Sind alle Bewohner der Siedlung hier versammelt?"

Als er wieder keine Antwort bekam, trat er auf die Sklaven zu, um zwischen ihnen hindurchzugehen.

„Macht Platz!" befahl der Wagenlenker. „Der Prinz will sich umsehen!"

Die Leute begannen untereinander zu flüstern und beobachteten staunend, wie der mächtige Prinz Ägyptens nun begann, ihr Getto zu besichtigen.

Moses ging von Hütte zu Hütte und forderte die Bewohner auf, herauszukommen.

Verunsichert folgten die Sklaven ihm in gemessenem Abstand und tauschten untereinander leise ihre Meinungen aus.

Da der Wagen nicht sehr weit in die Siedlung hineingefahren war, dauerte es nicht lange, bis der Prinz vor einer Hütte stand, vor der sich ein junger Mann aufgebaut hatte. Er mußte ungefähr sechzehn Jahre alt sein und war schon um einiges größer als Moses. Er hatte einen so entschlossenen Gesichtsausdruck, als wolle er lieber sterben, als den Prinzen auch nur einen Schritt weitergehen lassen.

„Geh zur Seite!" schrie der Wagenlenker, als sie näher kamen. „Der Prinz will mit denen sprechen, die hier wohnen!"

„Ich wohne hier", antwortete der junge Mann. „Er mag mit mir sprechen."

„Wagst du es, der königlichen Hoheit in solch einem Ton zu antworten!" schrie der Fahrer empört und hob seine schwere Peitsche. „Geh zur Seite oder stirb!"

„Es ist gut", beruhigte Moses seinen Fahrer. „Ich werde mit ihm reden."

Verdutzt trat der Fahrer einen Schritt zur Seite. Moses stand nun direkt vor dem jungen Mann und schaute ihm fest in die Augen. Er fragte: „Bist du der Besitzer dieses Hauses?"

„Mein Vater ist der Herr des Hauses", antwortete dieser.

Die Umstehenden beobachteten voller Staunen, was da vorging. Sie wunderten sich über die Geduld des ägyptischen Prinzen. Doch Moses war nicht interessiert an protokollarischen Fragen. Er hatte in dem Augenblick, als er den jungen Mann mit seiner dunkleren Haut sah, gewußt, daß dies die richtige Hütte sein mußte. Denn dieser junge Bursche hatte eine ähnlich dunklere Haut wie er selbst und wie die Frau auf der Straße.

„Und was ist mit deiner Mutter?" fragte er deshalb streng. „Ist sie auch hier?"

Ehe der junge Wächter etwas antworten konnte, waren im Haus Geräusche zu vernehmen. „Aaron“, rief eine Frauenstimme, „so kann es nicht gut enden! Ich komme!“

Die Tür öffnete sich, und eine Frau mit dunklerer Haut erschien. Hinter ihr kam ihr Gatte, der so helle Haut hatte wie die anderen Israeliten. Ihnen folgte noch eine junge Frau, die fast so dunkel war wie Moses und der junge Wächter.

Aaron stellte sich schützend vor seine Mutter. Doch sein Vater befahl: „Geh beiseite. Deine Mutter will mit dem Prinzen sprechen!“

Zögernd trat Jochebed noch einige Schritte vor und begrüßte den Prinzen mit einer tiefen Verbeugung. Sie wagte aber nicht, ihm in die Augen zu schauen, weil sie fürchtete, dann ihre Fassung zu verlieren. Während der Prinz sie aufmerksam betrachtete, zitterte sie am ganzen Leib und hatte Mühe, sich aufrecht zu halten.

„Frau“, fragte Moses, „warum stehst du so oft vor meinem Fenster auf der Straße und schaust zu mir herauf?“

„Ich . . . ich bin doch nur am Palast vorbeigegangen, Hoheit“, flüsterte sie. „Und weil der Bau so schön ist, blieb ich stehen, um ihn näher zu betrachten. Ist das denn gegen das Gesetz?“

„Aber sage mir, warum zitterst du so?“ forschte der Prinz.

Alle wunderten sich darüber, daß jemand aus dem königlichen Haushalt so freundlich mit einer Sklavin sprach, die in Ägypten weniger galt als ein Hund. Doch Jochebed zitterte bei dieser Frage nur noch mehr, und ihr Mann legte einen Arm um sie, um sie zu stützen.

„Du brauchst keine Angst zu haben“, sagte Moses. Dabei spürte er, wie sich in seinem Hals ein Kloß festsetzen wollte. „Du hast mich doch früher schon gekannt, Frau, ist es nicht so?“ wollte er wissen.

Bei dieser Frage wurde Jochebed von ihren Gefühlen überwältigt. Tränen begannen über ihr Gesicht zu laufen, und sie versuchte vergeblich, sie abzuwischen.

Da streckte Moses die Hand aus, legte sie sanft unter das Kinn von Jochebed und hob ihren Kopf an, so daß sie ihm in die Augen schauen mußte. Dann wiederholte er: „Du hast mich doch früher schon gekannt, Frau, so ist es doch!“

Da konnte Jochebed nicht mehr anders. „Ja, mein Herr“, brach es aus ihr hervor, „ich kannte dich schon, ehe irgend jemand anders dich kennen konnte, und zwar besser als jeder andere.“

19. KAPITEL

Moses ließ sich nur noch bei ganz wenigen unumgänglichen Gelegenheiten während der Festwoche anläßlich seines dreizehnten Geburtstags unter seinen Gästen sehen. Die andere Zeit verbrachte er allein in seinen Räumen oder bei geheimen Ausflügen in das israelitische Sklavengetto, zum Haus von Jochebed, Amram und seinen Geschwistern.

Von dem Augenblick an, da er seine lange verlorene Familie wiederfand, war Moses Seele geteilt. Nach außen hin war er ein Ägypter, und ein Teil von ihm liebte die Macht, die Herrlichkeit und die Bequemlichkeiten seiner Stellung. Doch innerlich wurde er immer mehr zu diesen einfachen Menschen hingezogen, von denen er so große Wahrheiten lernte.

Moses großes Interesse an den Hebräern war mehr als ein Heimkommen und mehr als die Lösung des Geheimnisses seiner Abstammung. Seit jenem Abend, als er eine Gruppe der Israeliten an der Straßenecke im Gebet gesehen hatte und als er dann einige Zeit später den arbeitenden Sklaven zuhörte, als sie sangen, war in ihm ein Verlangen gewesen nach dem Geist, der in dieser Haltung zum Ausdruck kam.

Und nach und nach schien er immer mehr von diesem Geist zu verstehen. Er nahm ihn so gierig in sich auf, als müsse er die verlorene Zeit wieder einholen. Und so oft es ging, saß er, nachdem es dunkel geworden war, bis weit in die Nacht hinein zu Füßen seines hebräischen Vaters und lauschte seinen Lehren.

Es war keinesfalls leicht für ihn, so oft den Palast heimlich und in Verkleidung zu verlassen. Denn als Prinz und

Thronfolger Ägyptens unterlag sein Leben einer Anzahl strengen Regeln. Es hatte schon sehr viel Aufsehen erregt, daß er in der Woche der Feierlichkeiten zu seinen Ehren so wenig unter seinen Gästen gewesen war. Deshalb mußte er sich nun besondere Mühe geben, all seinen prinzlichen Pflichten nachzukommen.

Doch er fand immer wieder Wege und Möglichkeiten, selbst zu den unmöglichsten Zeiten, um mit seiner Familie zusammenzusein.

Mehr als zwei Jahre gingen so vorüber mit heimlichen Gängen durch dunkle Straßen, mit vorsichtigem Hinausschleichen aus dem Palast, mit geflüsterten nächtlichen Unterhaltungen und geheimen Treffen, die oft auch von den beiden Hebammen arrangiert wurden. Und das alles immer in der Hoffnung, nicht entdeckt zu werden.

Er konnte schon gar nicht mehr sagen, wie oft er schon spät in der Nacht, manchmal kurz vor der Morgendämmerung, auf Zehenspitzen in sein Schlafzimmer zurückgekehrt war und erleichtert aufatmete, weil ihn keiner entdeckt hatte.

Wieder einmal schlich er zu später Stunde zu seinen Gemächern zurück. Innerlich schickte er ein israelitisches Dankgebet zu Gott empor, das er von seinem Vater Amram gelernt hatte. Doch als er die Tür zu seinen Räumen öffnete, mußte er entsetzt feststellen, daß er diesmal nicht allein war.

Dort am Tisch, im Schein einer sehr niedrig brennenden Öllampe, saß seine ägyptische Mutter, die Prinzessin, mit kummervollem Gesicht. Vor ihr, auf dem Tisch ausgebreitet, lag die Decke, die Jochebed für ihren kleinen Sohn angefertigt hatte.

Viele Gedanken auf einmal gingen ihm durch den Kopf, als er die Tür hinter sich schloß und ihm klar wurde, daß Hatschepsut alles wußte. Er wußte nicht, was er sagen sollte, und stand stumm vor ihr.

„Dahin gehst du also, wenn du dich in der Dunkelheit heimlich davonschleichst", stellte die Prinzessin fest und wies auf die Decke mit den israelitischen Mustern. „Du besuchst die hebräischen Sklaven." Ihre Stimme klang eher bekümmert als vorwurfsvoll.

Moses sagte immer noch nichts. Tief betroffen, gab er vor, ärgerlich zu sein, lief quer durch den Raum und warf seinen dunklen Umhang in eine Ecke.

„Warum hast du mir nie etwas gesagt?" fragte Hatschepsut mit tränenerstickter Stimme. „Du hättest mit mir darüber reden sollen."

„Ha!" fuhr Moses herum und lachte verächtlich, „ich sollte eigentlich der sein, der hier die Fragen stellt. Warum hast du mir nicht die Wahrheit gesagt, sondern meine Abstammung geheim gehalten? Von Anfang an hast du mich belogen!"

„Dafür gab es gute Gründe", rechtfertigte sich die Frau. „Es war damals der beste Weg."

Moses Blick wurde sanfter. Er wußte, daß sie von dem Gesetz des Pharaos sprach, durch das er, wie alle anderen israelitischen männlichen Babys, in die Gefahr geraten war, sein Leben zu verlieren. Jochebed und Amram hatten ihm alles über diese Zeit erzählt. Auch von dem erstaunlichen und wundersamen Mitleid, mit dem Hatschepsut sich des kleinen hilflosen Säuglings angenommen hatte, war er durch seine Eltern in Kenntnis gesetzt worden.

„Du meinst Großvater und seine grausame Verordnung?" fragte er.

„Ja, Sohn", nickte Hatschepsut. „Doch das ist nun lange her und fast vergessen. „Aber bist du denn bei mir so unglücklich gewesen, daß du zu anderen gehen mußt?"

Moses Herz wurde weich bei dieser Frage. Er blickte sie an, erinnerte sich an alle Liebe und Freundlichkeit, die er von ihr erfahren hatte, und schüttelte den Kopf.

„Liebe Mutter", begann er, wobei ihm einfiel, wie seltsam es doch war, daß er zwei ganz verschiedene Frauen mit *Mutter* anredete. „Du weißt, daß ich dich liebhabe. Wenn du nicht gewesen wärst, würde ich nicht mehr leben. Der Gott meiner Väter hat dich zu mir geführt."

Voller Staunen vernahm die Prinzessin diese Worte. „Der Gott deines Vaters?“ wiederholte sie fragend. „Du meinst Osiris?“

„Osiris ist ein Gott Ägyptens“, erklärte Moses kopfschüttelnd. „Aber er ist nicht der Gott meiner Väter.“

Hatschepsuts Stimme bebte, als sie feststellte: „Jannes sagt, du würdest dich in letzter Zeit oft mit seltsamen und fremden Gedanken beschäftigen. Ach, Moses“, flehte sie, „kehre zu uns zurück. Denke daran, wer du bist und wer du einmal sein sollst!“

Der Prinz trat ganz dicht an sie heran und nahm ihre Hände in die seinen; gerade so, wie er es noch vor einigen Stunden mit Jochebed gemacht hatte. Sein Schicksal, das ihn mitten zwischen zwei Kulturen und zwei Familien gestellt hatte, zerriß ihm fast das Herz.

„Mutter, ich kämpfe doch nur darum, endlich zu mir selbst zu finden“, flüsterte er.

Hatschepsut zog ihn zu sich herunter und streichelte leicht sein Gesicht. Dabei fiel ihr auf, daß bei ihm schon ein wenig der erste Bart zu spüren war. Angst ergriff ihr Herz, als sie jetzt über die Zukunft ihres geliebten Pflegesohnes nachdachte.

„Ich weiß“, seufzte sie. „Du wirst tun, was du tun mußt. Doch sei vorsichtig. Der Pharao weiß nicht, daß du ein lebendes Beispiel dafür bist, wie vor vielen Jahren seine Befehle mißachtet und umgangen wurden. Ich weiß nicht, warum er damals dieses Gesetz erließ. Der Grund dafür scheint heute nicht mehr zu bestehen. Doch was immer ihn zu diesem schrecklichen Gebot veranlaßte, er hat ein gutes Gedächtnis. Sein Zorn würde auch heute sicherlich noch die erreichen, die damals dem Tod entkamen.“

20. KAPITEL

Die Leute in der Straße blickten neugierig und interessiert auf das leichte Fahrzeug mit den königlichen Zeichen, das wieder einmal vor der Bildhauerwerkstatt hielt und aus dem der bei allen beliebte Prinz Moses stieg.

Ineni, der bekannteste Bildhauer Ägyptens und Besitzer der Werkstatt, war berühmt für seine feinen und künstlerichen Arbeiten in Stein und Marmor. Selbst der Pharao hatte ihn beauftragt, seine größten Bauten durch seine künstlerischen Statuen, Plastiken und Reliefs zu schmücken. Deshalb stellte Ineni nur sehr begabte Mitarbeiter ein, und es war ihm dabei gleichgültig, ob es sich um freie Männer oder um Sklaven handelte. Er zahlte auch allen, die für ihn arbeiteten, sehr guten Lohn.

Die Männer in der Werkstatt blickten von ihrer Arbeit auf, um zu sehen, wer zu ihnen kam. Als sie den Prinzen erkannten, wußten sie, wem der Besuch galt, den sie schon oft gesehen hatten.

Moses war nun ein stattlicher Mann anfangs der Zwanzigerjahre. Durch seine Autorität und seinen Einfluß war es ihm gelungen, für seinen Vater und seinen Bruder hier Arbeit zu finden. Zwar hatten die beiden israelitischen Sklaven vorher noch nie mit Bildhauerarbeit zu tun gehabt, doch sie waren sehr geschickt, und Ineni zählte sie bald zu seinen besten Arbeitern. Ab und zu hatte er schon die Bemerkung gemacht, er habe dem Prinzen durchaus keinen Gefallen getan, als er die beiden Männer anstellte, sondern er sei eher in Moses Schuld, weil er sie zu ihm gebracht hatte.

Auch um Jochebed und Miriam hatte sich Moses gekümmert. Sie arbeiteten jetzt im Haus der beiden Hebammen als deren Helferinnen. Der Prinz war sehr froh, daß es ihm gelungen war, für alle Familienangehörigen bessere Arbeitsplätze zu bekommen, die ihnen ihr schweres Leben doch sehr erleichterten.

Während der Jahre, seit er seine Familie kennengelernt hatte, war er stets bemüht gewesen, ihnen zu helfen, so gut er konnte. Oft hatte er ihnen auch Geld und zusätzliche Lebensmittel sowie Kleidung zukommen lassen. Auch ihre Stellung als Sklaven hatte sich verbessert. Sie gehörten nicht mehr zur untersten Stufe dieser Unterdrückten, seit sie diese Arbeitsplätze hatten, sondern genossen einige Vorrechte und Freiheiten, die den meisten anderen Sklaven nicht vergönnt waren. Trotzdem mußten sie aber noch mit den anderen Israeliten in der Sklavensiedlung wohnen.

Eins war natürlich klar: Wäre Moses der Pharao, hätte er seiner Familie schon vor Jahren die Freiheit verschafft und ebenso ein besseres sorgloses Leben. Doch so konnte er nur Schritt um Schritt und mit der nötigen Vorsicht vorgehen. Das war um der Sicherheit seiner Familie willen und auch für ihn selbst unbedingt notwendig.

Die politischen Verhältnisse in Ägypten machten diese Vorsicht notwendig. Denn es gab nicht wenige einflußreiche Leute, auch unter den hohen Würdenträgern und der Priesterschaft, die nicht mit der Nachfolge Hatschepsuts auf dem Pharaonenthron einverstanden waren. Deshalb wurde sie und auch ihr Adoptivsohn Moses von ihren Gegnern aufmerksam beobachtet. Jeder offensichtliche Fehltritt konnte zur Untergrabung ihrer Stellung führen.

Doch trotzdem tat Moses für seine Familie, was er nur konnte, und seine Hilfe hatte sich bisher nur zum Guten für seine Angehörigen ausgewirkt. Trotzdem empfand Moses, daß sein Bruder Aaron ihm gegenüber Vorbehalte und sogar geheimen Groll zu haben schien.

Als er an diesem Tag die Werkstatt des Bildhauers betrat,

spürte er es wieder. Alle verneigten sich vor ihm. Auch Aaron tat es, aber sichtlich widerwillig und längst nicht so tief wie die anderen. Auch vermied er es, den Prinzen anzusehen, während alle anderen Moses Gruß freudig erwiderten.

Moses trat zu seinem Bruder und bewunderte die Arbeit, mit der dieser beschäftigt war. „Der Meister ist sehr zufrieden mit dir", versuchte er ein Gespräch zu beginnen, „und wenn ich mir deine Arbeit betrachte, kann ich auch sehr gut verstehen, warum das so ist."

Aaron gab keine Antwort, sondern beschäftigte sich weiter mit dem Marmorblock vor ihm, der schon die Gestalt einer Sphinx annahm. Moses blickte zu Amram hinüber. Doch dieser zuckte nur hilflos mit den Schultern.

„Aaron", sagte Moses leise, „ich würde mich gern mit dir ein wenig allein unterhalten. Komm doch mit nach draußen."

Alle in der Werkstatt beobachteten aufmerksam, wie Aaron nun schweigend sein Werkzeug beiseite legte und der Aufforderung nachkam.

Draußen begann Moses: „Ich glaube, in eurer Siedlung soll heute abend ein Fest gefeiert werden. Einer der Jungen wird wohl dreizehn Jahre alt und soll zum Mann erklärt werden."

„Ja", antwortete Aaron zurückhaltend, „es ist der Sohn eines Leviten."

„Erinnerst du dich, daß ich am Tag meines dreizehnten Geburtstags das Geheimnis meiner Abstammung entdeckte?" fuhr der Prinz fort.

Doch Aaron gab darauf keine Antwort.

„Ich würde gern an dem Fest heute abend teilnehmen", sagte Moses.

„Warum sollte ein Ägypter wohl an einem hebräischen Fest Interesse haben?" spottete Aaron.

Moses war beleidigt. „Ich kümmere mich nun schon so lange um euch, und du bringst mir nur Haß entgegen", wunderte er sich.

„Warum tust du das eigentlich?" lachte Aaron verächtlich. „O ja, du bist gut zu uns gewesen. Vater und Mutter haben allezeit dankbar deine Geschenke und auch die bessere Stellung, die wir jetzt haben, entgegengenommen. Doch du hast es ja wirklich nicht nötig, dich so sehr zu erniedrigen, daß du auch noch an unserer armseligen Festtafel Platz nimmst und davon ißt."

„Darum geht es mir doch gar nicht", wandte Moses ein. „Du weißt doch, daß mein Interesse viel tiefer liegt. Ich möchte noch mehr lernen über eure Ansichten und Gepflogenheiten. Denn eines Tages werde ich die Macht in den Händen haben und auf dem Pharaonenthron sitzen. Bedenke einmal, was ich dann alles für euch tun kann."

„Das ist es ja gerade", ärgerte sich Aaron. „Genau das ist der Punkt!"

„Wieso? Was meinst du damit?" wunderte sich Moses.

Plötzlich konnte sich Aaron nicht mehr zurückhalten. Sein unterdrückter Groll überwältigte ihn, und es brach aus ihm heraus: „Immer bist du so überlegen wohlwollend zu uns. Stets läßt du dich herab von deinem großartigen hohen Platz zu uns armseligen Kreaturen. Und wir müssen diese Herablassung entgegennehmen und auch noch dankbar sein!"

Moses meinte kopfschüttelnd: „Ja, würdest du denn nicht genauso handeln? Wenn du die Macht hättest, deinen Angehörigen zu helfen, würdest du nicht das gleiche tun, was ich getan habe?"

„Aber wir sind nicht dein Volk und deine Angehörigen", argumentierte Aaron mit immer lauter werdender Stimme. „Du kannst uns mit Geschenken überschütten und uns zu besseren Positionen verhelfen, deshalb wirst du trotzdem nie begreifen, was es heißt, ein Israelit zu sein."

Nun wurde auch Moses langsam zornig. „Wer bist du denn, daß du es wagst, in diesem Ton mit mir zu sprechen?" grollte er. „Eines Tages werde ich Pharao sein. Und wenn dieser Tag kommt, habe ich die Macht, die Israeliten aus der Sklaverei zu befreien."

Leute, die auf der Straße vorübergingen, wurden schon aufmerksam wegen der Lautstärke der beiden Männer. Moses war klar, daß er es nicht riskieren konnte, die Unterhaltung in diesem Ton in der Öffentlichkeit fortzusetzen. Die Leute würden sich fragen, was sich der Prinz Ägyptens von einem Sklaven noch alles gefallen ließ.

Ohne ein weiteres Wort ging Moses zu seinem Wagen zurück, stieg ein und befahl dem Lenker, abzufahren.

Doch als der Wagen sich in Bewegung setzte, hörte er hinter sich Aarons Stimme, der laut rief: „Genieße deine Bequemlichkeiten, Prinz, und denke daran, daß es das Wohlleben eines Ägypters ist! Du bist nie etwas anderes gewesen!“

21. KAPITEL

Es war eine traurige Zeit in Ägypten, denn der Pharao Thutmoses war gestorben. Beim Tod eines Pharaos verfiel Ägypten immer in eine Zeit tiefer Trauer. Ganz gleich, ob der Pharao beliebt oder unbeliebt gewesen war, bei seinem Tod ging manches nicht so weiter wie in normalen Zeiten. Schon die morgendliche Verkündigung des Tagesanbruchs und manches andere mußte durch Hilfskonstruktionen überbrückt werden, bis der neue Pharao den Thron bestiegen hatte. Er war nun einmal in Ägypten der fleischgewordene Gott. Und Thutmoses war nun tot!

Seit er vor zwei Monaten krank geworden und dann überraschend schnell gestorben war, schien das Land wie gelähmt zu sein vor Trauer. Der Handel und alle anderen Abläufe des täglichen Lebens gingen langsamer oder stockten gar, weil viele Bürger Pilgerfahrten zu Tempeln der Götter machten, wo sie für den verstorbenen Pharao beteten, damit dieser auf seinem Weg durch die Unterwelt sicher an das Ziel gelangen und sein Ka drüben im Reich des Todes auch wirklich treffen würde.

Während überall im Land für den verstorbenen Pharao in den Tempeln geopfert und gebetet wurde, waren die Priester in der Totenstadt, der Nekropolis, eifrig dabei, die Leiche Thutmoses für die Mumifizierung vorzubereiten, damit dieser Leib so lange wie möglich erhalten blieb und nicht etwa zerfiel, ehe er seinem Ka begegnete, was zum ewigen Leben unbedingt nötig war.

Die Einbalsamierung, um den Leib als Mumie zu erhalten, geschah nach uralten geheimgehaltenen Rezepten. Dabei mußten, vor allem bei hochgestellten Persönlichkeiten und bei einem Pharao ganz besonders, auch bestimmte religiöse Rituale eingehalten und beachtet werden.

Nun war der Tag der Beerdigung gekommen. Der mittlerweile vierzig Jahre alte Moses folgte, neben seiner ägyptischen Mutter gehend, dem prunkvoll verzierten und mit magischen Formeln bedeckten Sarg Thutmoses. Dieser Sarg würde dann drüben im Tal der Könige in den großen Sarkophag gestellt, der schon lange für diesen Augenblick von Thutmoses selbst vorbereitet war.

Noch stand der Sarg auf einem Wagen, den Priester und Soldaten der königlichen Leibwache rechts und links begleiteten, ihnen voran ging der nun schon uralte, aber immer noch kräftige oberste Priester Ägyptens, Jannes.

Alle Würdenträger Ägyptens, alle Hofbeamten, ein langer Zug Soldaten und viele andere Personen folgten dem Zug durch die Straßen der Stadt, an denen sich zu beiden Seiten das Volk drängte.

Der Leichenzug ging hinunter zur Anlegestelle des Nils, wo nur noch die Priester, die auf der anderen Seite den Sarg tragen würden, und die Angehörigen der königlichen Familie mit auf die andere Seite fahren durften. Alle anderen mußten auf der Stadtseite zurückbleiben.

Es waren gemischte Gefühle, die Moses Herz bewegten, während er mit den anderen dem Sarg folgte. Er hatte seinen Adoptiv-Großvater nie wirklich geliebt, wenn er ihn auch stets geachtet hatte.

Sicher trauerte er einesteils mit den anderen, doch andererseits wußte er auch, daß er dadurch vielleicht dem Thron Ägyptens wieder um einen Schritt nähergekommen war, denn er war nun, nach Hatschepsut, der nächste vorgesehene Thronerbe. Und für diesen Augenblick war er mehr als dreißig Jahre seines Lebens ausgebildet worden in Staatskunst, militärischem Wissen und in der Beherrschung von Waffen.

Thutmoses hatte seiner Tochter Hatschepsut ein gewaltiges Reich hinterlassen, und Moses war ihr unmittelbarer Nachfolger. Thutmoses war einer der mächtigsten Pharaonen in der Geschichte des Landes gewesen. Durch seine militärischen Erfolge war Äthiopien völlig in die Gewalt und Abhängigkeit Ägyptens geraten. Er war auch der erste König, der Ägyptens Macht und Einfluß bis an den Strom Euphrats getragen hatte, mehr als tausend Kilometer von der eigentlichen Grenze Ägyptens entfernt. Außerdem hatte er mehr großartige Bauten im Land errichten lassen als alle anderen Könige vor ihm.

Das Schiff mit dem nunmehr nur noch kleinen Gefolge stieß vom Ufer ab zur Totenstadt auf der anderen Seite. Die Fahrt über den Nil wurde symbolisch als Fahrt über den Fluß des Todes in der Unterwelt angesehen.

Auf der anderen Seite des Stromes würde der kleine Zug bald den Blicken der Zurückgebliebenen hinter einem Hügel entschwinden zu einem einsamen Tal, weit draußen in der Wüste, wo er an einem verborgenen Ort begraben wurde.

Bisher war es anders gewesen. Die früheren Pharaonen hatten sich mächtige Grabdenkmäler bauen lassen, die Pyramiden, die weithin zu sehen waren. Zwar hatte man in den Pyramiden Irrgänge und leere Kammern angelegt und den Zugang zur eigentlichen Grabkammer des Pharaos zugemauert und so gut es ging versteckt, um Grabräuber irrezuführen. Doch der Begräbnisplatz selbst war eben durch die Pyramide gut zu sehen gewesen.

Den Ägyptern wurden vielerlei Dinge in ihre Gräber mitgegeben, damit sie drüben die kürzere oder längere Zeit, die sie im Totenreich nach ihrem Ka suchen mußten, auch überstehen konnten. Wenn sie ihr Ka nicht fanden, drohte ihnen unweigerlich der endgültige Tod, so glaubten sie. Nur beim Finden ihres Ka's hatten sie eine Chance, durch alle Gefahren hindurch, die drüben auf sie warteten, in die Gefilde des ewigen Lebens zu kommen.

Die Grabbeigaben waren um so reichhaltiger, je vermögender der Tote war. Bei einem Pharao konnten diese Grabbeigaben an Lebensmitteln, Prunkgewändern, kostbaren Gefäßen, Gewürzen und Salben sowie Schmuck, wertvollen Waffen und anderen Dingen ein ganzes großes Vermögen betragen, das Grabräuber schon reizte, diese Gräber zu finden und zu plündern.

Pharao Thutmoses war der erste der Könige Ägyptens, der sich keine Pyramide mehr bauen ließ, sondern sein Grab, aus mehreren Kammern bestehend, schon frühzeitig hatte draußen in der Wüste in einem verborgenen engen Tal hatte anlegen lassen. Der Eingang zu dieser Grabkammer wurde nach der Beerdigung verschlossen und sorgfältig wieder zugeschüttet, so hatte Thutmoses es bestimmt. Auf diese Weise hoffte er, würden Grabräuber den geheimen Ort seiner Grabstätte gar nicht erst finden.

Nach ihm sind viele andere Pharaonen diesem Beispiel gefolgt und haben in dem gleichen versteckten Tal für sich solche Grabkammern bauen lassen, und in einem nahebeiliegenden ähnlichen Tal gleiche Begräbnisplätze für ihre Frauen und Kinder. Diese beiden Täler sind heute unter den Namen *Tal der Könige* und *Tal der Königinnen* bekannt.

Nach einem langen Marsch durch die Wüste erreichte der kleine Trauerzug endlich das versteckte Tal mit der vorbereiteten Grabkammer. Hier ging es tief in die Felswand hinein, an verschiedenen Irrgängen vorüber und durch einige Vorräume, in denen die Grabbeigaben aufbewahrt wurden, bis sie endlich in den Raum kamen, in dem der mächtige Sarkophag aus Marmor stand, in den der Sarg des Pharaos hineingestellt und sorgfältig verschlossen wurde.

Auch alle Gänge und Kammern in dem mächtigen Grab, das mehr einer großen unterirdischen Wohnung glich, waren kunstvoll ausgemalt mit Szenen aus dem Leben des Pharaos oder Geschichten der ägyptischen Götter und vielen anderen Verzierungen.

Als Moses in dem Raum mit dem mächtigen Sarkophag

stand, mußte er daran denken, daß der Pharao, der hier gerade begraben wurde, ihm nach dem Leben getrachtet hatte und daß er nur durch eine wunderbare Führung Gottes bewahrt geblieben war.

Während er die magischen Formeln auf dem Sarkophag und die Götterbilder rundum an den Wänden betrachtete, fragte er sich, welcher Gott es denn gewesen war, der ihn für eine spätere Aufgabe bewahrt hatte. Waren es die Götter Ägyptens gewesen? Osiris und Isis vielleicht? Oder war es der Gott seines Vaters gewesen, den die Menschen seines Volkes *Jahwe* nannten?

Auf dem Rückweg zum Palast, der wiederum viele Stunden dauerte, blieb Moses sehr schweigsam. In ihm tobte ein Kampf. Waren seine Gedanken Gotteslästerung, fragte er sich? Und wenn es so war, welchen Gott lästerte er dann? Waren es Osiris, Horus und Isis, die Götter Ägyptens, oder war es Jahwe, der Gott Israels? Er hätte es in seinem jetzigen inneren Zustand nicht sagen können.

Als sie den Palast erreichten, rannte er, als sei er vor jemand auf der Flucht, in seine Räume. Dort angekommen, warf er sich quer über sein Bett und schrie:

„O Herr, Gott, wer bist Du, und wie kann ich Dich wirklich finden?“ Und nach einer geraumen Weile fügte er hinzu: „Und Herr, Gott, wer bin eigentlich ich?“

22. KAPITEL

An jenem Abend saß Moses noch lange in seinem Wohnraum und dachte über seinen Großvater nach. Er erinnerte sich an alles, was mit einer Seele nach ihrem Tod geschehen würde. Jannes hatte in seinem Unterricht gesagt, wenn ein Pharao stirbt, betritt er das Boot des Sonnengottes Ra und fährt mit ihm an das äußerste östliche Ende des Himmels, um dort für immer unter den Unsterblichen zu wohnen.

Doch andererseits hatte der Priester auch eine viel schrecklichere Reise beschrieben, die alle Verstorbenen hinter sich bringen mußten. Moses war sich nie ganz klar geworden, ob diese Reise der Prüfungen auch von den Angehörigen der königlichen Familie und vom Pharao selbst durchgestanden werden mußte oder nur von allen anderen Menschen. Über diesen Punkt hatte Jannes nie eine klare Auskunft gegeben, und selbst als Moses ihn direkt danach gefragt hatte, war er einer Antwort ausgewichen.

In Jannes Unterricht hatte sich das alles folgendermaßen angehört: Wenn ein Mensch starb, mußte seine Seele auf der Suche nach den himmlischen Feldern eine lange Reise unter den Städten Ägyptens antreten, und zwar auf einem unterirdischen Nilstrom. Wenn die Seele das Gebirge des Todes überquert hatte, mußte sie zuerst durch ein Gebiet, das von Dämonen und Monstern bewohnt wurde, ehe sie die Wohnung der Seligkeit erreichen konnte. Wenn die Seele in diesem Gebiet Angst bekam und vor Furcht nicht mehr weiterging, wurde sie den schlimmsten Qualen unterworfen und hörte endlich auf zu existieren.

Hatte die Seele aber dieses Gebiet sicher hinter sich gebracht, lag nun erst das Schlimmste vor ihr. Sie mußte sich nun einer Prüfung in der Halle des Gottes der Wahrheit, Ma-At, stellen. Hier wurde das Herz in eine Waagschale gelegt, und in der anderen Waagschale lag die heilige Feder der Gerechtigkeit. Der Gott mit dem Hundekopf, Anubis, würde prüfen, was die Waage anzeigte, und der ibisköpfige Gott Toth würde die Ergebnisse genauestens niederschreiben. Eine Jury von 42 Richtern, je einer für eine zur Strafe verurteilende Sünde, würde das Ergebnis prüfen und das entsprechende Urteil sprechen.

Bestand die Seele diese Prüfung, würde der Gott Horus die Seele zu dem Totengott Osiris, dem Fürsten des Westens, führen.

Doch wenn die Seele diese Prüfung nicht bestand, wurde sie dem Vernichter ausgeliefert. Das war ein schreckliches Wesen mit dem Kopf eines Krokodils, dem Vorderteil eines Löwen und dem Hinterteil eines Nilpferds. Der Vernichter würde nun auch noch den Leib dieser Person, der zu nichts mehr gebraucht wurde, in Fetzen reißen, alle Knochen zertrümmern und das Blut des armen Sünders trinken.

Je länger Moses über diese Geschichte nachdachte, um so ungemütlicher wurde es ihm. Die Vorstellung von Thutmoses, der nun vielleicht für immer verloren war und hilflos im Strom der Ewigkeit seinen nicht mehr vorhandenen Leib suchte, beunruhigte und ängstigte ihn.

Was die Israeliten vom Leben nach dem Tod dachten, darüber wußte Moses nichts Genaues. Sie sprachen selten über dieses Thema. Wenn einer von ihnen starb, war die Beerdigungszeremonie sehr einfach. Manchmal erwähnten sie einen Platz, den sie *Abrahams Schoß* nannten und den sie sich als eine Art Ruheort vorstellten. Doch genauere Angaben, wie man dieses Paradies erreichen konnte, waren scheinbar nicht vorhanden.

Die ägyptischen Lehren vom Leben nach dem Tod waren da viel umfangreicher und genauer und schienen deshalb auch die richtigeren zu sein. Abgesehen von dem ägyptischen Glauben an so viele seltsame Götter waren die Ägypter vielleicht im Blick auf das Leben nach dem Tod der Wahrheit näher als die Hebräer mit ihren verschwommenen Vorstellungen.

Doch woher konnte Moses das erfahren? Wer würde ihm Genaueres darüber sagen können? Er wäre am liebsten geradewegs zu Amram gegangen, um ihm all diese Fragen vorzulegen, wenn es nicht seine Pflicht gewesen wäre, so lange im Palast zu bleiben, bis die Trauerzeit vorüber war. Und die war erst am nächsten Tag abgelaufen.

Also mußte er sich vorerst mit seinen schwachen Gebeten begnügen und hoffen, sie würden irgendwie die Düsternis der Unterwelt durchdringen oder auf sonst eine Weise das Ohr Gottes erreichen.

Moses erhob sich und ging in eine Ecke des Raumes, wo auf einem niedrigen Tisch einige kleine Leuchter standen. Obwohl seit dem Tod des Pharaos im ganzen Land vielerlei Gebete für das Wohlergehen des Königs an alle möglichen Götter gerichtet worden waren, bezweifelte Moses doch, ob auch nur ein Mensch im ganzen Land für Thutmoses zu Jahwe gebetet hatte. Und deshalb würde er, Moses, das jetzt tun. Vielleicht fand er darin selbst auch ein wenig Beruhigung. Ob es Thutmoses helfen würde, wußte er nicht. Schaden konnte es aber in jedem Falle nicht.

Moses zündete die Leuchter an und wartete, bis sie gleichmäßig brannten. Dann ging er zu einer Truhe und holte unter anderen Sachen die kleine Decke heraus, die Jochebed für ihn gewebt hatte und die er durch die Hebammen wieder erhalten hatte.

Er kehrte zu dem Tisch mit den Leuchtern zurück und legte sich die kleine Decke über den Kopf und die Schultern, so wie er es bei Amram gesehen hatte, wenn dieser zu dem Herrn betete.

Doch er fand nicht die richtigen Worte. Er wußte einfach nicht, wie er für Thutmoses beten sollte, für die Seele dessen, der so viele Babys aus seinem Volk hatte töten lassen. War es überhaupt richtig, für den König zu beten? überlegte er.

Während er noch nach einer Antwort suchte, wurden seine Gedanken durch ein Klopfen an der Tür unterbrochen.

Moses zog schnell die Decke vom Kopf und fragte: „Wer ist da?"

„Ich bin es, Jannes!" antwortete der alte Priester von draußen.

Moses knüllte die Decke zusammen, verbarg sie hinter seinem Rücken und rief: „Komm herein!"

Licht aus dem von Fackeln erhellten Gang fiel in den Raum, als Jannes eintrat. Er kniff die Augen zusammen, um sich an den Dämmerschein der kleinen Leuchter zu gewöhnen, als er die Tür hinter sich wieder geschlossen hatte.

„Ich sehe, du hast gebetet", stellte der Priester fest.

„Ja."

„Das ist gut, sehr gut", nickte Jannes befriedigt. „Denn das ist es, was wir alle in der jetzigen Lage tun müssen."

Moses stand ein wenig verlegen neben dem niedrigen Tisch und hielt immer noch die Decke hinter seinem Rücken verborgen.

„Ich kam eigentlich nur noch vorbei, um dir eine gute Nacht zu wünschen", erklärte der Priester. „Es ist heute ein schwerer Tag für die Menschen gewesen, die ich am meisten liebe."

Moses nickte. „Ich danke dir, Lehrer", antwortete er. „Auch ich wünsche dir eine angenehme Nacht."

Jannes machte eine Bewegung zur Tür hin, als wolle er den Raum wieder verlassen. Doch dann zögerte er und kam plötzlich quer durch den Raum auf Moses zu.

„Ich möchte dich umarmen, mein Sohn", sagte er mit bewegter Stimme. „Es war zwar einerseits ein trauriger Tag für uns, aber gleichzeitig auch ein glücklicher. Denn morgen wird deine Mutter den Thron Ägyptens besteigen."

„Ja", nickte Moses. „Das wird sicher gut sein."

Jannes war überrascht über diese schlichte Antwort. „Freust du dich denn nicht darüber?“ fragte er erstaunt. „Ich hätte nie geglaubt, diesen Tag noch erleben zu können. Doch ich bin den Göttern sehr dankbar, daß sie mir ein so langes Leben geschenkt haben, so daß ich noch sehen kann, wie die tüchtige und kluge Hatschepsut nach dem großen Thutmoses in Ägypten die Herrschaft übernimmt.“

Einen Augenblick zögerte er und fügte dann hinzu: „Und du, mein Sohn, bist nun der unmittelbare Thronfolger.“

Mit diesen Worten umarmte er Moses und zog ihn fest an sich. Der Prinz, der die Umarmung erwidern mußte, tat es zunächst mit einem Arm, weil er in der anderen Hand immer noch die Decke hielt. Da ihm klar wurde, wie seltsam das war, ließ er sie hinter seinem Rücken fallen und umarmte den alten Priester auch noch mit seinem zweiten Arm.

Doch dieser war wegen Moses seltsamem Gehabe schon aufmerksam geworden. „Was verbirgst du da hinter deinem Rücken?“ fragte er. „Laß es mich sehen!“

Moses fiel keine Ausrede ein. Deshalb blieb ihm nichts anderes übrig, als die Decke aufzuheben und sie Jannes zu zeigen. Ihm war klar, was folgen würde, denn der Priester war einer der besten Kenner der Embleme, Zeichen und Muster der verschiedenen Völker und Stämme.

Moses versuchte noch, die Sache herunterzuspielen und sagte leichthin: „Es ist nur ein Geschenk. Ich weiß nicht sehr viel darüber.“

Jannes hatte am Tonfall der Stimme erkannt, daß der Prinz log. Er hielt die Decke nahe an die Öllampen, um mit seinen altersschwachen Augen zu erkennen, worum es sich handelte. „Es ist eine Decke mit den Mustern des Volkes Israel und des Stammes Levi darin“, sagte er dann mit harter Stimme.

Für einige Augenblicke breitete sich ein ungemütliches Schweigen aus. Moses bemerkte, wie die Gesichtszüge des Priesters den Ausdruck von Trauer und Enttäuschung annahmen. „Du benutzt also eine hebräische Decke, wenn du betest?“ fragte Jannes bekümmert.

Ohne eine Antwort abzuwarten, drehte er sich um und verließ mit hängenden Schultern und schleppenden Schritten den Raum.

Moses sagte kein Wort mehr. Doch er fühlte, wie ihm im Kopf schwindlig wurde, weil sein ganzes Blut zum Herzen drängte bei dem Gedanken, daß der alte und von ihm so hochverehrte Priester nun sein lange gehütetes Geheimnis entdeckt hatte.

23. KAPITEL

Hatschepsuts Thronbesteigung wurde nicht überall in Ägypten mit Freude begrüßt. Viele, vor allem auch unter den oberen Klassen und führenden Persönlichkeiten im Land, sahen es mit großer Zurückhaltung oder gar Ablehnung.

Eine Frau als Pharao? Das war gegen alle Überlieferungen und Ordnungen. Manche sahen es sogar als Lästerung gegenüber all dem, was heilig war; und dazu zählte in Ägypten eben auch der Pharao.

Als Thutmoses sie vor vielen Jahren zur Regentin neben sich erhoben hatte, hatte es dagegen keine Einwände gegeben. Königin neben dem herrschenden Pharao konnte sie sein, aber selbst Herrscherin in Ägypten? Das konnte nicht gutgehen, so dachten und sagten viele.

Hatschepsut war seit dem Tod ihres Vaters immer stärker mit diesen Vorbehalten von den führenden Staatsmännern und Militärs des Reiches und auch von vielen Priestern bedrängt worden, daß sie kaum noch wußte, wie sie diesen Argumenten begegnen sollte. Auch im Volk, das vor allem von den Priestern aufgehetzt wurde, machte sich immer mehr Unmut gegen die Frauenherrschaft breit.

Um einen eventuellen Aufstand zu verhindern, hatte Hatschepsut dem Drängen nachgegeben und sich bereit erklärt, ihren Halbbruder, Thutmoses den Zweiten, zu heiraten, ihn so als Pharao anzuerkennen und mit ihm gemeinsam zu regieren, obwohl sie früher stets erklärt hatte, sie würde nie heiraten.

Sie mag ja regieren, aber nur im Schatten ihres Halbbruders, war die mehrheitliche Meinung in Ägypten. Sie mag ja auch Zeit ihres Lebens Jungfrau bleiben, wenn sie das möchte, der Pharao wird Nebenfrauen genug finden. Aber entweder regiert sie als Frau des Pharaos oder überhaupt nicht.

So wurde also gleichzeitig mit der Erhebung von Hatschepsut auf den Thron ihre Heirat mit Thutmoses II. gefeiert. Doch von Anfang an lagen Spannungen über der Ehe, da die beiden, die Ägypten gemeinsam regieren sollten, zu verschieden in ihrem Charakter waren. Auch ihre Auffassungen über das, was zu geschehen hatte, welche Gesetze erlassen werden sollten usw., lagen zu weit auseinander, um ein Einvernehmen erzielen zu können.

Doch einer der stärksten Punkte des Mißtrauens zwischen der Regentin und dem Pharao war Moses, der Adoptivsohn Hatschepsuts. Es war bekannt, daß er ausersehen war, nach Hatschepsut einmal den Thron Ägyptens zu besteigen. Doch das gefiel Thutmoses II. überhaupt nicht.

Moses war aber überall beliebt, weil er nicht das übliche hochmütige Wesen der Angehörigen der pharaonischen Familie an sich hatte und weil man außerdem wußte, daß Ägypten mit ihm einen überaus klugen und fähigen Herrscher bekommen würde.

Deshalb konnte Thutmoses II. nicht offen gegen ihn vorgehen, sondern mußte versuchen, seinen Ruf zu untergraben und ihn überall in Mißkredit zu bringen. Deshalb hatte er seine Spitzel auf Moses angesetzt, die den Prinzen auf Schritt und Tritt beobachten sollten, um vielleicht Dinge zu finden, mit denen man ihm schaden konnte. Am liebsten wäre es dem Pharao gewesen, es wäre etwas geschehen, was ihn berechtigte, Moses anzuklagen und mindestens in die Verbannung zu schicken oder vielleicht gar töten zu lassen.

Um seine Absicht ganz deutlich zu machen und die Ägypter an den Gedanken zu gewöhnen, erließ Thutmoses II. sechs Monate nach seiner Hochzeit mit Hatschepsut ein

Dekret, das einen seiner Söhne, den er mit einer Konkubine gezeugt hatte, zu seinem Nachfolger bestimmte.

Über Nacht war nun also die heimliche Rivalität um die Thronfolge zur offenen Feindschaft geworden. Es gab jetzt im Palast und in Ägypten zwei Parteien, die sich gegenüberstanden. Die einen hielten es mit Hatschepsut und ihrem Adoptivsohn Moses, die anderen standen zu Thutmoses II. und seinem unehelichen Sohn.

Thutmoses Sohn war zwanzig Jahre jünger als Moses. Er war hochgewachsen und hübsch, aber ansonsten genauso dickköpfig und von wenig Intelligenz und Weitsicht wie sein Vater. Diesem Mann einmal die Herrschaft über Ägypten zu übertragen, schien für viele schon jetzt ein großer Schaden für das Reich zu werden.

Moses war nicht mehr sicher, auf welcher Seite bei dieser Auseinandersetzung der Oberpriester Jannes stand, nachdem dieser sein Geheimnis entdeckt hatte und wußte, daß er ein Israelit war, der damals dem Tötungsgebot von Thutmoses I. entkommen konnte. Würde Jannes aus Liebe und Achtung vor Hatschepsut und Moses schweigen, oder würde er zu einem passenden Augenblick sein Geheimnis an die Öffentlichkeit bringen?

Moses wußte, daß dann alle Hoffnung auf die Thronfolge dahin war, ja sogar sein Leben würde dann in höchster Gefahr sein.

Das war die Situation, in der Moses nun lebte. Deshalb war es kein Wunder, wenn er immer mißtrauischer wurde, sich oft umsah, wer ihm folgen mochte und bei jedem geflüsterten Wort und jedem Seitenblick, den ihm jemand zuwarf, Gefahr witterte.

Vor allem erschrak Moses immer, wenn Jannes irgendwo auftauchte, denn ihm war bewußt, daß der alte Priester sein Schicksal in der Hand hielt.

24. KAPITEL

Noch war es dunkel in den Straßen von Ra-Amses, aber bald würde der neue Tag dämmern. Vom Nil zogen schon die ersten Schleier des Morgennebels herüber.

Moses war es durch einige gut vorbereitete Tricks gelungen, den Spionen von Thutmoses II. zu entkommen. Er hatte sich in dieser Nacht mit seiner Familie im Haus der beiden hebräischen Hebammen getroffen, weil zu vermuten gewesen war, daß das Haus Amrams im Sklavengetto überwacht wurde. Lange war er mit Amram, Jochebed und seinen Geschwistern beisammen gewesen. Nun, kurz vor der Morgendämmerung, war er auf dem Weg zurück in den Palast.

Trübe Gedanken bewegten ihn, während er vorsichtig zum Palast ging. Warum mußte gerade er in eine solche Doppelexistenz geraten, überlegte er? Er war ein Mann, der nicht wußte, wo er hingehörte. Ein Mann ohne Vaterland und ohne echte Freunde. Denn selbst jene, die ihn liebten, wußten nicht, wie zerrissen er innerlich war. Hatschepsut gefiel sein Doppelleben nicht, das er nicht aufgeben wollte. Und Amram und Jochebed wußten nicht, daß er deshalb in so großer Gefahr lebte, sonst hätten sie sicher versucht, ihn von diesen nächtlichen Besuchen abzuhalten.

Er mußte an seinen Bruder Aaron denken. Das Verhältnis der beiden Brüder hatte sich in den letzten Jahren wesentlich verbessert. Seufzend dachte er: Aaron ist ein ganz anderer Mann als ich, nicht so schwach und ohne Rückgrat. Er hat von Anfang an begriffen, wie schwer es mir fällt, mich für eine Seite zu entscheiden.

„Warum, o Gott, hast Du nicht statt meiner Aaron diesen Weg gehen lassen?“ fragte er. „Sieh mich an, ich lasse mich von meinen Gefühlen hin und her reißen. Ich bin unaufrichtig und habe Angst, mich zur Wahrheit zu bekennen.“

Moses stand jetzt am Nilufer. Im Osten zeigte sich mittlerweile die erste Helligkeit am Himmel. Es war Winterzeit, und der Strom war ziemlich angeschwollen und an manchen Stellen über die Ufer getreten. Moses schien es, als würden die Schwaden des Morgennebels, die hier und da über dem Fluß lagen, und die rauschenden Wassermassen ihn magisch anziehen und als flüsterten sie: „Spring, Moses! Spring einfach in das Wasser, dann sind all deine Probleme beendet!“

Doch dann wurden seine Gedanken abgelenkt von den Geräuschen der erwachenden Stadt. Dadurch wurde er daran erinnert, daß er sich beeilen mußte. Als er jetzt wieder in eine schmale Straße einbog, schreckte er auf, weil er vor sich lautes Geschrei hörte, und als er näher kam, erkannte er auch die Ursache des Lärms.

Ein Ägypter mit einer Peitsche, mit der er unaufhörlich und heftig auf einen Mann einschlug, der seinen Kopf mit den Armen schützte, schrie wutentbrannt: „Du dummer und fauler Sandfloh! Du bist es ja nicht wert, überhaupt geboren zu sein.“

Der Geschlagene, das erkannte Moses jetzt auch, war ein israelitischer Sklave, dem sein Herr jetzt auch noch einen derart heftigen Tritt versetzte, daß er auf die Straße stürzte, wo er ganz erbärmlich schrie: „Herr, es tut mir sehr leid, daß dies geschehen ist. Aber du weißt auch, daß ich daran keine Schuld trage.“

Doch den Ägypter interessierten die Worte des Sklaven überhaupt nicht. Er schlug weiter auf ihn ein. „Du hast weniger Gehirn als ein dummes Huhn, du dummes Schwein“, wütete der Sklaventreiber. Sein Gesicht war ganz rot vor Zorn. „Ich glaube, mein gutes Geld, das ich für dich bezahlt habe, ist ganz unnütz vergeudet. Totschlagen sollte man dich, damit man keinen Ärger mehr hat.“

Moses beobachtete die Szene mit wachsender Erregung, während der Ägypter weiter mit der Peitsche auf den am Boden Liegenden einschlug, dem schon das Blut von der Stirn und den Armen lief. Noch innerlich erregt von den vorhergehenden Gedanken, packte ihn jetzt bei der grausamen Behandlung des Israeliten der Zorn.

Er war sich nicht mehr bewußt, was er tat, als er jetzt einen großen scharfkantigen Stein ergriff, der am Straßenrand lag. Er schaute sich einmal um, und als er keine anderen Menschen sehen konnte, lief er auf den Ägypter zu und schlug ihm den Stein mit aller Wucht auf den Kopf.

Es gab ein dumpfes Geräusch, als würde ein Tonkrug zerbrechen. Dem Sklaventreiber entfiel die Peitsche, und er sank mit einem Seufzer zu Boden.

Als Moses jetzt genau hinschaute, stellte er entsetzt fest, daß er dem Mann mit der scharfen Kante des großen Steins den Schädel gespalten hatte. In einem breiten Strom lief das Blut aus der tiefen Kopfwunde. Die Augen des Ägypters waren schon starr. Man konnte sehen, daß er tot war.

Der Sklave hatte sich erhoben und wandte sich dem Toten zu. Er beugte sich hinunter und rief erschrocken: „Herr, was ist? Herr, sage doch etwas! Was soll ich tun, Herr?“

Als er keine Antwort bekam, brachte er sein Ohr nahe an den Mund des Ägypters und erkannte nun auch, daß dieser tot war.

Der Israelit richtete sich wieder auf. Es war zu erkennen, daß er vor Furcht fast gelähmt war. Er zitterte am ganzen Leib. Doch er hatte Moses erkannt. „Hoheit, mächtiger Prinz, was hast du getan?“ sagte er. „Man wird jetzt vielleicht mich beschuldigen, meinen Herrn getötet zu haben.“

Moses stand wie erstarrt. Er hatte zwar helfen wollen, aber keinesfalls hatte er die Absicht gehabt zu töten. Er brauchte einige Augenblicke, bis er sich soweit gefangen hatte, um dem Sklaven zu antworten. „Ich“, begann er, „ich wollte dir doch nur helfen. Verstehst du das nicht?“

Doch der Sklave wich entsetzt einige Schritte zurück, schüttelte nur verständnislos den Kopf und rannte dann ohne ein weiteres Wort davon.

Erst jetzt wurde Moses ganz klar, was er getan hatte und welche Konsequenzen das haben konnte, wenn der Pharao es erfuhr. Es würde für Thutmoses der Anlaß sein, den lästigen Adoptivsohn Hatschepsuts loszuwerden.

Gehetzt blickte Moses sich nochmals nach allen Seiten um, doch es schien sonst niemand den Vorfall bemerkt zu haben. Moses nahm alle Kraft zusammen, nahm den toten Ägypter auf seine Arme und vergaß auch die Peitsche nicht, trug ihn die kurze Strecke zum Nilufer und vergrub ihn eiligst in einer vom Wasser ausgehöhlten Sandböschung.

Er putzte den gröbsten Dreck von seiner nun auch blutbefleckten Kleidung und eilte zum Palast. Es gelang ihm, ohne Aufsehen zu erregen, seine Räume zu erreichen.

25. KAPITEL

Den ganzen Tag und auch die nächste Nacht verließ Moses seine Räume nicht, weil er in der Angst lebte, sein Totschlag könnte entdeckt worden sein. Er konnte nur dann hoffen, heil aus der Sache herauszukommen, wenn der Sklave nicht redete. In dieser Hinsicht bestand Hoffnung, denn auch dem Sklaven konnte nichts daran liegen, in diese Sache hineingezogen zu werden. Deshalb würde er wohl den Unwissenden spielen.

Trotzdem machte sich Moses Gedanken, was zu tun wäre, sollte die Sache doch bekannt werden. Ihm war klar, daß er dann fliehen mußte, wenn er sein Leben behalten wollte. Denn Thutmoses hatte dann einen Grund, ihn aus dem Weg zu räumen, und das würde er nur zu gern und ohne zu zögern tun.

Also mußte für alle Fälle eine Flucht vorbereitet werden, die kein großes Aufsehen erregte, denn wenn er gesucht werden sollte, mußte er auch in Verkleidung fahren. Es war deshalb nicht gut, einen königlichen Wagen zu benutzen, sondern es mußte ein ganz einfaches Gefährt sein, vielleicht von einem oder zwei Eseln gezogen. Das war am unauffälligsten.

Außerdem galt es, die nötigste Kleidung und vor allem Geld und auch seine Waffen bereitzulegen und auch noch einige andere Gegenstände, denn er konnte noch nicht wissen, wohin es ihn, wenn er fliehen mußte, verschlagen würde und was er dann brauchte.

Am zweiten Tag nach dem Totschlag des Ägypters hatte er dann aber doch außerhalb des Palastes einige Aufgaben zu erledigen, denen er sich nicht entziehen konnte. Er war immerhin noch eines der am höchsten stehenden Mitglieder der königlichen Familie, und da gab es Verpflichtungen zu erfüllen.

An diesem Tag sollte er eine neu aufgestellte Abteilung der ägyptischen Armee besichtigen, ihre Bewaffnung und Ausrüstung überprüfen und bei ihren Übungen dabei sein, um festzustellen, wie kampftüchtig diese Einheit schon war.

Die Aufgabe nahm seine ganze Aufmerksamkeit und einen großen Teil des Tages in Anspruch, so daß er von seinen anderen Gedanken abgelenkt wurde, obwohl er in freien Augenblicken immer wieder daran denken mußte.

Als er, nachdem er seine Aufgabe zu seiner eigenen Befriedigung gut erledigt hatte, am späten Nachmittag mit seinem Wagen, den er selbst lenkte, zum Palast zurückfuhr, kam er an einer Baustelle vorbei, auf der eine große Anzahl israelitischer Sklaven arbeiteten. In kurzem Abstand zügelte er seine Pferde, hielt seinen Wagen an und schaute ihnen beim Arbeiten zu. Wie immer, wurde ihm auch diesmal das Herz schwer, als er bemerkte, wie rücksichtslos die ägyptischen Aufseher die Sklaven antrieben.

Im stillen war er wieder einmal dankbar, daß es ihm gelungenen war, für seine Familie bessere Arbeitsplätze zu bekommen. So hat die Stellung, die ich einnehme, doch wenigstens für sie einiges Gutes bewirkt, dachte er.

Seine Aufmerksamkeit richtete sich jetzt auf zwei der israelitischen Sklaven, die ein wenig abseits arbeiteten. Ob sie vorhatten zu fliehen, überlegte er, weil sie, offensichtlich erregt, miteinander sprachen.

Doch dann bemerkte er, daß sie sich stritten, weil der eine die Fäuste erhob und auf den anderen einschlug.

Der Prinz war empört, als er das sah. Wurden seine Brüder nicht schon von den Ägyptern genug unterdrückt? Mußten sie dann auch noch miteinander streiten und sich gegenseitig das Leben schwer machen?

Moses ärgerte sich so über das, was er sah, daß er seine eigenen Probleme vergaß. Erregt sprang er vom Wagen und eilte zu den Streitenden. „Was tut ihr denn?“ fuhr er sie an. „Schämt ihr euch nicht?“

Die beiden Kampfhähne ließen voneinander ab und wandten sich dem zu, der sie angesprochen hatte. Als sie den Prinzen erkannten, verneigten sie sich tief.

Mit gerunzelter Stirn und ernster Miene fragte Moses den Größeren der beiden, der zuerst zugeschlagen hatte: „Warum schlägst du deinen Bruder? Wie könnt ihr hoffen, jemals gegen die zu bestehen, die euch unterdrücken, und ihr Joch von euch abzuwerfen, wenn ihr selbst nicht einig seid, sondern euch gegenseitig streitet und schlagt?“

Wäre es einfach nur ein Ägypter gewesen, der sie so gefragt hätte, dann wäre das schon seltsam genug gewesen. Doch hier kam noch hinzu, daß diese Männer Moses kannten und auch wußten, wer seine Eltern waren. Und sie wußten noch mehr als das, wie der Prinz zu seinem Schrecken sofort erfuhr.

Dreist warf der angesprochene Sklave den Kopf zurück und blickte Moses direkt in die Augen. „Wer hat dich eigentlich zum Herrn und Schiedsrichter über uns gesetzt?“ fragte er frech. „Meinst du, du könntest uns auch so einfach erschlagen wie du den Ägypter erschlagen hast?“

Moses wurde von diesen Worten wie von einem Keulenschlag getroffen. Seine böse Tat war also doch bekannt geworden. Da würde es auch nicht mehr lange dauern, bis der Pharao davon erfuhr. Es blieb ihm also nichts weiter übrig, als so schnell wie möglich zu fliehen. In dieser Nacht noch mußte es sein. Wie gut, daß er alles schon vorbereitet hatte.

Er drehte sich ohne ein weiteres Wort um, ging zu seinem Wagen zurück und fuhr so schnell er konnte zum Palast.

TEIL IV

MANN IN MIDIAN

26. KAPITEL

Seltsame Partner waren sie — Moses, ein ägyptischer Prinz, und Aaron, ein hebräischer Sklave —, die hier mit einem Eselskarren durch die Nacht fuhren, immer ostwärts in die Wüste hinein, der ägyptischen Grenze entgegen. Doch für das erste Mal in ihrem Leben waren sie wirklich auch innerlich Brüder.

Es entbehrte nicht der Ironie, daß gerade jenes Geschehnis, um welches willen Moses aus Ägypten fliehen mußte, für den skeptischen Aaron der Beweis der Treue seines Bruders zu Israel war. Welch größeren Beweis hätte es auch geben können, als die Erschlagung eines ägyptischen Sklavenbesitzers in Verteidigung eines mißhandelten israelitischen Sklaven?

Als Moses erfahren hatte, daß der Sklave, dem er geholfen hatte, indem er den Ägypter erschlug, nun selbst die ganze Sache unter den anderen Sklaven verbreitete, war ihm klar, daß es nur noch kurze Zeit dauern konnte, bis man auch am Hof Pharaos davon erfuhr. Moses wußte, daß er nun nicht mehr im Palast bleiben konnte, denn weder Hatschepsuts Liebe noch Jannes Fürsprache hätten ihn vor der Strafe retten können, die über ihn gekommen wäre. Es war für Thutmoses II. endlich die Gelegenheit, auf die er schon so lange wartete. Noch dazu, da er nun das Recht scheinbar auf seiner Seite hatte. Außerdem konnte Thutmoses damit auch Hatschepsut selbst einen schweren Schlag versetzen. Und auch eine solche Möglichkeit ließ er sich gewiß nicht entgehen. Nein, Moses konnte nicht mehr im Palast bleiben!

Als Moses dies klar war, zögerte er keinen Augenblick länger. Er legte alles, was er für den Notfall vorbereitet hatte, auf einen einfachen Karren, spannte zwei Esel davor und verließ verkleidet durch einen Nebenausgang den Palast.

Ihm war klar, daß er nur bei seiner eigenen Familie Hilfe finden konnte. Deshalb tauchte er in der Abenddämmerung dort auf und berichtete Amram und Aaron, was geschehen war. Aarons Herz entflammte in brüderlicher Liebe zu Moses, während er zuhörte und erkannte, in welchen Problemen sein jüngerer Bruder steckte. Er bot sich sofort an, Moses auf der Flucht zu helfen.

Aaron war entschlossen, seinen Bruder so lange zu begleiten, bis dieser die ägyptischen Grenzwachen sicher hinter sich gebracht hatte. Dann würde er mit dem Karren und einem Esel zurückkehren, während Moses den anderen Esel mit seinen Vorräten beladen und weiterziehen wollte.

So fuhren die beiden Brüder gemeinsam durch die Nacht und fühlten, wie sie sich bei jedem Kilometer, den sie hinter sich brachten, innerlich näher kamen.

Es war Hirtenland, durch das sie fuhren und das sich zur östlichen Grenze Ägyptens erstreckte. Das Land Gosen war es, in dem ihre Ahnen gewohnt hatten, als sie vor mehreren hundert Jahren mit ihrem Patriarchen Jakob nach Ägypten gekommen waren.

Für Aaron, der nur das Sklavenleben kannte, war diese nächtliche Fahrt unter dem weiten Himmel der freien Nomadenweide ein besonderes Erlebnis. Moses kannte den Aufenthalt draußen durch seine militärische Ausbildung, die ihm als ägyptischen Prinz und Thronfolger zuteil geworden war. Doch Aaron kannte die Nächte nur aus dem Gesichtspunkt des Sklavenlagers.

Würde er nicht rechtzeitig zurückkehren können, wollte ihr Vater Amram ihn für einen Tag bei dem Bildhauer mit einer leichten Unpäßlichkeit entschuldigen. Dadurch, daß sie ein freieres Leben als die meisten anderen Sklaven führen konnten, waren solche Dinge für sie doch ab und zu einmal möglich geworden.

Allerdings begab sich Aaron trotzdem in große Gefahr, indem er seinen Bruder in der Nacht so weit nach Osten begleitete. Wurden sie von Soldaten angehalten, hätte man Aaron sicherlich beschuldigt, er sei ein Sklave auf der Flucht. Und das hätte für ihn bedeutet, daß er sehr streng bestraft worden wäre.

Der Wind wehte ihnen kalt von der Wüste im Osten entgegen. Lange fuhren sie schweigend durch die Nacht, bis Aaron endlich fragte: „Wenn du den Bittersee erreichst, wohin wirst du dich dann wenden?"

„Darüber habe ich auch schon nachgedacht", antwortete Moses zögernd. „Ich könnte den Weg nach Schur nehmen, doch ich glaube nicht, daß es weise wäre. Es ist dort zuviel Verkehr, und deshalb streifen auch ägyptische Patrouillen bis in diese Gegend. Wenn sie erst erfahren, daß ich gesucht werde, halten sie sicher nach mir Ausschau."

Aaron, der aufmerksam zuhörte, nickte zustimmend und meinte: „Da wäre also der Weg, der südwärts nach Suez geht, vielleicht besser. Dort könntest du auch deine Vorräte ergänzen, wenn sie zu Ende gehen."

„Das ist richtig", stimmte Moses zu. „Doch auch dort werde ich des Kanals wegen auf ägyptische Soldaten treffen."

„Wie weit willst du überhaupt gehen?" fragte Aaron.

„Ich weiß es noch nicht", antwortete Moses. „Auf jeden Fall aber so weit wie nötig."

„Etwa bis in den Sinai?" staunte Aaron. „Aber dafür werden deine Vorbereitungen nicht ausreichen."

„Das habe ich mir auch schon überlegt", nickte Moses. „Aber ich habe keine andere Wahl."

Wieder verfielen die Brüder eine Weile in nachdenkliches Schweigen, bis Moses endlich sagte: „Aber wie wird es dir ergehen? Du riskierst dein Leben, um mir zu helfen. Wenn du während der Rückfahrt Soldaten in die Hände fällst, dann . . ." Er beendete den Satz nicht.

Lächelnd antwortete Aaron: „Gott wird mich bewahren, so wie er dich bewahren wird, weil Er dich zu einer großen Aufgabe berufen hat."

Erstaunt schüttelte Moses den Kopf, während ihm Tränen in die Augen traten und er sich fragte, woher sein Bruder dieses Wissen und diese feste Überzeugung nahm.

„Wie kannst du das nur so zuversichtlich sagen?" stöhnte Moses. „Ich bin doch in den Augen Gottes und der Menschen nur ein Sünder und Übeltäter."

Aaron legte dem Bruder tröstend den Arm um die Schulter. „Ich ahne in meinem Herzen, daß Gott dich für Großes bestimmt hat und daß du sogar den Pharao übertreffen wirst", flüsterte er. „Sieh, Jahwe hat dich aus den Wassern des Nils gerettet. Er wird dich auch auf der Flucht bewahren und eines Tages sicher zu uns zurückbringen."

Mittlerweile waren sie nahe an die östliche Vegetationsgrenze gelangt. In diesem Gebiet begegnete man beständig Menschen, weiter östlich nur noch Reisenden, Soldaten und Nomaden. Hier mußten die Brüder Abschied voneinander nehmen. Sie spannten einen Esel aus und beluden ihn mit Moses Vorräten.

„Ich werde hier etwa eine Stunde warten", sagte Aaron mit erstickter Stimme. „Wenn sich in dieser Zeit nichts rührt, hast du die letzten Häuser und Felder sicher hinter dich gebracht. Es wird dann bald hell werden. Ich suche mir ein gutes Versteck und fahre in der nächsten Nacht zurück."

Die Brüder umarmten sich einen langen Augenblick. „Jahwe sei mit dir", sagten sie wie aus einem Mund zueinander.

Dann ergriff Moses den Zügel des Esels und machte sich in östlicher Richtung auf den Weg. Nur noch einmal drehte er sich kurz um und winkte seinem Bruder zu, der ihm nachblickte. Dann verschwand er in der Dunkelheit.

27. KAPITEL

Moses hatte die Oase Migdol erreicht. Hier saß er nun, den Rücken an den Stamm einer Palme gelehnt, an die er auch seinen Esel gebunden hatte. Er beobachtete das Leben um sich herum.

Ganz in der Nähe lag eine Festung. Es war der letzte ägyptische Außenposten in der Region des Bittersees. Er hatte in dem kleinen Basar nahe der Festung einige Dinge gekauft, die er unbedingt auf seiner einsamen Reise noch brauchen würde.

Wieder wanderten seine Gedanken zu dem Bruder zurück, dem er vor einigen Tagen Lebewohl gesagt hatte. Ob er wohl sicher zu den anderen Familienmitgliedern zurückgekehrt war? Oder hatten ihn Soldaten gefangen, und er sah nun einem schlimmen Schicksal entgegen? Immer wieder in den letzten Tagen hatten ihn diese Gedanken geplagt.

Moses war seit dem Abschied von seinem Bruder schon weit über einhundert Kilometer ostwärts gezogen. Wie mit Aaron besprochen, hatte er nicht den Weg zum Schur genommen, die Straße, die von Gosen aus direkt ostwärts führte. Denn auf dieser Strecke begegnete man zu vielen Reisenden, Karawanen und Soldaten, die sich über den einsamen Wanderer mit seinem Esel sicherlich gewundert hätten.

Der Schur war der nordöstliche Grenzwall Ägyptens an der Grenze nach Palästina. Dieser Wall, in kurzen Abständen mit befestigten Anlagen bestückt, schützte das Land des Pharaos vor Einfällen aus den nordöstlichen Gebieten, von wo immer Gefahr drohte. Deshalb war er auch auf der ganzen

Länge dicht mit Soldaten besetzt, die auch die Zwischenräume zwischen den einzelnen Befestigungsanlagen ständig kontrollierten. Hier würde die Nachricht von Moses Totschlag zuerst bekannt werden, und hier würde man wohl auch am meisten nach ihm suchen.

Statt dessen hatte Moses nun den Wüstenweg genommen, der vom Golf von Suez zum Golf von Akaba führte. Doch auch hier konnte er sich noch keineswegs ganz sicher fühlen, sondern mußte ständig auf der Hut sein. Er fiel mit seiner ägyptischen Kleidung und seiner vornehmen ägyptischen Palastsprache in dieser Gegend sowieso auf wie ein bunter Papagei unter lauter grauen Tauben.

Die arabischen Händler im Basar hatten ihn sehr zurückhaltend bedient, als er die nötigen Dinge eingekauft hatte. Zwar hatte ihn niemand nach seinem Woher und Wohin gefragt, aber in den Gesichtern war das Mißtrauen zu lesen gewesen.

Nun saß er hier in Migdol allein unter der Palme und beobachtete die Reisenden und Karawanen ringsum, die ihre Lager und die Mahlzeit bereiteten, weil es langsam Abend wurde. Er selbst hatte sich einige getrocknete Feigen aus seinen Vorräten genommen und beobachtete die anderen Reisenden mit großem Interesse.

Die meisten Menschen, die für die Nacht hier lagerten, waren Araber. Doch auch einige Ägypter waren zu sehen; Händler, die wohl nach Südosten weiter wollten, um Gewürze, Myrrhe, Elfenbein und andere Waren einzukaufen, die in Ägypten begehrt waren.

Doch die große Mehrzahl waren Leute aus dem Osten. Ismaeliter, Edomiter, Midianiter und Angehörige anderer arabischer Stämme. Sie verständigten sich untereinander in einem Gemisch aus Ägyptisch und allen möglichen anderen Sprachen. Moses mußte sich Mühe geben, nicht zu lächeln, wenn er diesem Kauderwelsch zuhörte.

Er wunderte sich darüber, daß diese Leute so gern auffällig bunte Kleidung und viel Schmuck trugen. Manche hatten

Ringe mit kleinen Glöckchen an ihren Beinen, so daß es hell klingelte, wenn sie gingen.

Auch der Geruch, der von arabischen Lagern ausging, war eine aufreizende Mischung von Tee, ungeheuer starkem und schwarzem Kaffee, saurer Milch, gebratenem Fleisch und scharfen Suppen. Ganz abgesehen von einer Wolke von Öl, mit dem sie ihre Körper und ihr langes dickes Haar und den Bart einölten und das einen süßlichen Geruch verbreitete.

Dazu kam der Geruch ihrer Esel, Pferde und vor allem der Kamele, die einen abstoßend fauligen Dunst von sich gaben und sehr unverträglich sein konnten. Sie bissen und spuckten, wenn sie sich ärgerten, und schrien ihre schlechte Laune in den Abend hinaus.

Doch ihre arabischen Besitzer schienen sehr stolz auf diese Tiere zu sein. Denn sie waren fast ebenso bunt geschmückt wie ihre Herren selbst. Die Sättel waren reich bestickt, und in die Mähnen hatte man oft bunte Bänder gebunden.

Die Sonne stand nun schon tief am Horizont, und Moses blickte in die südliche Wüste hinaus, die sich vor seinen Augen scheinbar endlos erstreckte. Die Ägypter nannten das Nilgebiet das *schwarze Land,* weil der Boden dort dunkel, reich und fruchtbar war und eine überreiche Vegetation wachsen ließ. Die dahinter liegenden Gebiete nannten sie das *rote Land.*

Als Moses sah, wie die Wüste von der untergehenden Sonne erst in helleres und dann in immer dunkler werdendes Rot gehüllt wurde, verstand er diese Bezeichnung.

Während Moses die sich verfärbende Wüste betrachtete, mußte er an die Blutlache denken, die sich unter dem von ihm erschlagenen Ägypter ausgebreitet und den Boden rundum ebenfalls rot gefärbt hatte.

Er versuchte, diese unangenehmen Gedanken wieder loszuwerden, da fiel plötzlich mit den letzten Sonnenstrahlen ein Schatten über ihn. Als er aufblickte, schaute er in das lächelnde Gesicht eines Arabers, der ihn freundlich grüßte.

„Ich bemerkte, daß du allein bist", sagte der Mann.

„So ist es", nickte Moses.

„Ich möchte dich einladen", sagte der Fremde. „Wir haben reichlich zu essen. Gib uns die Ehre und sei unser Gast. Leiste uns Gesellschaft."

Moses wußte, daß Araber sehr gastfreundlich waren. Sie halfen und luden ein und erwarteten umgekehrt, daß sie in ähnlicher Lage ebenso behandelt wurden.

Moses hatte zwar Hunger, und von dem Lagerfeuer her, auf das der Araber gewiesen hatte, drang der Duft gebratenen Fleischs in seine Nase, doch andererseits fragte er sich, ob der Fremde ihn aushorchen wollte. Deshalb antwortete er ablehnend: „Ich danke dir sehr für deine Einladung. Doch ich habe schon gegessen."

Er hoffte, der Araber würde ihn nun in Ruhe lassen. Doch dessen Stolz vertrug die Ablehnung nicht. „In der Wüste schlägt man eine Einladung nicht aus", beharrte er. „Meine Freunde und ich, wir werden beleidigt sein, wenn du nicht unser Gast sein willst."

Wenn ich die Einladung weiterhin ablehne, mache ich die Sache nur noch komplizierter und ärgere diesen Mann und seine Freunde, überlegte Moses. Um kein weiteres Aufsehen zu erregen, erhob er sich und folgte dem Araber an das Lagerfeuer seiner Karawane, wo er auch von den Freunden seines Gastgebers begrüßt wurde.

Als es sich alle am Lagerfeuer bequem gemacht hatten und jedem eine tüchtige Portion von dem delikaten gebratenen Hammelfleisch ausgeteilt worden war, wozu es flache Brotfladen gab, fragte sein Gastgeber: „Wohin geht deine Reise?"

Was sollte Moses sagen? Eine Antwort mußte er in jedem Fall geben, wollte er nicht unhöflich sein. Er tat so, als sei er gerade sehr mit einem großen Bissen des Fleisches beschäftigt und gewann so einige Augenblicke zum Überlegen. „Ich reise ostwärts", antwortete er einfach, als er den Bissen hinuntergeschluckt hatte.

Doch diese Antwort erregte das Interesse seines Gastgebers nur noch mehr. Auch er wußte, daß es nach Osten von dieser Oase aus eigentlich nur einen richtigen Weg gab, alle anderen waren nur den direkten Wüstenbewohnern, den Beduinen, bekannt.

Voller Interesse beugte der Araber sich vor und forschte: „Du wirst also in die Richtung unseres Landes ziehen?"

„Das weiß ich nicht", wich Moses achselzuckend aus.

„Doch, doch, das ist so", ereiferte sich der Mann. „Wenn du dem Weg des Pilgers folgst, kommst du direkt nach Midian."

Moses wußte, daß die Wüstenstraße quer durch den Sinai nach Ezion-Geber führte, das an der nördlichen Spitze des Roten Meeres lag. Er wußte auch, daß die Oase Migdol, in der er sich jetzt befand, tatsächlich der letzte Lagerplatz vor dem Land der Midianiter war. Er hatte selbst noch nicht darüber nachgedacht, ob er bis nach Midian gehen sollte.

Doch da ihn interessierte, was der Fremde sagte, gab er seine Zurückhaltung auf und fragte: „Was meinst du mit dem *Weg des Pilgers?"*

Der Araber reichte ihm einen Becher mit aromatischem Tee und erklärte: „Wir nennen diesen Weg so, weil er zu dem Land der Kinder Abrahams führt. Hast du das nicht gewußt? Jeder, der diese Pilgerreise macht, kann sich glücklich preisen."

Moses konnte kaum glauben, was er hörte, als dieser Mann den Namen Abrahams so selbstverständlich erwähnte. Erstaunt erwiderte er: „Du sprichst von Abraham so wie es die Israeliten auch tun."

Mit einem Ruck fuhr der Araber hoch, und auf seiner Stirn erschienen Zornesfalten. „Die Israeliten?" stieß er wütend hervor. „Diese Mischlinge! Die Israeliten sind keine wahren Söhne Abrahams!"

Moses war verwirrt bei dieser Reaktion. „Wieso kannst du das sagen?" fragte er zweifelnd.

Verächtlich spuckte der Araber aus und lachte dann laut. Seine Freunde, die mit ihnen am Feuer saßen, stimmten in das spöttische Gelächter ein.

Sein Gastgeber wandte sich an seine Freunde und sagte, indem er auf Moses wies: „Er ist eben ein Ägypter und weiß es nicht besser. Deshalb wollen wir ihm vergeben."

Dieser Feststellung folgte wieder Gelächter, das aber diesmal einen freundlichen Unterton hatte. Es war zu erkennen, daß die Unwissenheit des Fremden akzeptiert und vergeben wurde.

Der Araber wandte sich wieder an Moses und meinte: „Ach, weißt du, das ist eine sehr lange Geschichte. Ich glaube nicht, daß sie dich sehr interessieren würde."

Moses antwortete nichts auf diese Feststellung, sondern trank nachdenklich seinen Tee. Wäre in ihm nicht die Furcht und Vorsicht des Flüchtlings gewesen, hätte er jetzt weiter gefragt. Doch so ließ er die Sache auf sich beruhen. Noch nie hatte er gehört, die Israeliten seien keine wahren Söhne des Patriarchen Abraham.

28. KAPITEL

Moses selbst allerdings, obwohl er nun den Pilgerweg zog, war mehr ein Flüchtling als ein Pilger. Er zog nicht zu einem bestimmten Ziel, sondern rannte vor etwas davon. Als er mit seinem Esel auf dem Weg des Pilgers in den Sinai hineinzog, fragte er sich, was wohl vor ihm lag und wo er einen Ort finden würde, an dem er bleiben konnte.

Im Augenblick war Midian sein vorläufiges Ziel. Als er an dem Abend vor einigen Tagen mit dem Araber und dessen Freunden am Lagerfeuer saß, hatten sie so voller Wärme und Überzeugung von ihrem Heimatland gesprochen, daß Moses meinte, es könne nicht zu falsch sein, zunächst einmal nach dort zu gehen.

Natürlich hatte er an jenem Abend nicht gesagt, daß er eigentlich ein Israelit war. Es war den Midianitern schon schwer gefallen, einen Ägypter freundlich an ihrem Lagerfeuer aufzunehmen. Hätten sie aber gewußt, er sei einer von diesen *israelitischen Mischlingen,* wie sie es nannten, wären sie wahrscheinlich ganz anders mit ihm umgegangen.

Doch so hatte der Araber, der ihn einlud, weil ihm seine Einsamkeit leid tat, sich ihm gegenüber sehr großzügig erwiesen. Nach dem Abendessen hatte er ihm noch Vorräte für sich selbst und auch für den Esel mitgegeben, damit es ihm in der Wüste, in die er nun zog, an nichts fehlte. Außerdem hatte Moses von dem freundlichen Araber auch noch eine Decke erhalten, die so gearbeitet war, daß sie nachts als Schlafdecke dienen konnte und tagsüber in der Mittagshitze mit wenigen Handgriffen in ein Sonnendach oder als Schutz gegen den fast immer wehenden Wüstenwind zu verwenden war. Es waren dazu nur ganz wenige Pflöcke und Seile nötig. Moses hatte diese praktische Reisedecke nun schon seit mehr als einer Woche überall da benutzt, wo er ein Lager aufgeschlagen hatte.

Obwohl es auf dem *Weg des Pilgers* nur wenige Oasen gab, folgte dieser Weg doch zum größten Teil dem Kanal zwischen dem Nil und dem Roten Meer. Dieser Kanal war fast fünfhundert Jahre früher von dem Pharao Sesostris gebaut worden und galt als eines der Wunder der damaligen Welt. Der Kanal war auf der ganzen langen und sandigen Strecke ausgemauert, damit das Wasser nicht im Sand versickerte, und war durchschnittlich etwa drei Meter tief und breit genug, damit zwei Lastschiffe aneinander vorüberfahren konnten. Solange also der *Weg des Pilgers* mit dem Kanal parallel lief, brauchte sich Moses keine Gedanken um seine Wasserversorgung zu machen.

Was ihm im Augenblick mehr Sorgen bereitete, war der Schutz vor der Sonne und vor den Wüstenräubern. Er, als allein Reisender, war für diese Banditen sicher eine besonders leichte Beute. Diese Straßenräuber fragten auch nicht nach dem Herkommen eines Mannes. Ihnen war es gleichgültig, ob ihnen ein armer Handwerker oder ein ägyptischer Prinz in die Hände fiel. Sie würden ohne Erbarmen rauben, was sie bekommen konnten. Gewiß, Moses war bewaffnet und hatte am ägyptischen Hof sehr gut gelernt, mit diesen Waffen umzugehen. Aber allein würde er nicht viel ausrichten können, wenn er einer ganzen Horde in die Hände fiel.

In der vergangenen Nacht hatte er in Ezion-Geber gerastet, dem letzten Außenposten der Sinai-Halbinsel. Der Ort hatte nur einige Quellen und einen Palmenhain mit wenigen Bewohnern. Als er ihn verließ, war dies der endgültige Bruch mit dem ägyptischen Palast und allem anderen, das dazugehörte.

Als er an diesem Morgen seinem langohrigen grauen Reisegefährten das Gepäck auf dem Rücken festgebunden hatte, drängte es ihn, eine ganze Weile nach Westen zurückzublicken auf das Land, das noch im Dämmerschein des heraufkommenden Morgens lag. Da war das Land seiner Jugend, der Liebe von Prinzessin Hatschepsut, der Sicherheit des Palastes und all der großartigen Erwartungen für sein späteres Leben.

Dort war auch seine wahre Familie zurückgeblieben. Vater und Mutter, die er lieben und achten gelernt hatte, seine Schwester, die einst ihr Leben riskiert hatte, um ihm zu helfen, und der Bruder, dessen Herz er nun auch noch gewonnen hatte.

Tränen standen in seinen Augen, als er nach Westen starrte. Vielleicht, dachte er plötzlich, vielleicht war es doch noch nicht zu spät. Er war ja immer noch ein Prinz. Wenn er jetzt doch noch umkehrte, konnte die Überraschung, die sein Auftauchen am Königshof sicher auslösen würde, ihm helfen, sich gut zu verteidigen. Vielleicht konnten auch Hatschepsut und ihre Berater den despotischen König beeinflussen?

Doch dann hatte er über seine eigenen Gedanken den Kopf geschüttelt. Mit einem Seufzer der Resignation griff er zur Führungsleine seines Esels und zog weiter nach Osten. Nein, sagte er zu sich selbst, es hatte keinen Zweck, immer wieder an das hinter ihm Liegende zu denken. Er mußte all seine Aufmerksamkeit auf das richten, was vor ihm lag und auf den Platz, den er irgendwo zu finden hoffte.

Das neue Land, das er finden wollte, in dem es einen Ort geben würde, an dem er bleiben konnte, würde wohl so beschaffen sein, so hoffte er, daß er dort zu sich selbst finden konnte. Niemand brauchte zu wissen, daß er einst ein Sohn des Pharao gewesen war und daß man ihm göttliche Abstammung zugeschrieben hatte.

Und was seine israelitische Abstammung anging, so mochte es weise sein, auch diese vorläufig für sich zu behalten, bis er seine Zukunft etwas genauer übersehen konnte. Jedenfalls war jeder Schritt von Ägypten fort ein weiterer Schritt in die richtige Richtung.

„Komm“, sagte Moses zu seinem Esel, klopfte ihm aufmunternd und leicht auf den Rücken und schritt nach Osten, der aufgehenden Sonne entgegen. Vor ihm lag das Land Midian — und in Midian würde es einen neuen Anfang geben.

29. KAPITEL

Ein leichter Morgenwind war es, der Moses am nächsten Tag erwachen ließ. Die Sonne war am Aufgehen, und im immer heller werdenden Morgenlicht erkannte er noch deutlicher als am vergangenen Abend, daß er die Wüste nunmehr hinter sich gelassen hatte und in ein leicht hügeliges Land gekommen war, in dem sich nach allen Seiten Gras ausbreitete und in dem hier und da vereinzelt auch Bäume und Büsche wuchsen.

Der Weg aus dem Sinai hatte sich nach Norden gewandt, als Moses die Grenze des arabischen Landes erreichte. Es ging jetzt den alten Königsweg entlang, zu dessen beiden Seiten in der Vergangenheit mehr als ein Dutzend Kulturen aufgestiegen und wieder verfallen waren. Auf diesem Weg, der sich durch Palästina, den Libanon und Syrien zog, waren wohl schon mehr als hundert Armeen gezogen, einmal von Süden nach Norden, und ein anderes Mal wieder von Norden nach Süden.

Moses hatte die Straße selbst, auf der man häufiger Reisenden begegnen konnte, vermieden und war ein Stück seitab an ihr entlang gezogen. Wenn er heute weiterzog in das hügelige Grasland nach Osten, würde sein Geheimnis wohl bewahrt bleiben und er würde die Möglichkeit eines neuen Anfangs finden.

Er erhob sich von seinem Lager und streckte genußvoll seine Glieder. Zum ersten Mal, seit er Ägypten verlassen hatte, befand er sich innerlich in wirklich friedevoller Stimmung und blickte zuversichtlich in die Zukunft.

Er wußte nicht genau, wie weit er sich am Abend vorher auf der Suche nach einem geeigneten Lagerplatz noch vom Königsweg entfernt hatte. Da der Vollmond schien, war es sehr hell gewesen, und er hatte auch nach Sonnenuntergang noch ein ganzes Stück gehen können. Als er sich jetzt umschaute, erkannte er, daß er wohl in einsames Land gekommen war.

Moses erhob sich und rieb sich die letzten Reste des Schlafs aus den Augen, während er sich umschaute, wo er wohl etwas Brennbares finden könnte, um ein kleines Feuer zur Zubereitung seiner Morgenmahlzeit anzuzünden.

Ein wenig vor ihm erhob sich ein Hügel, an dessen Fuß einige Eichen und etliche Büsche beieinanderstanden. Dort würde er finden, was er brauchte, sagte sich Moses. Er warf dem Esel provisorisch den Packen und die Decken über den Rücken und ging zu dem Gebüsch. Hier band er das Tier an einem Baum fest, nahm ihm die Last wieder vom Rücken und begann Holz zu sammeln.

Als er mit einem Armvoll Holz gerade wieder zu seinem neuen Lagerplatz zurückkehrte, stutzte er plötzlich. Ihm war, als habe er Geräusche gehört. Vorsichtig ließ er das Holz zu Boden gleiten und lauschte dann aufmerksam.

Da war es wieder! Es klang zwar immer noch entfernt, schien aber näher zu kommen. Die Geräusche waren wie das Blöken von Tieren und schienen von der anderen Seite des Hügels zu kommen. Moses ergriff seine Waffen und ging vorsichtig und gebückt den Hügel hinauf, um nach der Ursache der Geräusche Ausschau zu halten. Ihm war jetzt, als würde er zwischen dem Blöken der Tiere hin und wieder auch Rufe menschlicher Stimmen vernehmen.

Oben angekommen, legte er sich ins Gras und kroch so weit nach vorn, daß er auf die andere Seite hinabschauen konnte. Was er sah, versetzte ihn in Erstaunen! Zu Füßen des Hügels erstreckte sich eine etwas größere Wasserlache, die offensichtlich von einer Quelle gespeist wurde und von Bäumen und Büschen umgeben war.

Doch die Geräusche kamen nicht von dort, sondern von einer großen Herde Schafe, die von Menschen auf diese Wasserlache zugetrieben wurden. Und die Hirten der Schafe schienen offensichtlich Frauen zu sein. Jede von ihnen trieb eine größere Gruppe der Schafe vor sich her, wobei sie sich immer wieder Scherzworte zuriefen und fröhlich lachten.

Als Moses sich von seiner Überraschung erholt hatte, begann er zu zählen und stellte fest, daß es sieben junge Frauen waren, die ihre Schafgruppen führten. Eine von ihnen, es schien die Älteste zu sein, trug einen Schleier. Doch die anderen gingen unverschleiert.

Moses fragte sich, ob er eigentlich schon wach sei oder das alles nur träumte. Vielleicht hatte die Erschöpfung der gestrigen langen Wanderung ihn in einen so tiefen Schlaf gestürzt, daß es ihm nur schwer fiel, daraus zur Wirklichkeit zurückzukehren.

Doch nein! Die Hügel, die er vor sich sah, waren so real wie der, auf dem er lag, und der Morgenwind, der über die Gräser strich, ebenfalls. Und jetzt begann sich auch die Wärme der ersten Sonnenstrahlen schon bemerkbar zu machen. Was er unter sich sah, war kein Traum. Er rückte in eine etwas bequemere Lage, um weiter zu beobachten, was geschah.

Der kleine Teich unter ihm war nicht groß genug, um alle Schafe auf einmal zu tränken, deshalb trieb jeweils eine der Hirtinnen ihre Schafgruppe zum Wasser. Moses merkte bald, daß die verschleierte junge Frau so etwas wie die Führerin war, denn sie bestimmte die Reihenfolge der einzelnen kleinen Herden.

Die Hirtinnen hatten es dabei nicht einfach, denn die Schafe drängten alle zum Wasser, und es war nicht leicht, die anderen Gruppen, die noch warten mußten, zurückzuhalten.

Moses überlegte gerade, ob er den Hirtinnen nicht bei ihrer Arbeit, die Schafe in Ordnung zu halten, helfen sollte, als er bemerkte, wie sich die Haltung der Anführerin plötzlich veränderte. Sie drehte den Kopf nach der entgegengesetzten

Seite und schien aufmerksam zu lauschen. Scheinbar hörte sie etwas, das Moses noch nicht hören konnte.

Nun wandte sie sich wieder den anderen Mädchen zu, schwenkte ihren Hirtenstock über dem Kopf und schrie laut: „Die Ismaeliten kommen wieder!"

Als die anderen Hirtinnen das hörten, entwickelten sie eine hektische Betriebsamkeit. Sie achteten jetzt nicht mehr so sehr darauf, daß die einzelnen Schafgruppen beieinander blieben, sondern versuchten, die gesamte Herde so schnell wie möglich davonzutreiben.

Es dauerte nur noch einige Augenblicke, da tauchten auf einem gegenüberliegenden Hügel drei Reiter auf Kamelen auf, die ihre Tiere kurz zügelten, zur Wasserstelle hinunterblickten und dann den Hügel heruntergeritten kamen, geradewegs auf die Schafherde der Mädchen zu.

Natürlich waren die Schafe viel langsamer und schwerfälliger als die Kamelreiter. Die drei Männer trieben ihre Kamele mitten in die Schafherde hinein und richteten dadurch unter den Schafen beträchtliche Verwirrung an. Auch ritten sie so nahe an einigen der Mädchen vorüber, daß diese von den Kamelen gestreift und zu Boden gerissen wurden. Die Schafe rannten in wilder Flucht vor den Kamelen davon, und die Reiter trieben nun ihr wildes Spiel mit den Hirtinnen, denen sie offensichtlich Angst einjagen wollten.

Mittlerweile erschien auf dem Hügel, über den schon die drei Ismaeliten gekommen waren, eine große Herde von Schafen und Ziegen, die von vier weiteren Kamelreitern getrieben wurden.

Moses geriet in mächtigen Zorn, als er sah, wie die Reiter mit den Mädchen umsprangen. Es ging ihm jetzt ähnlich wie damals, als er den Ägypter erschlagen hatte. Der Zorn ergriff ihn so sehr, daß er nicht an etwa folgende Konsequenzen dachte, sondern ohne weiter zu überlegen zur Tat schritt.

Er ergriff seinen ägyptischen Kriegsbogen und richtete ihn auf einen der Reiter, der gerade unter ihm eine fliehende Hirtin jagte. Der Pfeil schnellte von der Sehne und fuhr dem

Kamel tief in den Hals, das noch einen Galoppsprung machte und dann zusammenbrach. Dabei wurde der Reiter in weitem Bogen aus dem Sattel geschleudert und blieb liegen.

Ehe die Ismaeliten richtig begriffen hatten, was geschah, hatte Moses einen zweiten Pfeil abgeschossen. Wieder brach eines der Kamele getroffen zusammen, und der Reiter stürzte aus dem Sattel.

Moses warf seinen Umhang ab, sprang auf und stand nun in der ägyptischen Kleidung, die er immer noch trug, hoch aufgerichtet auf dem Hügel. In der einen Hand hielt er die Lanze und in der anderen den Bogen. Er blickte kurz nach hinten, schrie laute Kommandos und machte dann mit der Lanze eine weit ausholende Bewegung nach der einen Seite und mit dem Bogen eine ebensolche nach der anderen Seite. Für Beobachter mußte es so aussehen, als würde er zwei Abteilungen von Kriegern den Befehl geben, von rechts und links in das Tal hinabzustürmen.

Die Ismaeliten schienen zu einer ähnlichen Schlußfolgerung zu kommen. Sie waren schon verwirrt durch die am Boden liegenden Kamele. Als sie nun einen Fremden, bewaffnet und in ägyptischer Kleidung, auf dem Hügel stehen sahen, der anderen offensichtlich Befehle zurief, begannen sie, ihre Herde wieder zurückzutreiben.

Einer der Ismaeliten bei der Herde kam schnell zu dem einen Gestürzten geritten, der sich in der Zwischenzeit wieder aufgerichtet hatte, zog ihn auf sein Kamel und ritt eiligst davon. Genauso verfuhr der dritte der ersten drei Reiter. Er bemühte sich um den anderen, der vom Kamel gestürzt war, und floh mit ihm. Innerhalb weniger Minuten war von den Ismaeliten und ihrer Herde nichts mehr zu sehen.

Nun blickte Moses sich wieder nach den Mädchen um. Die standen in einiger Entfernung und hatten erstaunt beobachtet, was da geschah. Auch sie erwarteten wohl, daß nun gleich Krieger auftauchen würden. Doch nichts rührte sich, und auch Geräusche einer anmarschierenden Truppe waren nicht zu hören. Nur der Fremde stand nach wie vor einsam drüben auf dem Hügel.

Endlich stieg Moses den Hang hinunter zur Wasserstelle und winkte den Hirtinnen auffordernd zu. Als sie zögernd näher kamen, rief er: „Habt keine Angst, es ist alles in Ordnung!“

Da schon viele der Schafe getrunken hatten, war die Wasserlache ziemlich leer. Moses sah einen ledernen Eimer liegen, den eines der Mädchen wohl bei ihrer Flucht verloren hatte. Er ergriff ihn, ging zur Quelle, wo er ihn füllte und zu der Wassertränke zurückbrachte. Hier schüttete er ihn hinein. Mit dieser Arbeit fuhr er fort.

„Sammelt eure Schafe und laßt die anderen auch noch trinken“, forderte er die Hirtinnen auf, die sich, immer noch verwundert, sofort an die Arbeit machten.

Bald hatten die Mädchen ihren Schreck überwunden. Unter fröhlichen Rufen sammelten sie ihre verschiedenen Herden und führten auch die noch zur Tränke, die noch kein Wasser gehabt hatten.

Moses hatte bisher eifrig Wasser geschleppt. Doch nun, da die Arbeit getan war, wandte er sich an die Mädchen, die den stattlichen Fremden auch voller Interesse beobachteten, und fragte: „Warum wollten die Ismaeliten euch verjagen?“

„Die Quelle und die Tränke gehören unserem Vater“, bekam er zur Antwort. „Wir kommen jeden Tag hierher. Doch manchmal erscheinen auch diese Ismaeliten mit ihrer großen Herde. Dann reicht das Wasser nicht für beide Herden, und sie verjagen uns. In letzter Zeit haben sie es dabei immer schlimmer getrieben. Ihre große Herde trinkt die Tränke immer leer, so daß wir stets lange warten müssen, bis wieder genug Wasser nachgelaufen ist.“

„Kann euer Vater nichts dagegen tun?“ fragte Moses.

„Er könnte schon“, antwortete die verschleierte Wortführerin. „Doch er möchte nach Möglichkeit mit den Ismaeliten in Frieden leben. Doch wenn sie es weiter so schlimm treiben wie in der letzten Zeit, wird er etwas unternehmen müssen.“

Moses nickte zustimmend. Doch nun fragte die Führerin der Mädchen: „Wer seid ihr, und wo sind eure Helfer?" Sie blickte sich nach allen Seiten um. „Ihr seid doch ein Ägypter, Herr?" fügte sie fragend hinzu.

Moses lächelte und antwortete: „Ich bin allein. Doch meine kleine List hat gewirkt, wie ihr seht. Die Ismaeliten sind geflohen."

Als die Mädchen begriffen, wie es wirklich gewesen war, mußten sie zunächst lachen, als sie an die überstürzte Flucht der Kamelreiter dachten. Doch dann meinte die verschleierte Anführerin kopfschüttelnd: „Du hast ein großes Risiko auf dich genommen, Herr. Wenn die Ismaeliten deine List durchschaut hätten, konnte es dich das Leben kosten. Wir sind dir sehr dankbar." Dabei blickten ihn ihre großen dunklen Augen voller Bewunderung an.

Für einige Augenblicke schauten sich die beiden aufmerksam an, dann wiederholte die Hirtin ihre erste Frage: „Wer bist du?"

Einen Augenblick zögerte er, dann deutete er eine leichte Verbeugung an und erwiderte: „Ich bin Moses. Mein Name ist Moses."

30. KAPITEL

Moses saß nachdenklich im Schatten seines kleinen Zeltes und überlegte. Eigentlich hatte er allen Grund, schleunigst weiterzuziehen. Obwohl er zunächst geglaubt hatte, er sei in eine einsame Gegend gekommen, hatte er erleben müssen, daß er hier an eine umstrittene Wasserstelle geraten war. Wenn er länger blieb, würde das Geheimnis seiner Herkunft sicherlich entdeckt werden. Trotzdem entschloß er sich, den Tag an diesem schönen Ort zu verbringen und erst am nächsten weiterzuziehen.

Die Mädchen, vor allem ihre Führerin, hatten sich nur sehr zögernd von ihm verabschiedet und waren mit ihren Schafen weitergezogen. Seit sie verschwunden waren, hatte eine seltsame Lethargie ihn ergriffen.

Seit seiner Flucht hatte er ständig in großer Spannung gelebt. So sehr ihm dies auch zugesetzt hatte, war er dadurch doch andererseits immer wieder vorwärtsgetrieben worden. Und das Abenteuer des heutigen Morgens war noch eine weitere Herausforderung für ihn gewesen. Doch nun, nachdem kaum noch Gefahr bestand, in ägyptische Hände zu fallen, ließ diese Spannung nach. Das Schweigen der Hügel rundum machte ihm seine Einsamkeit noch besonders bewußt, und dazu kam die Tatsache, das er kein wirkliches Ziel hatte.

Gewiß, er würde wieder einen anderen Lagerplatz finden. Aber wie viele würden es noch sein, und wo würde seine Flucht enden? Er war vor seiner Vergangenheit geflohen, aber nun stand die Zukunft wie ein großes leeres Loch vor ihm. Und dabei mußte er auch immer wieder an die großen dunklen Augen der verschleierten jungen Frau denken, die ihn so bewundernd angeschaut hatten.

Da er an diesem Tag rasten wollte, beschloß er, sich nach dem kärglichen Mittagsmahl, daß er sich bereitete, ein Schläfchen zu gönnen. Die hinter ihm liegenden Wochen waren anstrengend genug gewesen, und was vor ihm lag, wußte er noch nicht. Da war es gut, ausgeruht zu sein.

Moses schlief länger, als er geglaubt hatte. Er schreckte auf, weil er meinte, seinen Namen gehört zu haben. Doch das konnte nicht sein. Er hatte wohl geträumt. Am Stand der Sonne erkannte er, daß der Nachmittag schon ziemlich vorgerückt war.

Doch jetzt hörte er seinen Namen wieder und erkannte auch die Stimme. Es war die verschleierte junge Hirtin, die ihn rief. Ihm wurde bewußt, daß bei dieser Erkenntnis sein Herz erregt zu klopfen begann.

Er konnte sich zwar nicht denken, was sie wollte, steckte aber seinen Kopf aus dem Zelt heraus. Dabei sah er erstaunt, daß die junge Frau nicht mehr verschleiert war. Als er jetzt ihr braunes Gesicht studierte, fand er sie noch schöner, als er es sich ihrer Augen wegen vorgestellt hatte.

„Was willst du?“ fragte er und bemerkte, daß seine Stimme einen unsicheren Klang hatte.

Die junge Frau lächelte und bemerkte: „Du bist also noch hier. Das freut mich sehr.“

Sie stand nun direkt vor ihm, und Moses bewundert jetzt auch ihre hohe, schlanke Gestalt. Dabei bewegte sie sich so anmutsvoll wie eine ägyptische Prinzessin. Und sie war, wie er bald erfuhr, tatsächlich eine Prinzessin, denn ihr Vater war ein midianitischer Priester und ein angesehener Führer seines Stammes. Doch bis jetzt kannte er sie nur als ein Hirtenmädchen, die täglich ihre Schafe über diese Hügel trieb.

„Mein Vater wird sich auch freuen“, fügte sie jetzt hinzu.

„Dein Vater wird sich freuen? Wieso?“ fragte Moses begriffsstutzig.

„Natürlich", lachte sie. „Wir haben ihm erzählt, wie du uns heute geholfen hast. Da war er ganz unzufrieden mit uns, weil wir dich nicht gleich mitgebracht hatten. Nun hat er mich geschickt, um dich einzuladen."

„Dein Vater möchte mich kennenlernen?" staunte Moses mit gemischten Gefühlen, weil er nicht wußte, was dabei herauskommen konnte.

„Nur kennenlernen?" lachte sie wieder. „Nein, nein, er will dich belohnen!" Dabei strahlte ihn das Mädchen so an, als müsse er bei diesen Worten die tiefere Meinung, die dahinter lag, von selbst verstehen.

Moses, der von midianitischen Sitten kaum etwas verstand, meinte kopfschüttelnd: „Belohnen? Aber das ist wirklich nicht nötig. Aber es wird mir eine Ehre sein, deinen Vater kennenzulernen."

Zu seinem Erstaunen bemerkte er, daß seine Antwort der jungen Frau scheinbar überhaupt nicht gefiel. Sie starrte ihn erschrocken an, während ihr die Röte in ihr braunes Gesicht stieg. Moses konnte sich nicht denken, womit er sie wohl verärgert hatte. Und als ihre Laune plötzlich umschlug und sie mürrisch wurde, war er noch mehr verwundert.

„Komm jetzt und beeile dich!" sagte sie kurz. „Wir haben noch einen langen Weg vor uns, und mein Vater erwartet dich zum Abendessen bei uns."

Moses wollte ihr nochmals für die Einladung danken. Doch sie hatte sich schon abrupt umgedreht und ging langsam voran. Er mußte sich beeilen, seine Sachen zu packen und auf dem Esel zu verschnüren, damit er ihr noch folgen konnte.

Als er sie endlich eingeholt hatte, ging sie schneller als bisher. Moses hatte große Mühe, mit ihr Schritt zu halten. Es wurde schon langsam dunkel, als er endlich außer Atem sagte: „Könntest du nicht ein wenig langsamer gehen? Ich . . . mein Esel muß sich etwas ausruhen."

Das Mädchen drehte sich einen Augenblick um und wartete auf ihn, während sie ihn ungeduldig anschaute.

„Ist es noch weit?“ fragte Moses.

„Nicht mehr weit“, antwortete sie kurz und zeigte auf einen in der Ferne sichtbaren Ring von Lichtern, die anzeigten, daß dort ein großes Hirtenlager war.

Erleichtert seufzte Moses tief auf. Doch seine Führerin hatte sich schon wieder in Bewegung gesetzt und lief mit unverminderter Geschwindigkeit vor ihm her.

Moses machte noch einen Versuch, sie aufzuhalten, und rief: „Es ist wirklich sehr freundlich von dir, mich einzuladen!“

Die junge Frau blieb nur einen Augenblick stehen, blickte kurz zurück und antwortete: „Gastfreundschaft ist bei uns Arabern etwas Selbstverständliches!“

31. KAPITEL

Moses Niedergeschlagenheit verschwand bald, als er das Hirtenlager erreichte. Die Lebhaftigkeit und Fröhlichkeit, die bei den Midianitern herrschte, sowie die Farbenpracht ihrer Zelte und die prächtige Innenausstattung zeigte ihm, daß man auch hier zu leben verstand. Er hatte sich schon an jenem Abend in Migdol amüsiert über die Lebendigkeit der Araber am Lagerfeuer, doch all das wurde in diesem jeweils längere Zeit bestehenden großen Lager des Stammes weit übertroffen.

Als er den hell erleuchteten Lagerplatz der vielen Zelte betrat, wurde er von einer ganzen Schar von Menschen freundlich lächelnd begrüßt. Doch inmitten all der anderen fiel ein Mann sofort auf. Er war eine der beeindruckendsten Persönlichkeiten, der Moses je begegnet war. Er war der Vater der sieben Mädchen, und auf den ersten Blick konnte man erkennen, daß er viel mehr war als nur ein Schafhirte.

Dieser würdige Mann, mit einer langen Robe bekleidet, trat jetzt aus der Menge heraus, um den Ägypter mit ausgebreiteten Armen zu begrüßen. „Willkommen! Willkommen!“ rief er und verbeugte sich dabei mehrmals. Sein langer Bart und auch das wallende Haar, das sein lederartiges Gesicht umgab, war glänzend schwarz, hier und da konnte man allerdings darin schon einige silberne Fäden erkennen.

Doch das Bemerkenswerteste an ihm war sein Schmuck. Während die Araber es im allgemeinen liebten, sich mit Perlen, Juwelen und ähnlichem zu schmücken, trug dieser Mann in Ketten und Ringen Zeichen und Ornamente, die eher religiösen Charakter hatten. Da sie Ähnlichkeit hatten mit den Dingen, die auch Jannes bei bestimmten Gelegenheiten trug, nahm Moses an, daß auch er irgendwie ein „heiliger Mann“ sein müsse.

Doch während die Ornamente und Zeichen der Ägypter symbolhaft für ihre Götter waren und Früchte, Stiere, Schlangen und ähnliches trugen, waren bei allem, was dieser Mann trug, keine solchen Bilder zu sehen, sondern neben Ornamenten hauptsächlich semitische Schriftzeichen. Moses konnte diese Zeichen nicht lesen, da sie zu klein waren. Doch er fragte sich, welcher Gott damit angesprochen werden sollte.

Die Hirtin, die Moses hergebracht hatte, nahm eine betont gleichgültige Haltung ihm gegenüber ein. So kurz wie möglich sagte sie: „Vater, das ist der Mann, der uns geholfen hat. Sein Name ist Moses, und er kommt aus Ägypten.“ Sich an den Gast wendend, fügte sie zurückhaltend hinzu: „Und das ist unser Vater Jethro Reguel.“ Dann trat sie schnell beiseite und stellte sich zu ihren Schwestern, die leise miteinander flüsterten und aufmerksam ihren interessanten Gast betrachteten.

„Du hast dich sehr für meine Töchter eingesetzt“, sagte der Gastgeber und verbeugte sich nochmals. „Ich bitte dich, nimm an unserem Abendessen teil.“

Ohne eine Antwort abzuwarten, klatschte der bemerkenswerte Mann in die Hände, und sofort begann rundum eine allgemeine Aktivität. Diener und Dienerinnen sowie die Frauen brachten große mit Speisen und Früchten beladene Tabletts herbei sowie Becher und Weinschläuche und große Gefäße mit aromatischem Tee und duftendem schwarzen Kaffee.

Als alles zur Zufriedenheit des Gastgebers hergerichtet war, traten einige der sieben Schwestern zu dem Gast, nahmen ihn bei den Armen und führten ihn zu einem aus Kissen vorbereiteten Sitz am Anfang der Tafel. Hier sollte Moses neben Jethro und dessen erstgeborenem Sohn, einem stattlichen Araber namens Hobab, sitzen.

Kaum hatten die drei Männer Platz genommen, wurden ihnen auch schon Platten mit Speisen gereicht und Musik begann zu spielen. Aus allen Teilen des großen Lagers kamen noch weitere Männer herbei, die ebenfalls an dem Gastmahl teilnahmen.

Die sieben Schwestern kamen nicht mit zum Mahl, sondern begannen zum Rhythmus der Musik zu tanzen. Ihre im Schein des Feuers und der vielen Lampen leuchtenden bunten Gewänder, ihre graziösen Bewegungen und die leuchtenden Augen ergaben ein prächtiges Bild. Dabei versuchten sie alle immer wieder mit ihren Blicken die Aufmerksamkeit des Gastes zu erhaschen. Nur die älteste Schwester vermied es, Moses auch nur einmal anzuschauen. Sie schien, aus welchem Grund auch immer, noch zornig auf Moses zu sein.

Wenn dem Priester das seltsame Benehmen seiner Ältesten aufgefallen war, ließ er sich davon jedenfalls nichts anmerken. Er beugte sich zu Moses, deutete auf sie und flüsterte: „Ist sie nicht wunderschön?“ Dabei lächelte er wie eine zufriedene Katze.

Moses nickte und antwortete: „Das ist sie wirklich. Wie ist ihr Name?“

„Zipporah“, antwortete der Vater. „Ich freue mich, daß sie dir gefällt.“

Die Betonung, mit der diese Worte gesagt wurden, sollte wohl bei Moses etwas erreichen. Doch Moses schenkte dem keine Beachtung, sondern meinte: „Zipporah, das heißt doch *Vögelchen,* ja?“

„Ja“, nickte der Gastgeber grinsend. „Und sie ist doch auch so graziös und fein wie ein kleines Vögelchen.“

„Das ist sie wirklich“, stimmte Moses zu. „Sie ist wunderschön.“

„Du scheinst ein vornehmer und einflußreicher Mann zu sein“, sagte Jethro wie nebenbei und betrachtete Moses feine ägyptische Kleidung. „Ich vertraue darauf, daß du so für sie sorgen wirst, wie sie das gewöhnt ist.“

Die so leicht hingeworfenen Worte brauchten einige Zeit, bis Moses ihre Bedeutung begriff. Dann fragte er erstaunt: „Was hast du eben gesagt?“

„Das Mädchen“, wiederholte Jethro und zeigte nochmals auf seine Älteste, „du wirst doch in der Weise für sie sorgen, wie ...“

„Willst du damit sagen, daß du mir das Mädchen zur Frau gibst?“ unterbrach Moses ihn. Er merkte gar nicht, wie laut er gesprochen hatte. Doch plötzlich brach die Musik ab, und alle blickten ihn an. Die Schwestern unterbrachen verblüfft ihren Tanz und betrachteten ihn erschrocken.

Jethro lehnte sich zurück und blickte ihn erstaunt an. „Hast du das nicht gewußt?“ stammelte er. „Von all meinen Töchtern ist bisher nur sie im heiratsfähigen Alter. Deshalb trug sie einen Schleier. Doch zu dir kam sie unverschleiert. Du hast nicht gewußt, was das bedeutet?“

Moses war zwar überrascht gewesen, als die junge Frau plötzlich unverschleiert zu ihm kam. Doch da er die arabischen Sitten zu wenig kannte, hatte er den Sinn dieser Geste nicht begriffen.

Moses fühlte, wie ihm das Blut in den Kopf stieg. Hobard, der älteste Bruder, und einige andere Männer der Gruppe legten ihre Hände auf die kurzen Dolche, die sie am Gürtel trugen.

„Es ... es tut mir leid“, stotterte er verlegen. „Doch eure Sitten sind anders als die in Ägypten.“

Für einen langen Augenblick herrschte gespanntes Schweigen, während Hobab und einige andere ihre Dolche nicht losließen. Nur Jethros Wort stand zwischen Moses und dem Tod.

„So, so“, nickte der Priester nachdenklich, sprach dabei aber so laut, daß jeder ihn verstehen konnte. „Du verachtest meine Tochter also nicht, sondern hast nur nicht verstanden, was ohne ihren Schleier gesagt werden sollte?“

Rundum erhob sich erwartungsvolles Gemurmel. Moses erkannte, daß es keinen Ausweg gab. Sagte er, er verachte sie durchaus nicht, so würde er sie hier und jetzt als seine Frau akzeptieren müssen. Das war für ihn, als heimatlosen Flüchtling, besorgniserregend genug. Sagte er aber, er wolle sie nicht haben, so würde er den morgigen Tag nicht mehr erleben. „Jahwe, hilf mir!" betete er innerlich. „In was bin ich da nur geraten?"

Die Stille wurde immer drohender. Moses Augen wandten sich von Jethro ab und wanderten zu Zippora. Wieder mußte er sich eingestehen, was er schon das erste Mal gedacht hatte. „Sie ist wirklich sehr schön!"

Es war ihm kaum bewußt, daß es seine eigene Stimme war, als er Jethro jetzt antwortete: „O nein, ich verachte Zipporah keineswegs!"

32. KAPITEL

Der Wüstenwind spielte mit den breiten bunten Bändern des Hochzeitszeltes, so daß diese fröhlich flatterten. Es war kurz vor Sonnenaufgang, und das Licht der Morgendämmerung ließ es auch im Zelt langsam hell werden.

Moses, noch schlaftrunken, erwachte zuerst. Einige Minuten blieb er noch still liegen und lauschte auf die Geräusche, die von draußen zu hören waren. Dann drehte er den Kopf und blickte auf Zipporah, die neben ihm noch ruhig schlief. Er beugte sich zu ihr und flüsterte: „Kleines Vögelchen, wie kann es nur sein, daß ich dich so sehr liebe?"

Da umspielte ein leichtes Lächeln Zipporahs Mund, die auch schon einige Augenblicke wach war und nur die Augen geschlossen gehalten hatte. Sie blickte ihn jetzt an. „Auch ich liebe dich sehr, Moses", sagte sie und zog ihn an sich.

Einige Zeit lagen sie so nebeneinander, bis Zipporah versonnen meinte: „Ist es nicht wie ein Wunder, daß wir uns gefunden haben? Vielleicht ist es der Herr gewesen, der dich zu mir gebracht hat?"

Moses fuhr überrascht auf und blickte sie fragend an. „Der Herr?" staunte er. „Sprichst du von Jahwe?"

Keine andere Religion sprach mit so einfachen Worten von ihrem Gott. Konnte es sein, daß Jethro zu demselben Gott betet wie Amram und sein Volk?

Zipporah schlug die Augen nieder, weil sie fürchtete, ihren ägyptischen Gatten beleidigt zu haben. „Es tut mir leid", sagte sie, „meine Worte waren unbedacht."

„Nein, nein", widersprach Moses und strich ihr beruhigend über das Haar. „Da wir von nun an ein gemeinsames Leben führen, sollte ich schon wissen, was du glaubst. Betest du zu dem Wüstengott?"

Eine solche Bezeichnung überraschte Zipporah durchaus nicht. Für einen Ägypter war Jahwe wahrscheinlich nichts anderes als eine kleine Stammesgottheit.

„Ja", nickte sie, „dem Wüstengott. Doch mein Vater kann dir viel mehr darüber erzählen als ich."

Moses spürte, daß ihr diese Bezeichnung für ihren Gott durchaus nicht gefiel, daß sie aber auf dieses Thema auch nicht weiter eingehen wollte.

Zu den Sitten der Midianiter und aller anderen Wüstenbewohner gehörte es, daß einem jung verheirateten Paar eine Woche für sich selbst zugestanden wurde. Natürlich war in einem Zeltlager die private Sphäre längst nicht so erreichbar wie in festen Häusern, sondern man nahm immer ein Stück auch am Leben der anderen Teil.

Das galt auch für jung Verheiratete, owohl das Hochzeitszelt immer ein wenig abseits von den anderen Zelten stand. Diese erste Woche des persönlichen Zusammenlebens war deshalb hauptsächlich eine Zeit, in der das junge Paar an der Arbeit und den Aktivitäten des Stammes nicht teilzunehmen brauchte. Und Moses genoß die Tage allein mit Zipporah voll und ganz.

Jethro hatte ihn einen reichen und bedeutenden Mann genannt, und er hatte seinen Schwiegervater vorerst bei dieser Meinung gelassen. Doch bald würde er mit ihm über Zipporahs Zukunft sprechen wollen. Und Moses hatte außer dem Geld, das ihm während seiner Flucht noch übrig geblieben war, nichts weiter aufzuweisen.

Als nun der Tag näherrückte, an dem er Jethro über seine Lage aufklären mußte, ergriff ihn wieder eine leise Angst. Er hatte sein Leben gerettet, indem er aus Ägypten geflohen war. Und nun hatte er einige sehr schöne Tage mit Zipporah verlebt. Doch er hatte keine Ahnung, was geschehen würde, wenn seine Geschichte bekannt wurde. Würde die Tatsache, daß er Zipporahs Mann war, Sicherheit bedeuten, oder würden die Araber so zornig werden, daß sie ihn töteten? Er würde es bald genug wissen.

Am Morgen des achten Tages nach der Hochzeit kam Jethro Reguel zum Hochzeitszelt. Er weckte seinen Schwiegersohn in dem Augenblick, als der erste Streifen der Dämmerung am östlichen Horizont erschien, und rief ihn aus dem Zelt. Außer den Wachen schlief das ganze Lager noch. Doch Jethro hatte sich von den Wächtern ein wenig seitab vom Wachfeuer ein zweites kleines Feuer herrichten lassen, über dem ein Gefäß mit dampfendem Tee hing.

Zu diesem kleinen Feuer führte er nun Moses, forderte ihn auf, sich zu setzen und reichte ihm einen Becher des wärmenden und belebenden Getränks. Danach legte er die Hände über seinen Knien zusammen und studierte seinen Schwiegersohn, wie man ein offenes Buch liest. „Die Zeit ist nun gekommen", sagte er dann einfach.

Moses trank langsam seinen Tee und nickte nachdenklich: „Ja, so ist es."

„Hast du die Absicht, meine Tochter mit nach Ägypten zu nehmen?" begann der Priester.

Diese Frage traf Moses unvorbereitet. „Würdest du das denn erlauben?" stammelte er.

„Sie ist jetzt deine Frau", antwortete Jethro. „Doch du hast recht, ich würde es nicht erlauben. Tätest du es, so würde ich dich jagen wie einen Fuchs und töten, noch ehe du die Arabah erreicht hättest."

Moses wurde von diesen Worten keinesfalls überrascht, da er damit gerechnet hatte. „Also gut", lenkte er ein. „Diese Möglichkeit scheidet aus." Natürlich wäre das für Moses in keinem Fall in Frage gekommen. Doch das verschwieg er und wartete darauf, wie der Ältere das Gespräch weiterführen würde. Doch was dann kam, hätte er nie erwartet.

Jethro blickte nachdenklich in das kleine Feuer und fragte eher beiläufig: „Wovor warst du auf der Flucht, als du zu uns kamst?“

Moses war so überrascht, daß er einen Teil des Tees verschüttete, der ihm heiß über die Finger lief. „Woher weißt du das?“ war alles, was er herausbrachte.

Der Priester kicherte leise und erklärte: „Wie hätte man das nicht erkennen sollen? Du hast ganz den Eindruck eines Flüchtlings gemacht, als du in deinen vornehmen Kleidern hier, auf der anderen Seite der Wüste, ankamst und nur einen Esel bei dir hattest. Hältst du uns für Toren?“

Moses schüttelte den Kopf. „Aber, was ist dann mit Zipporah?“ stammelte er. „Warum hast du . . .?“

„Warum ich meine älteste Tochter einem Flüchtling zur Frau gegeben habe?“ Jethro wiegte den Kopf hin und her und spreizte die Hände, als wisse er selbst keine rechte Antwort. „Vielleicht bin ich ein Narr, weil ich sie dir gegeben habe?“ räumte er ein. „Doch ich kann nur sagen, daß ich in den vielen Jahren meines Lebens gelernt habe, daß der Himmel uns manchmal seltsame Wege führt.“

Mehr fügte er nicht hinzu. Doch auf Moses hatte der Glaube, der in diesen schlichten Worten zum Ausdruck kam, eine seltsam befreiende Wirkung. Dieser Midianiter war ja ein Priester.

Moses wußte zwar noch nicht, was das bei den Midianitern bedeutete und wie sein Schwiegervater zu diesem Amt gekommen war, doch immerhin mußte man seinen Worten Gewicht zumessen.

Plötzlich wurde dem Flüchtling klar, daß er nicht weiter fliehen wollte, sondern daß er bereit war, sich dem Urteil dieses Mannes zu beugen, mochte es nun Freiheit oder Untergang bedeuten.

„Ich bin Moses, Sohn der Hatschepsut, Sohn der Königin Ägyptens“, bekannte er. „Ich bin ein Flüchtling, weil ich ein Mörder bin. Habe Erbarmen mit mir, heiliger Mann. Habe Erbarmen!“

33. KAPITEL

Moses lehnte am Stamm einer Akazie und blickte über die grasbewachsenen sandigen Hügel des Weidelandes seines Schwiegervaters. Tief atmete er die Luft ein, die vom Meer herüberwehte. Jethros Stamm war vor einiger Zeit von dem Land am Rande der Wüste nach hier, an das Ufer des Golfs von Akaba, gezogen, wo er durch Verträge mit den Nachbarstämmen diese Weiden für seine Herden während der Sommerzeit gepachtet hatte.

Es war hier etwas kühler als im Inneren des Landes. Der feuchte Wind vom Meer her erinnerte Moses an das Niltal. Doch Moses war immer aufs neue dankbar, weil das Land des Pharaos hinter ihm lag.

Der ägyptische Prinz lebte nun schon mehr als zwei Jahre bei den Midianitern. Und es war die glücklichste Zeit seines bisherigen Lebens gewesen. In dieser Zeit hatte er das Leben in der Wüste und diese einfachen Menschen hier kennengelernt. Er trug das weite Gewand des Nomaden und hatte sich einen Bart wachsen lassen. Er hatte hier eine solche Freiheit erlebt, die am ägyptischen Hof, wo alles nach einengenden Regeln und Vorschriften ging, nicht einmal denkbar war.

Gewiß waren diese Hirten, mit denen er lebte, einfache Menschen, aber deshalb waren sie keinesfalls unwissend. Jethro selbst und sein Stamm hatten viele der alten Überlieferungen sorgfältig gehegt, so daß Moses im Blick auf den hebräischen Glauben auf manchen Gebieten hier tiefere Erkenntnisse und Einsichten erhielt als bei den unterdrückten Israeliten in Ägypten.

Während Männer wie Amram, die viele Leiden ertragen mußten, ihm vieles über Vertrauen und Hoffnung gesagt hatten, waren manche mündlichen Überlieferungen bei den hebräischen Sklaven nicht so gut bewahrt worden wie bei den Midianitern. Die Religion und Überlieferungen der Midianiter waren nicht so sehr den sie umgebenden Einflüssen ausgesetzt gewesen, wie es bei den Israeliten am Nil durch die sie beherrschenden Ägypter der Fall war.

Jethros Theologie war, ähnlich wie die der israelitischen Leviten, sehr eng mit der Geschichte seines Volkes verbunden. Sie war auch objektiver, das hatte der Prinz an dem Tag erkannt, an dem er dem Priester seine wahre Identität enthüllt hatte.

In großer Offenheit hatte er damals seine gesamte Lebensgeschichte an dem morgendlichen Lagerfeuer vor Jethro ausgebreitet und erklärt, daß er zwei Mütter hatte. Seine dunklere Haut kam von seiner von Nubiern abstammenden Mutter, und seine Pflegemutter, die Prinzessin Hatschepsut, hatte ihn in einem schwimmenden Korb auf dem Nil gefunden und ihm damit das Leben gerettet.

„Meine eigentlichen Eltern waren Sklaven", berichtete er, überging aber die Tatsache, daß sie Israeliten waren. „Die Prinzessin hat mich adoptiert und erzogen. Sie hat nie gewußt, daß meine Amme auch meine natürliche Mutter war."

„Der Ruf von Hatschepsut als einer großzügigen und edlen Dame ist sogar bis in unser Land gedrungen", bestätigte Jethro. „Ich erinnere mich auch daran, gehört zu haben, daß sie einen Sohn adoptierte, weil sie nicht heiraten wollte."

Was in Ägypten geschah, war auch für viele andere Völker wichtig. Deshalb war es nicht überraschend, daß die Berichte vom Pharaonenhof bis zur Rückseite der Wüste gelangten.

„Aber warum hat deine wirkliche Mutter dich auf dem Nil ausgesetzt?" fragte der Priester. „War deine Familie so arm, daß sie dich nicht ernähren konnte?"

Für einen Araber war nichts wichtiger als seine Kinder, vor allem die Söhne. Und freiwillig einen Sohn herzugeben, war nahezu undenkbar.

„Sie waren sehr arm", bestätigte Moses. „Aber es gab einen anderen Grund. Vor vielen Jahren hatte ein Pharao befohlen, daß bestimmte männliche Sklavenkinder getötet werden sollten. Mich betraf dieses Gebot auch. Doch meine Eltern hofften, mir das Leben retten zu können, indem sie mich in diesem Korb auf den Nil setzten. Aber wäre nicht die Prinzessin gewesen . . ."

Er beendete den Satz nicht, weil Jethro ihn nachdenklich anschaute und sich dabei über seinen Bart strich. Der Prinz ahnte seine Gedanken, und ihm wurde deshalb ungemütlich zumute.

„Ich erinnere mich an diesen Befehl des Pharaos", nickte der Priester endlich. „Doch der betraf nicht die nubischen Babys."

„Du bist ein sehr gut informierter Mann", staunte Moses.

Jethro nickte. „Glaube nicht, wir Nomaden lebten außerhalb der übrigen Ereignisse dieser Welt. Auch der Hirte kann keine isolierten Wege gehen. Um zu überleben, muß er sich um viele Dinge kümmern. Ereignisse, die Hunderte von Kilometern entfernt von seinen Weiden geschehen, können sein Leben leichter oder schwerer machen. Wir sind immer recht gut informiert."

„Das wird mir immer klarer", bestätigte Moses. „Und da dies so ist, kannst du dir sicherlich den Rest selbst zusammenreimen. Ich bin eigentlich kein Nubier, obwohl meine Mutter auch nubischer Abstammung ist, sondern ich bin — Israelite!"

Als er dies sagte, mußte Moses an die midianitischen Händler in Migdol denken, wie wütend sie auf das Wort *Israelite* reagiert hatten. Deshalb staunte er nun um so mehr, als er bemerkte, wie Jethros Gesichtszüge von Verwunderung in Freude übergingen.

„Gott sei gepriesen!" rief der Priester plötzlich, erhob

die Arme in die Luft und lachte laut. „Gott sei gepriesen! Du bist ein Sohn Abrahams!"

Damit umarmte er Moses und zog ihn an sich. Freudentränen liefen über sein Gesicht, als er fortfuhr: „Jetzt beginne ich alles zu verstehen. Jahwe hat mich auf die Probe gestellt. Er wollte den Glauben dieses alten Mannes prüfen, als Er mich denken ließ, ich müßte meine Tochter einem Ägypter zur Frau geben, obwohl du die ganze Zeit ein Sohn Abrahams warst!"

Als er Moses endlich wieder losließ, staunte dieser kopfschüttelnd: „Du bist nicht zornig?"

„Zornig? Ich war noch nie so zufrieden", gab Jethro zurück.

„Aber", wandte der Prinz ein, „ich dachte, die Midianiter hassen die Israeliten?"

„Wieso kommst du auf diese Idee?" fragte der Ältere. „Natürlich gibt es solche in unserem Volk, die es mit den Ismaeliten halten. Doch du selbst hast ja bei deiner Ankunft hier schon gemerkt, daß wir keine Freunde der Ismaeliten sind."

Moses dachte an die Kamelreiter, die Zipporah und ihre Schwestern von der Tränke vertrieben hatten, und nickte. „Ich habe schon von Ismael gehört", fügte er hinzu. „Er war Isaaks Bruder."

„Sein Halbbruder", korrigierte Jethro und spuckte verächtlich aus. „Es gibt solche, die glauben, Ismael sei der rechtmäßige Erbe Abrahams. Aber das ist eine Lüge!"

Er begann zu erklären, daß auch die Midianiter Nachkommen Abrahams waren, und zwar durch seine zweite Frau Keturah. „Abraham hatte mit Keturah noch sechs Söhne", berichtete er. „Einer davon war Midian, der Vater unseres Volkes. Midian hatte fünf Söhne, und diese bilden noch heute die fünf Stämme der Midianiter.

Einige von uns haben dann begonnen, mit den Söhnen Ismaels Handel zu treiben. Die anderen aber trieben mehr Handel mit den Nachkommen Isaaks. Es schien so, als ob alle sich für den einen oder anderen entscheiden müßten. Meine Vorfahren und wir sind bis heute noch der festen Überzeugung, daß Isaak der wahre Erbe Abrahams ist. Deshalb sind die Ismaeliten auch stets unsere Feinde gewesen."

Er schwieg einige Augenblicke und fuhr dann lächelnd fort: „Damit will ich nicht sagen, daß die anderen immer mit den wilden Söhnen Ismaels in Frieden und Eintracht leben konnten. Denn das ist wirklich nicht sehr leicht. Doch das bestätigt nur die Prophezeiung."

„Welche Prohezeiung?" wollte Moses wissen.

„Unser Vater Abraham sagte voraus, Ismael würde ein *wilder Mann* sein. Er sagte: Er wird ein Mensch sein wie ein Wildesel. Seine Hand gegen alle, und die Hände aller gegen ihn!"

„Sie sind wirklich ein Volk, das man fürchten muß", bestätigte Moses. „Welchem Gott dienen sie denn?"

Der Priester zuckte fragend mit den Schultern. „Das, mein Sohn, ist mir ein Geheimnis. Sie behaupten, den Gott Abrahams anzubeten, so wie du und ich. Doch wenn sie das wirklich tun, dann haben sie eine sehr seltsame Einstellung zur wahren brüderlichen Gemeinschaft. Meinst du nicht auch?"

All dies war neu für Moses. Doch er wurde davon völlig gefangengenommen. Kopfschüttelnd bekannte er: „Ich habe noch viel zu lernen, Vater."

So kam es, daß Jethro Moses Lehrer wurde und daß der Flüchtling nun schon seit mehr als zwei Jahren jede Gelegenheit nutzte, um sich von dem Priester unterrichten zu lassen.

Doch da Moses ein gebildeter Mann war und am Pharaonenhof auch lesen und schreiben gelernt hatte, speicherte er alles, was er hörte, nicht nur sorgfältig in seinem Gedächtnis, sondern begann, es niederzuschreiben. Er ließ sich von Ägypten Papyrus und das nötige Schreibzeug besorgen und schrieb, so oft er Gelegenheit hatte, nieder, was er erfuhr. Wenn einmal etwas, das er von Jethro hörte, nicht mit dem übereinstimmte, was er in Ägypten von den Israeliten gehört hatte, machte er sich eine Notiz, um nochmals bei Jethro zurückzufragen oder weitere Nachforschungen anzustellen, bis er die ganze Wahrheit herausgefunden hatte.

Zipporah hatte sich längst an diese zusätzlichen Arbeiten, die ihr Gatte sich neben allen Aufgaben im Stamm selbst auferlegt hatte, gewöhnt. Am Anfang hatte sie manchmal verwundert gefragt, wozu das denn nötig sei. Doch Moses hatte ihr erklärt, daß alles, was man aufschrieb, auch für spätere Generationen noch unverändert erhalten blieb, während das menschliche Gedächtnis doch immer wieder Fehler machen konnte.

Das verstand Zipporah und störte Moses deshalb bei dieser Arbeit so wenig wie möglich. Sie versuchte sogar, ihm noch manche Aufgaben abzunehmen, damit er dafür mehr Zeit fand.

Mittlerweile hatte Zipporah auch einen Sohn geboren, den sie Gerschom nannten, und wenn sich Moses schon bei seinen Schreibarbeiten unterbrechen ließ, dann am liebsten von diesem kleinen Burschen, mit dem er sehr gern spielte.

Während er wieder einmal den kleinen Gerschom in den Armen hielt und mit ihm fröhlich herumsprang, so daß der Kleine vor Freude jauchzte, und dabei seiner Frau zuschaute, die das Abendessen zubereitete, wurde ihm so recht bewußt, daß er jetzt innerlich und äußerlich den Frieden gefunden hatte, den er in all den Jahren zuvor so sehr vermißte.

„Jahwe“, betete er im stillen, „Du hast es gut mit mir gemeint. Deine Wege führen immer zu einem guten Ende.“

34. KAPITEL

Es war Winter, und in diesem Jahr war er in den Ebenen Midians so tot und kalt wie er nur sein konnte. Ein schneidender frostiger Wind brachte von Norden her, von der Gegend um Damaskus, den Golanhöhen und den verschneiten Gipfeln des Hermongebirges soviel Kälte, daß an manchem Morgen sogar Frost auf den Wiesen lag, was nur höchst selten vorkam.

Mehr als drei Jahre war Moses nun schon bei dem Stamm seines Schwiegervaters. In dieser Zeit hatte er das Land rundum näher und weiter kennengelernt, als er mit den Herden beiderseits des Golfs von Akaba entlanggezogen war und nordwärts in die idyllischen Felder von Baschan und in das schöne Land Gilead. Doch Damaskus und die schneebedeckten Hänge des Hermon waren ihm unbekannt.

Doch in diesem Winter sprachen die Midianiter oft von diesen riesigen Bergen im Norden. Moses erinnerte sich daran, wie Jethro erwähnt hatte, daß auch die Hirten der Wüste nicht unberührt von dem blieben, was in anderen Ländern geschah. Und wie mit politischen Ereignissen war es auch mit klimatischen, die von den Ländern im Norden bis zu ihnen reichten.

An diesem Abend saß Moses mit den anderen einflußreichen Männern des Stammes und den Familienoberhäuptern im Zelt Jethros. Draußen war es kalt, und es wurde schon dunkel.

Jethros Zelt war mehr als eine private Wohnung. Da er der Patriarch und gleichzeitig Priester des Stammes war, diente sein Zelt auch als Versammlungsplatz für Beratungen und andere Ereignisse.

Der angebliche Grund, weshalb die Männer an diesem Abend zusammenkamen, war die Schärfung von Werkzeugen; eine Arbeit, die man an langen Wintertagen verrichtete, wenn draußen keine Arbeit möglich war. Die Tiere hatte man in der Nähe des Lagers in große Hürden eingesperrt, wo sie von Knechten und den jungen Leuten des Stammes bewacht wurden und täglich gefüttert und getränkt werden mußten.

Diese winterlichen Zusammenkünfte der Männer dienten allerdings auch dem Zweck der ausgiebigen Unterhaltung. Frauen durften dabei nicht anwesend sein. Man unterhielt sich, während man die Werkzeuge aus Stein oder Metall schärfte, über alle möglichen Dinge. Da war die Politik an der Reihe sowie die Feinde, mit denen man im Laufe der letzten Zeit hatte kämpfen müssen. Über die Familien, die Aussichten für das kommende Jahr und natürlich über das Wetter, von dem diese Nomaden so sehr abhängig waren, wurde geredet. Vor allem aber nahmen auch die Überlieferungen ihres Volkes und Stammes sowie die Religion einen sehr wichtigen Platz ein.

Für diese Menschen, die kaum schriftliche Aufzeichnungen kannten, war es um so wichtiger, daß die Geschichte ihres Volkes von einer Generation zur anderen unverändert weitergegeben wurde. Deshalb sprach man so oft davon. Und wie auch bei den Israeliten und anderen, waren auch hier Geschichte und Religion sehr eng miteinander verbunden.

Das Gespräch wandte sich der Religion und Geschichte zu, als einer der Männer, während man vom Wetter redete, erwähnte: „Unser Vater Abraham war doch ein kluger Mann, als er nicht in Damaskus blieb. Ist es hier schon so kalt, wie schlimm muß es da erst dort oben im Norden sein.“

Die anderen nickten lachend. Moses aber lehnte sich vor und fragte überrascht: „Abraham war in Damaskus? Wann war das?“

„Du wirst dich sicher daran erinnern, daß Abraham aus Mesopotamien kam“, antwortete Jethro. Auf seiner Reise von dort nach Kanaan zog er auch durch Damaskus.“

„Ja, das stimmt“, bestätigte Moses und dachte an die Zeit, in der er oft dem zuhörte, was sein Vater Amram ihm erzählte.

„Aber hast du auch gewußt, daß die Leute in Damaskus ihn gern zu ihrem König gemacht hätten?“ fragte der alte Priester.

„Nein“, staunte Moses, „davon habe ich bei den Israeliten nie etwas vernommen.“

„Na ja“, lächelte Jethro, „es wird sicher eine ganze Reihe von Dingen geben, die mit Abraham zusammenhängen, von denen sie dir nichts erzählt haben.“

Die anderen lachten, als Jethro nun fortfuhr: „Ich nehme an, daß deine Leute in Ägypten, wenn sie von Abraham reden, nichts von den vielen anderen Kindern erwähnen, die er noch hatte. Du hattest ja zum Beispiel auch nie etwas von den Keturahitern gehört, als du zu uns kamst.“

Moses nickte und antwortete: „Sie sprechen hauptsächlich von Isaak und Jakob, der dann Israel genannt wurde, und dessen zwölf Söhnen. Vielleicht haben sie in den 400 Jahren, die sie nun schon in Ägypten sind, vieles vergessen.“

„Ha!“ fiel Hobab ein, „außerdem sind wir nicht nur Keturahiter, sondern auch Keniter, Nachkommen Kains, und zwar durch unsere Mutter Keturah. Ich nehme an, daß die Israeliten auch kaum von den Söhnen Kains geredet haben.“

Ein wenig verunsichert erwiderte Moses: „Sie erzählen natürlich von Kain, und wie er seinen Bruder Abel getötet hat. Und dann erwähnen sie auch noch das *Malzeichen Kains.*“

Murmeln erhob sich rundum, und dann lachten alle wieder, als Hobab fortfuhr: „Ich nehme an, sie glauben, dieses *Malzeichen* sei ein Fluch.“

Moses Schweigen war Antwort genug.

Die Atmosphäre im Zelt schien sich zu verändern. Moses bemerkte, daß sie ihn im stillen für seine Unwissenheit verantwortlich machten; und er wußte nicht, was er darauf sagen sollte. „Nur langsam", nahm Jethro wieder das Wort, der ebenfalls bemerkte, wie die Stimmung umschlug, und dabei klopfte er Hobab beruhigend auf den Rücken, „Moses ist ja bereit, auf alles zu hören, was wir ihm berichten können."

Sorgfältig suchte er dann nach Worten, ehe er erklärte: „Ich bin sicher, daß deine Leute dich so gut, wie sie es selbst wissen, unterwiesen haben. Unsere Überlieferung berichtet uns, daß Gott das Malzeichen an Kain anbrachte, um ihn zu beschützen, damit niemand den Brudermörder, der sich nun auf der Flucht befand, erschlug."

Als Jethro erwähnte, daß Kain zum Flüchtling geworden war, zuckte Moses innerlich zusammen. Er wurde dadurch daran erinnert, daß auch er, wie Kain, der seinen Bruder Abel tötete, wegen einer ähnlichen Tat zum Flüchtling geworden war.

Jethro, der allein von Moses Schuld wußte, ahnte, was jetzt in ihm vorging, und wechselte das Thema: „Es genügt für heute, wenn wir festhalten, Abraham hatte noch viele Nachkommen. Wir tun uns selbst keinen guten Dienst, wenn wir Uneinigkeit unter uns schüren."

Dann bat er um Stille, richtete sich aus seiner bequemen Haltung straff auf und erhob den Kopf ein wenig mehr. Alle wußten, daß der Priester jetzt einen zu ihrer Unterhaltung passenden Abschnitt ihrer mündlichen Überlieferung vortragen würde, und hörten aufmerksam zu. Was der Priester nun vortrug, waren die Worte Gottes, die Er selbst zu Abraham gesagt hatte.

Jethro schloß die Augen und begann mit feierlicher Stimme:

Ich bin Gott, der Allmächtige.
Gehe deinen Weg vor Mir und sei ohne Tadel.
Ich will einen Bund stiften zwischen Mir und dir
und will dich sehr zahlreich machen.

Das ist Mein Bund mit dir:
Du wirst Stammvater einer Menge von Völkern.
Ich mache dich sehr fruchtbar
und lasse Völker aus dir entstehen;
Könige werden von dir abstammen.
Ich schließe Meinen Bund
zwischen Mir und dir,
samt deinen Nachkommen,
Generation um Generation, einen ewigen Bund.
Dir und deinen Nachkommen werde Ich Gott sein.
Dir und deinen Nachkommen gebe Ich ganz Kanaan,
das Land, in dem du als Fremder weilst,
für immer zu eigen; und Ich will ihr Gott sein.

Nun öffnete Jethro wieder die Augen und erhob leicht eine Hand. Gemeinsam sprachen die Männer nun den Schluß der Worte, so wie es bei ihnen üblich war:

Du aber halte Meinen Bund, du und deine Nachkommen, Generation um Generation!

Moses war ergriffen von der Schönheit dieser Worte und Verheißungen. Er hätte gern noch mehr gehört. Doch die Männer schwiegen nun. Und damit schien auch das Ende dieses Abends gekommen zu sein. Einer nach dem anderen erhob sich, nickte Jethro dankend zu und verabschiedete sich mit den traditionellen Worten: „Jahwe sei gepriesen." Innerhalb weniger Minuten war das Zelt leer.

Moses ging sehr langsam zu seinem Zelt. Er mußte erst noch mit den Gedanken fertig werden, die ihn bewegten. Vor allem beschäftigte ihn der *Bund,* von dem Jethro und die Männer gesprochen hatten, denn davon hatte er noch nie etwas gehört.

Die Ältesten in Israel hatten oft von dem verheißenen Land erzählt und berichtet, es gehöre den Erben Jakobs. Doch es war das erste Mal, daß er etwas von diesem *Bund* hörte.

Er mußte an seine Familie und an alle anderen Israeliten denken, die seit Generationen nun als Sklaven von den Ägyptern unterdrückt wurden, und sein Herz wurde schwer. Wenn Gott einen Bund mit ihnen gemacht hatte, warum mußten sie in diesem Elend leben? Und warum erwähnten sie selbst nie diesen Bund? Was stimmte hier nicht? Hatten die Kinder Abrahams vielleicht den richtigen Weg verlassen?

Und vor allem die Worte, die von den anderen Männern vor kurzer Zeit gemeinsam gesagt wurden, hatten sich tief in Moses Herz gegraben:

Du aber halte Meinen Bund . . . halte Meinen Bund . . . halte Meinen Bund", hallte es in seiner Seele immer und immer wieder.

Doch Moses wußte nicht einmal, was für ein Bund es war, der da gehalten werden sollte. Und er fürchtete sich, danach zu fragen.

35. KAPITEL

Es vergingen eine ganze Reihe von Wochen, ehe Moses Gelegenheit fand, das Gespräch wieder auf diesen geheimnisvollen Bund zu bringen. Obwohl er einfach bei Jethro hätte fragen können, zögerte er doch, weil er ahnte, daß diese Sache auch für ihn Konsequenzen haben konnte, die ihm vielleicht nicht gefielen.

Denn trotz des Friedens, den er in den letzten Jahren hier bei den Midianitern gefunden hatte, ruhte ganz tief in ihm eine Ahnung, daß sein Leben so ruhig noch nicht zu Ende gehen würde, sondern daß Gott für ihn noch eine Aufgabe bereithielt, die alles radikal verändern würde. Er hatte nie ganz die Worte seines Bruders Aaron vergessen, daß Gottes Hand auf seinem Leben ruhe.

Der Gedanke an einen Bund Gottes, von dem die Midianiter zwar sprachen, aber sonst recht leichtfertig wieder darüber hinweggingen, rührte in seinem Inneren bestimmte Saiten an. Er mußte dabei immer an sein unterdrücktes Volk denken, und ihm war, als höre er die Schreie der gequälten Sklaven vom Nil her über den Sinai hinweg bis nach Midian.

Jethro war zwar schnell dabei, viele Worte zu machen, wenn es um die Überlieferungen und um die Religion ging und um all die Verheißungen, die auch den Keturahitern von Gott her zustünden, er erwähnte aber nie, welche Forderungen von der Seite Gottes nun für Sein Bundesvolk aufgestellt wurden. Zwar war da die Mahnung Gottes, die von den Midianitern gemeinsam gesprochen worden war, daß sie den

Bund Gottes halten sollten, aber Moses wußte nicht, worin dieses Halten des Bundes nun bestand.

Auch die monatlichen Opfer, die unter vielen Zeremonien regelmäßig gebracht wurden — das Schlachten einer Taube oder eines Lammes, das Verbrennen von Räucherwerk über dem Altarfeuer und die Gebete für die Sünden der Menschen —, schienen recht oberflächlich zu sein. Denn niemals sprach Jethro dabei von den Sünden selbst und von der Gnade Jahwes, daß Er bereit war zu vergeben.

Es war schon Frühling geworden, als Moses und sein Schwiegervater auf Kamelen, begleitet von Knechten mit Wagen, die von Eseln gezogen wurden, auf der Straße nach Ezion-Geber zu ritten. Sie wollten bis zu dem Punkt ziehen, wo der Weg der Könige nach Norden von dem Weg des Pilgers abzweigte. Dort wollten sie die Karawane Hobabs treffen, der schon vor einigen Wochen nach Ägypten gezogen war.

Hobabs Karawane hatte Körbe, Tongefäße, Schmuck und anderes mitgenommen, das während des Winters im Lager der Midianiter hergestellt worden war, außerdem auch eine ansehnliche Herde von Schafen und Ziegen. All das sollte in Ägypten verkauft werden, und für den Erlös wollte Hobab Waren aus dem Land des Pharaos mitbringen.

Als Treffpunkt war deshalb die Abzweigung des Weges der Könige ausgemacht, weil Jethro und Moses einen Teil der ägyptischen Waren übernehmen und direkt nach Midian bringen würden. Mit dem anderen Teil wollte Hobab weiter nach Norden in das Land Kanaan ziehen, um dort damit Handel zu treiben.

Während sie Hobabs Karawane entgegenritten, wanderten Moses Gedanken wieder einmal nach Ägypten. Gern wäre er mit Hobab nach Ägypten gezogen, doch das verbot sich von selbst, wäre er dort doch in Lebensgefahr geraten.

Er dachte an die vielen Stunden, die er in Amrams Hütte und mit seiner Familie verbracht und voller Eifer den Unterweisungen seines Vaters gelauscht hatte. War es wirklich schon mehr als drei Jahre her? Manchmal schien es ihm, als sei es erst gestern gewesen.

Doch mit diesen freundlichen Erinnerungen kamen auch schlechtere. Er dachte an die Grausamkeiten der ägyptischen Sklaventreiber. Und obwohl die Königin Hatschepsut immer wieder versuchte, das Los vor allem der israelitischen Sklaven zu erleichtern, sorgte Tutmoses II. mit seiner Rücksichtslosigkeit dafür, daß es für die Unterdrückten immer schwerer wurde.

Wie kam es, daß die Israeliten so lange auf diese Weise unterdrückt wurden? Und was war mit dem Bund, den Gott mit Abraham und seinen Nachkommen geschlossen hatte und mit den Versprechungen, daß durch Abrahams Nachkommen alle Nationen der Erde gesegnet werden sollten? Und hatte Gott nicht das Land Kanaan den Nachkommen Abrahams als Erbe verheißen?

Moses bemerkte gar nicht, daß all diese Gedanken ihn so beschäftigten, daß er nachdenklich den Kopf schüttelte. Doch Jethro, der neben ihm ritt, hatte es bemerkt und fragte lächelnd: „Sohn, was beschäftigt dich so sehr?"

„Vater", sagte Moses, „worum ging es in dem Bund, den Jahwe mit Abraham geschlossen hat?"

„Ich habe mich schon die ganze Zeit gefragt, wo du mit deinen Gedanken sein konntest. Du sahst so abwesend aus", meinte Jethro. „Ich hätte mir aber eigentlich denken können, daß du über solche unergründlichen Dinge nachdenkst."

„Unergründlich?" wunderte sich Moses. „Also ist dieser Bund ein Geheimnis?"

Jethro spürte die Enttäuschung in Moses Frage und erkannte, daß er der Sache mehr Aufmerksamkeit widmen mußte, deshalb fügte er hinzu: „In einer Weise ist er auch ein Geheimnis, aber auf anderen Gebieten ist er recht klar."

Damit konnte Moses wenig anfangen, deshalb bohrte er weiter: „In welchen Punkten ist er denn klar? Welche Forderungen hat Jahwe gestellt?"

Jethro runzelte ein wenig die Stirn. „Nun ja“, erklärte er, „da ist zum Beispiel dieser altmodische Ritus der Beschneidung. Ich glaube, die Israeliten halten sich auch heute noch daran.“

„Viele von ihnen tun es“, nickte Moses. „Meine Mutter setzte mich auf den Nil, ehe ich beschnitten wurde. Dies und meine dunklere Hautfarbe haben es wahrscheinlich in all den vielen Jahren möglich gemacht, daß ich nicht als Israelit erkannt wurde. Aber es gibt auch eine ganze Reihe Israeliten, die nichts von der Beschneidung wissen wollen. Doch wie kann das sein, wenn es ein Gebot Gottes ist?“

Jethro fühlte sich bei dieser Frage nicht wohl. Achselzuckend antwortete er: „Ich nehme an, daß sich viele im Laufe der Zeit von diesen blutigen Ritualen abgewandt und vernünftigere Möglichkeiten gefunden haben. Wir Midianiter praktizieren die Beschneidung nicht, die Ismaeliten ebenfalls nicht. Ich kenne einige kleine Gruppen, die nicht israelitischer Abstammung sind, die sich ebenfalls noch an diese greuliche Überlieferung halten. Doch ich denke, daß es wichtiger ist, die Bedeutung des Bundes Gottes zu erkennen und sich danach zu richten, als an bestimmten äußeren Formen festzuhalten.“

Erstaunt über diese oberflächliche Betrachtungsweise sagte Moses: „Dann erkläre mir doch bitte, was die Bedeutung dieses Bundes ist.“

Der Priester räusperte sich und begann: „Beschneidung ist ein Zeichen der Absonderung. Der beschnittene Gläubige unterscheidet sich dadurch von allen anderen, die auch an Gott glauben. Es will ausdrücken, daß Blut vergossen wird und man sich vom Fleisch trennt. Doch das soll eher ein symbolischer Hinweis auf ein gottgeweihtes Herz sein. Die Handlung der Beschneidung selbst bedeutet nichts.“

Moses dachte einige Minuten über Jethros Logik nach. Doch dann schüttelte er den Kopf. „Das würde also heißen, daß die Kinder Abrahams das Gebot Gottes zu einem bloßen äußerlichen Symbol umgewandelt haben. Warum sollten wir uns dann überhaupt noch um äußerliche Opfer irgendwelcher Art kümmern? Warum sollten wir Tauben, Ziegen oder Lämmer auf dem Altar opfern, wenn das nur symbolisch ist?"

Jethro erkannte, daß Moses den Kern der Sache getroffen hatte und daß seine eigenen Argumente auf wackligen Beinen standen. Nervös rutschte er im Sattel hin und her, als sein Schwiegersohn fortfuhr:

„Die Ägypter mögen viele Fehler haben, aber sie glauben fest an Ursache und Wirkung. Würden sie ein bestimmtes Gebot nicht genau halten, müßte das die Strafe der Götter hervorrufen. Davon sind sie überzeugt. Vielleicht können wir in der praktischen Anwendungen unseres Glaubens hier von unseren Feinden noch etwas lernen."

Als Jethro ihn entsetzt anblickte, fügte Moses hinzu: „Ich will damit nicht sagen, daß wir die ägyptischen Götter verehren sollen, sondern ich meine, wir könnten von den Ägyptern eine Lektion im Gehorsam den Geboten Gottes gegenüber lernen. Muß man denn Jahwe weniger Gehorsam entgegenbringen als den Göttern des Nils?"

Schweigend ritten die beiden eine ganze Weile nebeneinander her. Moses mußte wieder an seine Jahre in Ägypten denken, an seine Feigheit, seine böse Tat und seine Flucht. Einlenkend sagte er deshalb:

„Ich möchte dich nicht reizen, Vater. Auch ich bin kein gerechter Mann, wie du wohl weißt. Und sicherlich ist die Beschneidung nur ein Teil des gesamten Bundes. Was verlangt Gott denn noch von uns?"

„Das andere scheint mir noch unerklärlicher zu sein", räumte Jethro ein. „Jahwe sagt: *Gehe deinen Weg vor Mir und sei ohne Tadel.*"

„Ohne Tadel", wunderte sich Moses, „wie soll das möglich sein?"

Jethro lachte etwas erleichtert. „Sohn, du bist mit deinen Fragen wirklich eine echte Herausforderung", seufzte er. „Wie soll ich deine Frage beantworten? Ich kann nur sagen, daß Gott von uns Rechtschaffenheit und Treue erwartet.

Wenn wir ein williges und aufrichtiges Herz haben, so ist dies das beste Opfer, das wir Ihm bringen können."

Moses grübelte über das Gesagte nach. Das sind schöne und große Worte, dachte er, aber was bedeuten sie in der Praxis? Wie kann ein Volk bestehen, wenn es nicht genauere Anweisungen erhält?

Sie näherten sich jetzt dem Punkt, wo die beiden großen Karawanenwege sich trennten. Gleichzeitig erkannten sie weit im Westen eine Staubwolke, die langsam und stetig größer wurde. Es konnte sich nur um eine Karawane handeln. Als die beiden Züge einander näher kamen, erkannten sie, daß der vorderste Reiter eine Fahne mit den Farben Jethros trug.

„Hobab!" rief der alte Mann, trieb sein Kamel an und eilte seinem Sohn entgegen.

Moses blickte ihm nach und dachte, wie schön es doch wäre, einfach mit so kindlichem Glauben die Dinge hinzunehmen, wie Jethro es tat. Was ihn betraf, so kreisten seine Gedanken immer wieder um den Bund Gottes. Er war sicher, daß hier noch ein Geheimnis verborgen lag, durch das sein Volk die Ketten der Sklaverei abschütteln konnte.

36. KAPITEL

Es ging schon auf den Abend zu, als die beiden Karawanen aufeinandertrafen. Für die Nacht wollten sie gemeinsam lagern. Am nächsten Morgen würde Hobabs Karawane nach Norden einschwenken, und Jethro und Moses würden mit ihren Leuten wieder nach Osten ziehen.

Da sich Jethro, Hobab und Moses und auch ihre Begleiter seit Wochen nicht gesehen hatten, wurde an diesem Abend ein Fest gefeiert, nachdem das Lager aufgeschlagen war. Die umherziehenden Nomaden nahmen jede der für sie so seltenen Gelegenheiten wahr, um einmal fröhlich zu feiern.

Obwohl Moses nun schon mehr als drei Jahre bei den Midianitern lebte und in den Stamm eingeheiratet hatte, fühlte er sich bei diesen Festen noch immer nicht richtig wohl. Deshalb saß er auch jetzt ein wenig abseits und sah den anderen zu, die aßen, tranken, sangen, musizierten und tanzten.

Jethro unterhielt sich eifrig mit seinem Sohn über die in Ägypten abgeschlossenen Geschäfte und die morgige Reise nach Kanaan, so daß Moses sich mit seinen Gedanken beschäftigen konnte. Dabei bemerkte er, daß noch ein anderer sich an dem allgemeinen Feiern nicht beteiligte. Es war ein junger Knecht, der an einer Palme saß und sich damit beschäftigte, seinen Sattel zu reparieren.

Moses schlenderte zu ihm. „Es sieht so aus, als sei euer Herr in Ägypten erfolgreich gewesen“, begann er. „War dies deine erste Reise in das Land am Nil?“

Der junge Diener fühlte sich geehrt, weil der Schwiegersohn des Patriarchen mit ihm sprach, und antwortete eifrig:

„Ja, Herr, es war meine erste Reise, und ich werde sie so bald nicht vergessen."

„Dir hat Ägypten also gefallen?" lächelte Moses.

„O ja, sehr sogar", bestätigte der Bursche. „Noch nie habe ich etwas gesehen, was damit zu vergleichen wäre."

„Ihr seid doch auch in Ra-Amses gewesen?" erkundigte sich Moses.

„Ja, Herr, und in Memphis auch und in anderen Städten."

„Hast du den Palast des Pharao gesehen?"

„Ja!" rief der Junge begeistert. „Er ist so schön und so groß! Einfach wunderbar!"

„Ja, so ist es", stimmte Moses zu. „Ich kann verstehen, daß du beeindruckt bist.

„Verzeih, Herr", stockte der Bursche plötzlich. „Ich vergaß, daß du von dort kommst. Du hast den Palast sicher sehr oft gesehen."

„Sehr oft", nickte Moses und fragte sich, was sein Gegenüber wohl sagen würde, wenn er wüßte, daß er darin gelebt hatte.

Nach einer Weile meinte der junge Bursche: „Als du dort lebtest, hast du da auch die Königin Hatschepsut gesehen? Ich hörte, sie soll sehr schön sein und auch sehr freundlich."

Moses fühlte, wie sich ein Kloß in seinem Hals bilden wollte, als er an Hatschepsuts mütterliche Liebe zu ihm dachte. „Ja, ab und zu habe ich sie gesehen", antwortete er.

„Es muß hart für die freundliche Königin sein", sagte der Diener bedauernd. „Zuerst hat sie ihren Sohn verloren, und nun auch noch ihren Gatten."

Moses fuhr auf. „Was sagtest du?"

„Du hast doch sicher auch gehört, daß ihr Sohn auf geheimnisvolle Weise verschwunden ist, weil man ihn des Mordes beschuldigt."

„Ja, natürlich, das weiß ich", antwortete Moses. „Aber was sagtest du noch?"

„Ach ja, ich sprach von ihrem Gatten. Thutmoses II. ist tot, obwohl er noch nicht einmal vier Jahre regiert hat", berichtete der Bursche.

„Thutmoses tot?" sagte Moses mit erstickter Stimme.

„Hast du es noch nicht gewußt?" wunderte sich der Diener.

„Nein." Moses schüttelte den Kopf. „Wann geschah es denn?"

„Ach ja, du kannst es noch gar nicht wissen", erklärte der Junge. „Thutmoses starb gerade während wir in Ägypten waren. Wir sind die ersten, die diese Nachricht mitbringen. Ich will es gleich noch den anderen von eurer Karawane erzählen." Damit erhob er sich.

Moses war froh, das Gespräch abbrechen zu können, weil viele Gedanken auf einmal auf ihn einstürmten. Was geschah nun mit der Königin, seiner Mutter? Würde sie ihren Thron verlassen müssen, weil ihr Gatte, der Pharao, gestorben war? Oder würde man sie gar zwingen, einen anderen Mann zu heiraten und mit ihm zu regieren?

Hatschepsut war, wie auch der junge Diener erfahren hatte, eine allseits beliebte Königin, weil sie freundlich mit dem Volk umging und sogar das Los der Sklaven zu erleichtern suchte. Doch was würde jetzt sein? Vielleicht konnte er sogar . . .! Moses stockte bei diesem Gedanken. War das möglich? Bot sich ihm eine Chance? Würde er vielleicht sogar zu seiner Pflegemutter und zu seiner richtigen Familie zurückkehren können, nachdem der König tot war?

Doch da tauchte vor seinen geistigen Augen das Gesicht seines jüngeren Rivalen auf, der ebenfalls den Namen Thutmoses trug und den der verstorbene Pharao mit einer Konkubine gezeugt hatte. Deutlich sah Moses den jungen Mann vor sich, mit der niedrigen Stirn, den buschigen Augenbrauen und den breiten Backenknochen, die bei Ägyptern so selten waren und die seinem Gesicht einen affenartigen Zug gaben. Doch was noch schlimmer war, waren die Brutalität und Heimtücke, die in seinen Augen zu sehen waren.

Der verstorbene König hatte immer den Wunsch gehabt, dieser Sohn solle nach ihm als Thutmoses III. den ägyptischen Thron besteigen. Vielleicht hatte er noch Gelegenheit gefunden, die entsprechenden Anordnungen dafür zu treffen. Wenn dies geschah, dann gab es kein Zurück für ihn in das Land am Nil, mußte Moses resignierend erkennen. Hätte er doch nie diese schlimme Tat begangen, dann könnte er Hatschepsut jetzt beistehen.

Langsam ging er ein Stück in die dunkle Wüste hinaus. Lange stand er dort und fühlte, wie sein Herz ihm immer schwerer wurde. „Mutter“, flüsterte er endlich, „Mutter, vergib mir. Ich hätte dich nie verlassen dürfen. Vergib mir!“

TEIL V

DER BRENNENDE BUSCH

37. KAPITEL

Hatschepsut ging aufgeregt in ihrem Salon hin und her und dachte über die Zukunft nach. Der beim Tod eines Pharaos übliche Trauermonat ging zu Ende. Sobald an diesem Morgen die Sonne aufging, würde sie die ihr während des Trauermonats auferlegte Zurückgezogenheit aufgeben, und sie war fest entschlossen, ihren rechtmäßigen Platz auf dem ägyptischen Thron einzunehmen.

Sie fragte sich, woran der kleine Fuchs, Thutmoses III., an diesem Morgen wohl dachte? Sie war ziemlich sicher, daß er seinen toten Vater nicht vermißte. Er hatte den Pharao auch nicht mehr geliebt als sie selbst, und seine Trauerzeit war deswegen eine ebensolche Heuchelei gewesen.

Sie war sicher, daß er mit anderen Gedanken beschäftigt war. Er verlangte nach der Macht. Sie wußte, daß er davon überzeugt war, er würde nun die gesamte Macht des Reiches übernehmen können.

Obwohl in Ägypten wohl noch weniger von Demokratie geredet werden konnte als in den meisten anderen Monarchien, war doch der Einfluß der oberen Klassen im Land und auch der der Bevölkerung nicht zu unterschätzen. Und wenn das in Betracht gezogen werden mußte, dann hatte Hatschepsut keine Zweifel, wo die Sympathien lagen. Denn sie war eine sehr populäre Königin.

Während der Zeit, in der sie mit Thutmoses II. auf dem Thron gesessen hatte, stand sie weit höher in der Gunst der Öffentlichkeit als der Pharao selbst. Heute nun würde sie mit ihrem Stiefsohn, Thutmoses III., gemeinsam durch die Straßen fahren, und damit geschah die offizielle Machtübernahme. Hatschepsut war sich sicher, daß sie diesmal völlig gleichberechtigt mit ihrem Stiefsohn den Thron und die Herrschaft teilen würde, und da sie die größere Popularität und auch in Regierungsgeschäften die weit größere Erfahrung besaß, war sie überzeugt, ihre Zeit der Herrschaft sei nun gekommen. Mit der Unterstützung der ihr ergebenen Hofbeamten und des Volkes würde sie die eigentliche Herrscherin Ägyptens sein.

Immerhin war ihr Stiefsohn noch ziemlich jung. Mit seinen 21 Jahren war er gerade halb so alt wie Moses. Und obwohl er eines Tages ein mächtiger und respektierter Pharao sein würde, konnte er, solange Hatschepsut lebte, sich nie recht entfalten.

Die energische Königin war während ihrer gemeinsamen Regentschaft und Ehe mit Thutmoses II. diesem harten und rücksichtslosen Herrscher eine ebenbürtige Regentin gewesen, so daß er es nie gewagt hatte, sich zu stark über sie hinwegzusetzen. Doch nie war sie wirklich seine Frau geworden. Und noch immer war sie die Tochter ihres Vaters, des großen Thutmoses I.

Nun würde sie als Tochter die Pläne ihres Vaters durchsetzen und regieren. Sie würde sich nicht mehr mit dem Platz der Königin zufriedengeben. Wenn schon ihr Sohn Moses seinen rechtmäßigen Platz nicht einnehmen konnte, dann wollte sie an seiner Stelle herrschen. Sie wollte Pharao sein, ein königlicher weiblicher Pharao.

Während der Trauerperiode hatte sie ausgiebig Zeit gehabt, über all diese Dinge nachzudenken. Heute nun würde sich endlich ihr Traum erfüllen, dessen war sie sicher. Und das ließ sie voller Energie und Freude sein.

Nur die Erinnerungen an Moses, die sie immer noch so frisch im Herzen trug, als sei er gestern noch hier gewesen, ließen einige Wermutstropfen in ihrem Glück zurück. Wo, in der ganzen Welt, war er wohl jetzt gerade? Viele Male hatte sie sich diese Frage schon gestellt, hatte sie dem Himmel vorgelegt und den schweigenden und ungerührten Göttern.

Sie wußte, Moses war ein Flüchtling und war irgendwo untergekommen, wo er sich verstecken konnte. Hätte ihm nicht Gefahr gedroht, würde er sie nie verlassen haben. Doch ging es ihm auch gut? Und — war er überhaupt noch am Leben?

Ihr Mutterherz zerbrach immer wieder, wenn sie über das Schicksal ihres Adoptivsohnes nachdachte, den sie so sehr liebte. Sie hatte nie geahnt, daß ein Herz so oft brechen konnte.

Moses war der, dem eigentlich die königliche Zukunft und Herrschergewalt zustand. Mit ihm hätte sie den Thron gern und freudig geteilt und hätte ihm die Herrschaft völlig überlassen, wenn ihre Sterbestunde gekommen wäre. Doch das beste, was sie jetzt noch tun konnte, war, ihrem so sehr verachteten Stiefsohn so wenig wie möglich von der Herrschergewalt zukommen zu lassen, die rechtmäßig Moses gehörte.

Die aufgehende Sonne zeichnete gerade den ersten hellen Streifen an den östlichen Horizont, der ihr Herz höher schlagen ließ. Jawohl — jetzt wußte sie, wie sie ihren vermißten Sohn heute ehren konnte und wie er trotzdem in bestimmter Weise bei der Krönung anwesend sein würde.

Laut rief sie nach der Dienerschaft. Als diese ins Zimmer stürzten, befahl sie: „Schickt sofort nach dem Oberpriester und bittet ihn, sofort zu mir zu kommen.“ Und zum Erstaunen der Dienerinnen fügte sie hinzu: „Er soll den Schlüssel zu Moses Gemächern mitbringen.“

Es dauerte eine Weile, ehe der alte Mann erschien, der noch nicht richtig wach war. Voller Erstaunen hielt er der Königin den Schlüssel zu Moses Räumen entgegen, den er seit der Flucht des Prinzen in Verwahrung hatte.

„Ich verstehe das nicht, Herrin“, murrte er ein wenig verärgert. „Warum willst du dich an einem so glorreichen Tag mit derart trüben Gedanken belasten?“

„Ich habe zu jeder Zeit das Recht, die Räume meines Sohnes aufzusuchen", antwortete Hatschepsut. „Wenn ich es bisher noch nicht getan habe, heißt das nicht, daß ich nicht oft an ihn denke und mich um ihn sorge."

„Ich dachte, du wolltest die Räume absichtlich nicht mehr betreten, damit es dir leichter fällt zu vergessen", sagte der Priester.

„Vergessen?" fuhr die Königin ärgerlich auf. „Glaubst du wirklich, ich könnte Moses jemals vergessen? Du müßtest es besser wissen. Doch genug jetzt, komm, schließ mir seine Räume auf."

Mit einer Handbewegung forderte sie ihn auf, voranzugehen.

Vor der Tür zu Moses Räumen angekommen, zögerte Jannes einen Augenblick. „Irgendwie scheint es mir nicht ganz recht zu sein", murmelte er etwas verlegen.

Doch die Königin nahm ihm den Schlüssel aus der Hand und öffnete selbst. Knarrend schwang die Tür auf, und die beiden blickten in einen dunklen Raum hinein, aus dem ihnen ein Geruch nach Staub und muffiger Luft entgegenschlug.

Die Königin überwand die Gefühle, die jetzt ihre Seele durchzogen, und trat ein. „Öffne bitte die Vorhänge", forderte sie den Priester auf, der nur mit sichtlichem Widerwillen durch den Raum ging und dem Befehl nachkam.

Als nun die Dienerinnen, die mit ihr gekommen waren, den Raum ebenfalls betreten wollten, sagte sie streng: „Ihr bleibt draußen", und schloß die Tür vor ihnen.

Nun fiel das erste Morgenlicht in die düsteren Räume. Jannes erkannte, wie aufgeregt die Königin war, und sah voller Erstaunen, daß sie direkt zu dem eingebauten Kleiderschrank des Prinzen ging, der die Größe eines kleinen Raumes hatte.

Nichts war hier verändert worden. Alles war noch genau so wie an dem Tag, an dem Moses verschwunden war.

Die Königin begann aufgeregt, in dem großen Schrank die Reihen von Gewändern, Tuniken und Roben zu durchsuchen. Dabei bemerkte sie, wie ihre Hände zitterten. „Wo ist es nur?" stieß sie hervor. „Wo ist es?"

Jannes, der nähergetreten war, schaute ihr kopfschüttelnd zu. Endlich fragte er: „Was suchst du eigentlich?"

„Frag nicht so viel, sondern hilf mir lieber", gab die Königin zurück.

„Das würde ich gern tun", meinte der Priester, „wenn du mir sagst, was du suchst."

Plötzlich hielt Hatschepsut inne. Sie hatte etwas gefunden, das ihr bekannt vorkam, obwohl es nicht das war, was sie suchte. Sie trat hinaus in den großen Raum, weil es dort heller war, um es zu betrachten. Was sie in der Hand hielt, war eine schmale Decke, mit seltsamen Mustern eingewebt.

„Bei allen Göttern!" rief sie, während ihr Tränen in die Augen traten. „Das hatte ich ganz vergessen!"

Auch Jannes, der herzugetreten war, erkannte die kleine Decke sofort. „Du hast es also auch gewußt?" stammelte er.

Langsam rollte die Königin die Decke zusammen und drückte sie an sich. Dabei tauchten vor ihren Augen weit zurückliegende Bilder auf. Sie sah sich als junges Mädchen am Nil mit ihren Mädchen stehen und das hübsche Gesicht des kleinen Babys bewundern. Als sie dann nach einer Decke rief, hatte eine ihrer Begleiterinnen diese hier aus dem Korb genommen, in dem sie den kleinen Moses gefunden hatten. Das war ein sicheres Erkennungszeichen für die Herkunft des Jungen gewesen. Hatschepsut stand wie versteinert, als diese Erinnerungen an ihr vorüberzogen. Ihr war, als sei es erst gestern gewesen.

Nun blickte sie Jannes an, nickte ihm zu und sagte leise: „Natürlich habe ich es gewußt, wenn ich es auch oft nicht wahrhaben wollte."

Sie zog den Kasten einer Truhe auf und legte die Decke sorgfältig hinein. Dann schaute sie Jannes beschwörend an und stellte fest: „Aber du scheinst es offensichtlich auch gewußt zu haben?"

„Das stimmt", nickte der alte Mann. „Aber ich habe nie

einem Menschen auch nur ein einziges Wort davon erzählt." Mit diesem Geständnis enthüllte er seine immer noch vorhandene Zuneigung zu dem verschwundenen Prinzen.

Eine ganze Weile studierte Hatschepsut das faltige Gesicht des Zauberers. Dieser hielt ihrem Blick stand. Ohne ein Wort zu sagen, wurde ihnen bewußt, daß sie beide entschlossen waren, Moses Herkunft keinem anderen Menschen zu verraten.

Die Königin wandte sich erneut dem Kleiderschrank zu und suchte weiter. Endlich stieß sie einen Freudenschrei aus. „Jannes", rief sie, „hier ist es!"

Der Priester, der ihrer Suche weiterhin erstaunt zugesehen hatte, erkannte nun verwundert, daß sie jenes Prunkgewand aus dem Kleiderschrank holte, das eigentlich für Moses Krönung zum Pharao, die dann aber nie stattgefunden hatte, angefertigt worden war.

„Das hätte Moses tragen sollen", meinte sie seufzend. „Und er hätte an meiner Seite stehen sollen, wenn ich den Thron bestiegen hätte."

Jannes konnte nur nicken. Er hätte kein Wort dagegen gesagt, sondern Moses Geheimnis in seinem Herzen bewahrt.

„Was hast du denn damit vor?" fragte er, als Hatschepsut das Prunkgewand aus dem Kleiderschrank holte und in den Raum brachte.

„Ich werde es selbst tragen", erklärte sie fest.

„Aber . . . aber . . .", stammelte Jannes und wußte nicht, wie er fortfahren sollte, so hatte ihn die Absicht der Königin überrascht.

„Ich weiß", meinte sie bissig, und man konnte ihrer Stimme die Ironie anhören, „das ist die Kleidung eines Mannes. Und für eine Frau schickt es sich nicht, diese zu tragen."

Des Priesters Gesicht war ganz weiß geworden. „Bei den Göttern", widersprach er zitternd, „du kannst doch nicht . . ."

„Doch, ich kann!“ rief Hatschepsut unbeirrt. „Mein Sohn kann zwar nicht hier sein, doch ich werde dafür sorgen, daß er trotzdem nicht vergessen wird. Wenn er schon nicht an meiner Seite regieren kann, dann soll er wenigstens in den Herzen meines Volkes regieren. Und niemand soll mich Königin oder Hoheit nennen. Ich bin der Pharao, das ist mein voller Titel! Und ich bin der Herrscher meines Reiches!“

38. KAPITEL

In dem weiten Tal von Er-Raha, das sich südlich des *Weges des Pilgers* in die Sinai-Halbinsel hinein erstreckte, standen vier Zelte. Zwei davon waren mit farbigen Streifen in Rot, Braun und Orange verziert, die anderen beiden mehr schwarzgrau. Doch die beiden bunten Zelte hoben sich als farbige Flecken wie fröhliche Punkte in der Landschaft ab und wären sicher eine willkommene Unterbrechung für das Auge jedes Wanderers in dieser Eintönigkeit gewesen, wenn es hier Wanderer gegeben hätte.

Doch so waren die einzigen Menschen weit und breit die Bewohner dieser Zelte, bei denen es sich um Moses, seine Frau Zippora, die beiden Söhne Gerschom und Elieser und die sie begleitenden Knechte handelte.

Eine kleine Gruppe von Hirten waren sie, die weit entfernt vom Hauptlager ihres Stammes ihre Herden zu Anfang des Frühlings hier in die Wüste in die Nähe des Berges Horeb gebracht hatten.

In einem der beiden bunten Zelte schliefen Gerschom, nun schon ein erwachsener Mann, und Elieser, ein Kind von neun Jahren. Das andere war immer noch das alte Hochzeitszelt, von dem sich Moses und Zippora nicht trennen konnten, obwohl es nun schon vierzig Jahre alt und oft repariert worden war. In den beiden schwarzgrauen Zelten wohnten die Knechte.

Vierzig Jahre waren Moses und Zippora nun schon verheiratet. Diese lange Zeit hatte nichts an ihrer Liebe zueinander geändert, sondern sie eher noch vertieft. Deshalb nahmen sie auch immer noch das alte Hochzeitszelt mit, wenn Moses die Herden seines Schwiegervaters auf weit entfernte Weiden trieb.

Zwar hatten diese vierzig Jahre Moses Liebe zu seiner Frau nicht geschmälert, doch auch sein Verlangen, wieder zu seinem Volk nach Ägypten zurückzukehren, war in diesen vierzig Jahren nicht geringer geworden. Und obwohl er seine neue Familie und auch das freie Leben eines Hirten sehr liebte, war er doch nie ganz darin aufgegangen. Irgendwie hatte er immer gespürt, daß diese Zeit in der Einsamkeit des Nomadenlebens eben nur vorübergehend war, nichts Endgültiges, und daß irgend etwas anderes noch folgen würde.

Oft hatte er sich selbst über diese innere Ahnung gewundert und immer wieder einmal an die Worte seines Bruders Aaron denken müssen, als er damals von ihm Abschied nahm: „Hast du es denn nicht begriffen?“ hatte der ältere Bruder damals zu ihm gesagt: „Gott hat dich aus dem Nil gerettet, und Er wird dich auch auf der Flucht bewahren. Und wenn Er dich dann zu uns zurückbringt, dann in einer Autorität und Vollmacht, wie du sie selbst nicht ahnen kannst.“

Während der ersten Jahre seines Aufenthalts bei den Midianitern war diese innere Ahnung mehr unterdrückt worden durch die Zufriedenheit, einen sicheren Platz vor seinen Feinden gefunden zu haben. Auch die Liebe zu seiner Frau, die Freude am Familienleben und die Entdeckung der religiösen und geschichtlichen Überlieferungen der Midianiter, die denen seines Volkes so ähnlich waren, hatten viel zur Ablenkung beigetragen. Doch die Erinnerung an seine unterdrückten Volksgenossen, die als Sklaven an den Ufern des Nils hart arbeiten mußten, war nie entschwunden.

Durch die vielen Stunden der vertrauten Gespräche mit seinem Schwiegervater Jethro war sein Wissen über den Gott seiner Väter und auch das Verständnis für die Wege und das Wesen Gottes sehr gewachsen. Moses hatte sich in all diesem eine eigene, wenn auch einfache Theologie über Gott zurechtgemacht. Doch in all diesem hatte Moses nie aufgehört, weiter zu forschen, um mehr von diesem *Bund,* den Gott mit ihrem Patriarchen Abraham geschlossen hatte und von dem er durch seinen Schwiegervater Jethro gehört hatte, zu erfahren und mehr über seinen Inhalt und Sinn zu wissen.

Moses wünschte sich, so gerecht und vollkommen zu sein, wie das in den Worten Gottes Abraham gegenüber zum Ausdruck kam, die von den Midianitern bei jeder Gelegenheit immer und immer wiederholt wurden und deshalb nie in Vergessenheit gerieten. Aus diesem Grunde hatte er auch darauf bestanden, daß er selbst und auch sein ältester Sohn Gerschom beschnitten wurden, obwohl das zu einer heftigen Verstimmung zwischen ihm und Zipporah geführt hatte. Doch sehr oft dachte er darüber nach, ob noch weitere Forderungen Gottes mit diesem *Bund* zusammenhingen, die ebenfalls noch erfüllt werden mußten.

Elieser, sein jüngerer Sohn, war noch nicht beschnitten worden. Zipporah hatte mit all ihrer nicht geringen Energie entschlossen gefordert, ihren jüngeren Sohn nicht diesem blutigen Ritual zu unterziehen. Und Moses hatte ihrem Druck nachgegeben. Doch diese Unterlassung machte ihm Sorgen, und er fragte sich, ob Gott ihm je gnädig gestimmt sein könnte, solange er nicht ganz auf Seinen Willen einging.

Da er ein großes Verlangen hatte, Gott besser kennenzulernen, wurde ihm auch das Gebet sehr wichtig. Besonders während der Periode, in der er die Herden in die Stille der im Frühjahr grünenden Wüste führte, fand er viel Zeit zu beten und über Gott nachzudenken.

Manchmal meinte Moses, er höre Gott zu sich reden. Wenn er betete oder wenn er stundenlang über seinen geliebten Papyrusrollen saß, um die Berichte, die er von Jethro gehört hatte, richtig einzuordnen, oder wenn er versuchte, sich an die Berichte zu erinnern, die er von seinem Vater Amram in Ägypten hörte, da verspürte er eine Bewegung in seiner Seele, als vernähme er Flügelschläge oder das Flüstern einer zarten Stimme. Und dadurch wurde er wieder angespornt, noch mehr zu beten, zu forschen und zu schreiben.

Trotzdem kannte er den Gott Abrahams, Isaaks und Jakobs nicht so, wie jene Männer ihn gekannt haben mußten. Schmerzlich spürte er da oft seine eigene Unfähigkeit, und ein wenig Neid auf den intimen Umgang dieser Patriarchen mit dem Allmächtigen schlich sich dann in sein Herz.

Oft fragte er sich, ob solcher vertraute Umgang mit Gott nur in jenen längst vergangenen Zeiten möglich gewesen war oder ob er auch in seiner eigenen Zeit noch erreicht werden konnte. Aber wer war er denn eigentlich, daß er sich über solche Dinge Gedanken machte — er, ein Schurke und Mörder? Und wer war er überhaupt? War er ein Israelite? Ein Midianiter? Ägypter? Prinz? Hirte? Oder einfach nur ein verrückter Träumer?

Auch an diesem Morgen war Moses, als er aus dem Zelt trat, wieder beeindruckt von dem großartigen Bild, das sich ihm bot. Wie drei riesige Schildwachen ragten die Vorberge des Horeb aus der Wüste empor. So außergewöhnlich standen diese Felstürme in der sonst flachen Wüstenlandschaft, daß sie Überreste einer längst vergangenen Zeit zu sein schienen. Manchmal, wenn er diese drei Spitzen des Berges betrachtete, wurde er an die Zinnen und Türme des Pharaonenpalasts in Ägypten erinnert. Auch heute mußte er dabei vor allem wieder an Hatschepsut denken, und ein leichtes Lächeln umspielte seine Lippen.

Früher hatte er sich manchmal um ihr Ergehen gesorgt, als er gehört hatte, daß sie nun gemeinsam mit dem kleinen affenähnlichen Thutmoses III. regieren mußte. Doch die Nachrichten, die später zu ihm kamen, hatten ihm diese Sorgen genommen, denn Hatschepsut regierte hervorragend und war in ganz Ägypten zu einem geachteten und beliebten Pharao geworden.

Während andere ägyptische Könige die Reichtümer ihres Landes hauptsächlich dazu verwandt hatten, ihre Armeen zu stärken, zog Hatschepsut es vor, ganze Scharen von Forschern und Kaufleuten in weit entfernte Länder zu senden, um dort Reichtümer und Schätze zu gewinnen. Sie hatte sich schon vor langer Zeit entschlossen, so friedfertig wie möglich zu regieren und ihre Autorität nicht auf militärische Eroberungen, sondern auf freiwilligen Gehorsam und menschliche Fortschritte zu bauen.

Hatschepsut verwendete viel Geld, um die Lebensverhältnisse in den Städten Ägyptens zu verbessern. Sie stellte dafür freie Arbeiter ein, die sie gut entlohnte. Und auch talentierte Sklaven bekamen für ihre Fähigkeiten gute Löhne gezahlt. Den riesigen Tempelbau in Deir el-Bahri hatte sie fertiggestellt und war durch ihre weise und friedsame Regierung ein in ganz Ägypten respektierter Pharao geworden. Sie besaß eine so große Autorität, daß sie leicht mit ihrem Mitregenten, Thutmoses III., fertig wurde und gewöhnlich ihren Willen durchsetzte.

Am Anfang ihrer Regierungszeit war ihre außergewöhnliche Art, sich zu kleiden — sie zog immer noch Männerkleidung vor —, manchmal Anlaß zu ironischen Bemerkungen und verstecktem Spott gewesen. Doch als alle nach und nach erkannten, welch fähige Herrscherin sie war, stieg die Achtung vor ihr immer mehr.

Hatschepsuts vornehmstes Ziel war es immer gewesen, dem Reich den Frieden zu erhalten. Und das war ihr in ihrer siebenunddreißigjährigen Regierungszeit seit dem Tod ihres Mannes, Thutmoses II., der nur kurze drei Jahre mit ihr regiert hatte, die meiste Zeit gelungen.

Moses Ziel an diesem Morgen war ein enges Felsental am Fuß des Horeb. In dieser Zeit des Jahres gab dort eine Quelle reichlich Wasser, so daß es ihm leichtfiel, seine Schafe nach dort zu führen.

Der Schatten in dem engen Tal war angenehm, besonders wenn die Sonne im Laufe des Tages höher stieg, und machte es zu einem friedlichen Aufenthaltsort. Da auch die Schafe in der engen Schlucht kaum davonlaufen konnten, hatte Moses viel Zeit zum Beten und Nachdenken und hatte hier schon viele Stunden verbracht. Ein- oder zweimal hatte er dabei ganz besonders die Gegenwart Gottes verspürt.

Als er an diesem Morgen mit seinen Schafen das Tal betrat, ging er geradewegs zu einem großen flachen Stein, auf den er sich setzte. Das war hier sein Lieblingsplatz.

Nachdem er sich umgeschaut und festgestellt hatte, daß keinerlei Gefahr drohte und die Schafe ruhig trinken und grasen konnten, lehnte er sich zurück, schloß die Augen und flüsterte: *Schalom!* — „Friede sei mit Dir!"

Doch an diesem Tag wurde dieser Friede bald von einem inneren Drängen unterbrochen. Moses war, als ob ihm jemand sagen wollte, daß an diesem Tag Zufriedenheit nicht genügte, sondern daß er mehr brauchte — nämlich Trost! Sein Herz begann plötzlich schneller zu schlagen, und forschend öffnete er die Augen.

„Was ist, Herr?" fragte er in die Stille hinein.

Moses hatte es längst gelernt, den Allmächtigen offen anzusprechen. Doch nie hatte er eine direkte Antwort erwartet. Die wenigen Gelegenheiten, bei denen er die Gegenwart oder die Stimme Gottes zu verspüren glaubte, war es mehr ein innerer Eindruck gewesen. Doch heute war dieser Eindruck viel lebendiger als je zuvor, als ob sich eine sanfte Hand auf seinen Kopf gelegt hätte.

Für einige Augenblicke gab er sich dem Gefühl dieser tröstenden Geste hin. Doch dann wurde er unruhig.

„Was ist, Herr?" fragte er nochmals. „Gibt es Kummer? Hast Du mir etwas Unangenehmes zu sagen?"

Nun wurde der Eindruck deutlich zu einer Stimme. Zum ersten Mal in seinem Leben hörte Moses die Worte Gottes direkt und klar: „Geh und kehre wieder zurück", sagte die Stimme. „Gehe wieder nach Ägypten. Du brauchst nicht mehr um dein Leben zu fürchten!"

Moses begann am ganzen Leib zu zittern. Er sprang auf und schaute sich furchtsam nach allen Seiten um.

„Herr", rief er, „bist Du es?"

Schweigen erfüllte das enge Tal. Doch in diesem Schweigen schien ein tiefer schimmernder Glanz zu liegen. Endlich vernahm er die Stimme wieder: „Kehre zurück!“ forderte sie ihn erneut auf.

„Aber ... wie ... warum ...?“ stammelte er. „Mein Großvater ist tot, und der Gatte meiner Mutter auch. Doch ist mein Rivale, Thutmoses III., ebenfalls gestorben? Regiert die Königin jetzt ganz allein?“

Wieder schien das Gefühl des Leides und der Trauer alles andere überlagern zu wollen. Moses kämpfte dagegen an, weil er sich gegen das wehrte, was er zu ahnen begann.

„Regiert die Königin jetzt allein?“ fragte er nochmals in die ihn umgebende Stille hinein.

Doch noch immer erhielt er keine Antwort. Verwirrt ließ er sich wieder auf den Stein zurückfallen und starrte in die Luft, ohne irgend etwas wahrzunehmen.

Der Allmächtige schwieg. Er schien darauf zu warten, daß Moses die Bedeutung des soeben Erlebten selbst fand.

Moses überlegte: Wenn Thutmoses III. noch regierte, wie konnte er da in Sicherheit nach Ägypten zurückkehren? Es sei denn ...

„Nein!“ rief er und sprang entsetzt wieder auf. Sollte der Herr gemeint haben, daß Thutmoses III. nun allein regierte? War dies der Fall, dann stellte Moses keine Bedrohung mehr für den Thron dar und konnte gefahrlos zurückkehren.

Als dem einsamen Mann diese Bedeutung klar wurde, bekam auch das Gefühl des Trostes, das er vorher empfunden hatte, einen Sinn. „Hatschepsut!“ rief er. „Nein, Herr, nicht meine Mutter!“

Und doch schien eine innere Bestätigung ihm zu sagen, daß er die Wahrheit erkannt hatte. Ja, so war es — die Königin war tot.

Als Moses diese Tatsache jetzt zu akzeptieren begann, erinnerte er sich an ihr sanftes Lächeln, an ihre rettende Hand, mit der sie ihn barmherzig vor dem Tod in den Wassern des Nils bewahrte, und an ihre Liebe zu ihm.

Er sank wieder auf den Stein zurück und begann rückhaltlos zu weinen. Doch dabei war ihm, als ob die Gegenwart des Allmächtigen ihn tröstend voll und ganz einhüllte.

Immer würde sich Moses an die barmherzige Hand Gottes erinnern, die an diesem Ort auf ihm geruht hatte. Und der Tag würde kommen, da würde er sie hier wieder suchen — hier, neben der Wasserquelle am Fuße des Horeb.

39. KAPITEL

Moses hatte Angst. Seit drei Monaten hatte er nun bereits das Reden Gottes überhört — den klaren Auftrag, daß er nach Ägypten zurückkehren solle.

Er entschuldigte sein Zögern mit dem Argument, daß er noch während des ganzen Frühlings mit den Herden am Fuße des Horeb zu bleiben hatte. Er war ja gerade erst wenige Tage dort angekommen, als der Herr ihm in dem engen Tal begegnet war und ihm den Befehl erteilt hatte. Doch der wahre Grund für sein Zögern war Furcht.

Kurze Zeit nachdem ihm Gott den Tod Hatschepsuts mitgeteilt hatte, brachten Reisende, die aus Ägypten kamen, diese Neuigkeit ebenfalls zu den Midianitern. Und ab und zu hörte man auch einiges von dem, was sich nach dem Tod der Königin in Ägypten ereignete. Während ihrer Regierungszeit als Pharao hatte Hatschepsut durch ihre Autorität und weise Regierung all ihre Gegner und vor allem ihren Rivalen, Thutmoses III., in Schach gehalten. Seit ihrem Tod gab es fortwährend gewalttätige Reaktionen gegen sie, denn die ehrgeizigen Anhänger von Thutmoses III. versuchten, alle Erinnerungen an sie mit Gewalt und allerschnellstens auszulöschen. Alle Kartuschen, das sind die in Stein gehauenen Ornamente auf Denkmälern und Gebäuden, die ihren Namen und eventuell auch ihr Bild enthielten, wurden zerschlagen. Der König wachte selbst mit allem Eifer darüber, daß alle Hinweise auf den Frauen-Pharao aus den Augen der Öffentlichkeit verschwanden. Das ging sogar so weit, daß manche Gräber von treuen Dienern der Königin entweiht wurden.

Zur Zeit waren die königlichen Schreiber dabei, Hatschepsuts Namen aus allen ägyptischen Königslisten auszutilgen und durch die Namen von Thutmoses I., II. oder III. zu ersetzen.

So schnell und gründlich ließ Thutmoses III. alle Hinweise auf die lange Regierungszeit Hatschepsuts vertilgen, daß nach einigen Monaten kaum noch nachprüfbare Beweise dafür vorhanden waren, daß diese tüchtige und kluge Frau je regiert hatte.

Ihr Lieblingsprojekt, der riesige Tempel in Deir el-Bahri, und auch alle anderen großen Bauten, die sie hatte errichten lassen, wurden nach und nach durch noch größere Bauten überdeckt.

Moses hatte also guten Grund, besorgt und ängstlich zu sein. Und obwohl der Herr ihm klar gesagt hatte, es gäbe keinen Grund mehr für ihn, noch im Exil zu bleiben, hatte er Schwierigkeiten, das zu glauben. Wenn Thutmoses III. so entschlossen alle Erinnerungen an die Königin austilgte, wie konnte der von ihr geliebte Adoptivsohn es dann wagen, ohne großes Risiko nach Ägypten zurückzukehren?

Die letzten Nachrichten besagten, daß der Pharao mit einer großen Armee nach Syrien aufgebrochen sei, um dort eine Revolte niederzuschlagen, die nach Hatschepsuts Tod ausgebrochen war.

Nein, versuchte Moses sich selbst zu beruhigen, der Herr hat sicherlich nicht gemeint, daß ich gerade zu diesem Zeitpunkt zurückkehren soll.

Es war die Zeit der Wende des Frühlings in den Sommer. Schon wurde die Hitze in der Wüste, hier am Fuße des Horeb, fast unerträglich. Alles, was noch vor wenigen Monaten grün und blühend gewesen war, nahm nun schon mehr und mehr wieder den trockenen grau-braunen Ausdruck der Wüste an, und man konnte schon sehen, weshalb der Berg *Horeb* genannt wurde, was *Trockenheit* oder *Dürre* bedeutet.

Moses war an diesem Tag mit seiner Herde zu einem der wenigen Plätze gezogen, wo es noch eine ausreichende, wenn auch schon flacher werdende Wasserstelle und deshalb auch noch genug Gras gab. Doch bald würde auch hier das Wasser versiegen und die Dürre der Wüste sich ausbreiten. Moses wußte, daß sie in wenigen Tagen ihre Zelte hier abbrechen und zu besseren Weiden ziehen mußten.

Als die Wasserstelle erreicht war und die Schafe zu trinken und zu grasen begannen, machte es Moses sich im Schatten einer aufgespannten Decke bequem. Er versuchte, nicht an Ägypten oder an Thutmoses zu denken. Doch das war vergebens.

In westlicher Richtung schien sich jetzt eine Fata Morgana über der Wüste aufzubauen. Während seiner Jahre in diesem öden Land hatte Moses schon zahllose dieser geisterhaften Luftspiegelungen gesehen. Er hatte gelernt, diese falschen Bilder von den echten Oasen und sprudelnden Quellen, die von ihnen oft nachgeahmt wurden, zu unterscheiden. Doch diese, die jetzt gerade im Westen seine Aufmerksamkeit erregte, spiegelte scheinbar anderes wider.

Es waren auch keine Palmenreihen oder heranziehende Karawanen oder andere fantastische Dinge, die in jener Fata Morgana auftauchten, obwohl auch das oft geschah. Sondern es war etwas ganz anderes, das da immer deutlicher hervortrat, während Moses es aufmerksam beobachtete, und es erschreckte ihn.

In dem Bild, das da am Horizont vor ihm auftauchte, sah er Menschenmassen, die unter schweren Lasten tief gebückt dahingingen und weinten. Von Zeit zu Zeit schrien sie auf, wenn sie von Peitschen grausamer Aufseher getroffen wurden. Sie seufzten und stöhnten und schienen über die weite Entfernung hinweg stumm zu bitten. Und Moses war es, als ob all diese stummen Bitten an ihn gerichtet seien, ein wortloses Flehen um Hilfe.

Der einsame Hirte bedeckte seine Augen und wandte sich schaudernd von dem Bild ab.

Sicherlich hatte die Unterdrückung der Israeliten seit Hatschepsuts Tod wieder stark zugenommen. Wenn Thutmoses III. schon die ägyptischen Anhänger der Königin nunmehr rücksichtslos verfolgte, um wieviel schlimmer mußte nun das Schicksal der Sklaven sein, denen Hatschepsut offensichtlich auch ihre Gunst zugewandt hatte.

„Nein!" schrie Moses. „Ich kann es nicht mit ansehen!"

Doch wie unter einem Zwang wandte er den Kopf doch wieder der fernen Fata Morgana zu und beobachtete die Elenden, die unter ihren Lasten und Plagen dahinkrochen.

Hatte der Allmächtige ihm nicht gesagt, er solle zu seinem leidenden Volk zurückkehren? Moses war nun zum doppelten Flüchtling geworden. In das Exil war er geflohen, weil er wegen des totgeschlagenen Ägypters um sein Leben fürchtete, und nun floh er auch noch vor dem Befehl Gottes.

Während er noch die gequälten Menschen in der Fata Morgana beobachtete, begannen Tränen über seine Wangen und in seinen Bart zu fließen. Und plötzlich war es ihm, als sei die ganze Wüste erfüllt von der unsichtbaren Gegenwart, die ihn umgab.

Moses brauchte nicht danach zu fragen, warum der Allmächtige so traurig war. Er fürchtete sich davor, auch nur ein Wort zu sagen, denn er ahnte, daß nun der Augenblick gekommen war, da von ihm selbst ein ungeheures Opfer gefordert wurde. Zitternd verbarg er sein Gesicht in seinem Umhang und weinte. Doch er fühlte, daß er der Mahnung in seinem Herzen auf die Dauer nicht würde widerstehen können.

Die Strahlen der höhersteigenden Sonne wurden immer heißer, so daß es auch unter der Decke, die nur kärglichen Schatten bot, sehr heiß wurde. Moses versuchte sich abzulenken, indem er an andere Dinge dachte — an das Wohlbefinden der Herde, an die Angelegenheiten der Midianiter, zu denen er ja jetzt gehörte, an seine Frau Zippora und an seine Söhne und an anderes. Doch es waren vergebliche Versuche. Immer wieder kehrten seine Gedanken zu der Fata Morgana zurück, die mittlerweile verschwunden war.

Plötzlich war es ihm, als sei ein großer Schatten vorübergezogen, der für einen Augenblick die Sonne verhüllt hatte;

dabei war ihm auch ein kühler Schauer über den Rücken gefahren wie bei einer winterlichen Brise.

Moses fuhr auf und blickte sich um. Doch es war nichts zu sehen, was diesen Schatten oder die Kühle verursacht haben konnte. Auch am Himmel gab es nicht ein einziges Wölkchen. Nur die Sonne stand ungetrübt dort und strahlte ihre Hitze aus wie ein feuriger Ofen.

Da bemerkte Moses auf der anderen Seite der seichten Wasserstelle eine Bewegung. Schützend legte er die Hand vor die Augen, um genauer hinschauen zu können.

In einiger Entfernung hinter der Wasserstelle stand ein etwa mannsgroßer Dornbusch. Und die Bewegungen, die Moses bemerkt hatte, entstanden dadurch, daß aus diesem schon sehr trockenen Busch Flammen schlugen.

Das Feuer würde die Herde beunruhigen können, das wußte Moses. Doch in wenigen Augenblicken würde dieser trockene Busch verbrannt sein, das wußte er aus Erfahrung. Schnell würden sich die Schafe wieder beruhigen, und er würde nichts unternehmen müssen.

Doch je länger Moses den brennenden Busch beobachtete, um so mehr wuchs seine Verwunderung. Denn der Busch verbrannte nicht so schnell, wie er gedacht hatte. Ja, er schien überhaupt nicht zu verbrennen, denn in den Flammen, die hell aus dem Busch loderten, waren immer noch ganz deutlich alle Äste und Zweige zu erkennen. Und dabei war ihm, als sähe er in den Flammen eine andere Fata Morgana. Denn in dem Feuer war der verschwommene Umriß einer leuchtenden Figur zu erkennen, die ein Schwert in der Hand hielt, das sie in den Himmel emporreckte. Mit der andere Hand schien diese Figur ihm auffordernd zuzuwinken, doch näher zu kommen.

Moses sprang auf, und sein erster Impuls war, einfach davonzurennen, um all das, was er an diesem Tag hier schon erlebt hatte, einfach hinter sich zu lassen.

Doch andererseits wußte er in seinem Inneren, daß er nicht auf die Dauer vor Gott davonlaufen konnte. Deshalb sagte er endlich seufzend zu sich: *„Ich will dorthin gehen und mir die außergewöhnliche Erscheinung ansehen, warum der Busch nicht verbrennt."*

Er wußte, daß er einem Wunder Gottes gegenüberstand, war aber noch nicht bereit, das anzuerkennen.

Langsam und zögernd umrundete Moses die Herde und die Wasserstelle und näherte sich vorsichtig dem brennenden Busch. „Nun beruhige dich erst einmal, Moses", redete er sich selbst zu. „Du bist überarbeitet, und außerdem hast du dir in der letzten Zeit zu viele Gedanken über Ägypten gemacht. Das alles ist deinen Nerven nicht gut bekommen. Hier hat die Sonne eben wieder einmal durch ihre Hitze ein Feuer entzündet, und du siehst gleich große Wunder darin."

Doch diese Erklärung reichte nicht, das mußte Moses sich zugeben, als er jetzt dem Dornbusch näher kam. Denn er erkannte immer deutlicher, daß trotz aller Flammen nichts an dem Busch verbrannte.

Als er jetzt nur noch wenige Schritte entfernt stand, spürte er deutlich die überaus starke Hitze, die von dem brennenden Busch ausging. Sie war so stark, daß er mit seinem Gewand sein Gesicht bedecken wollte, ehe er noch näher ging.

Als er jetzt den nächsten Schritt auf den Busch zu tun wollte, war ihm, als würde er durch eine unsichtbare Hand zurückgestoßen. Und eine gewaltige Stimme rief aus dem brennenden Busch heraus: *„Moses! Moses!"*

Erschrocken fiel der einsame Mann auf seine Knie. Er zitterte am ganzen Körper. Die Stimme war ohne Zweifel direkt aus dem brennenden Busch gekommen, und er hatte auch ganz deutlich seinen Namen vernommen. Mit bebender Stimme antwortete er: *„Hier bin ich!"*

„Komm nicht näher heran!" befahl die Stimme. *„Lege deine Schuhe ab. Denn der Ort, wo du stehst, ist heiliger Boden!"*

40. KAPITEL

Wie es Moses gelang, mit seinen bebenden Händen die Schuhe auszuziehen, war ihm hinterher selbst nicht klar. Seine Gedanken und seine Gefühle waren ein wirres Durcheinander, während er spürte, wie die Hitze, die der Busch verströmte, und die Gegenwart des Ewigen ihn umgaben.

Sobald er die Schuhe von den Füßen hatte, warf er sich lang auf die Erde, mit dem Gesicht nach unten. Er zitterte um sein Leben.

Von dem brennenden Busch ging eine pulsierende Vibration aus, als wäre es der Herzschlag des Universums. Und nun begann auch die Stimme wieder: *„Ich bin der Gott deines Vaters, der Gott Abrahams, der Gott Isaaks und der Gott Jakobs."*

In Moses Ohren klangen diese Worte wie das Dröhnen einer Posaune, und ihm war, als würden sie aus jeder Falte der Wüste und von den Wänden des Horeb hundertfältig widerhallen. Er bedeckte sein Gesicht und wagte es nicht, aufzuschauen.

„Ich habe das Elend meines Volkes in Ägypten gesehen", fuhr die Stimme fort, *„und ihre lauten Klagen über ihre Antreiber habe Ich gehört. Ich kenne ihr Leid!"*

Moses zuckte bei dieser Erklärung zusammen, denn sie klang fast wie eine Anschuldigung. Denn auch er kannte ja das Elend seiner Brüder und hatte nichts getan.

Die Stimme fuhr unerschütterlich fort, und Moses war es, als sei jedes Wort ein Hammerschlag auf sein schuldiges Gewissen:

„Deshalb bin Ich herabgestiegen, um sie der Hand der Ägypter zu entreißen und aus jenem Land hinaufzuführen in ein schönes, weites Land, in dem Milch und Honig fließen, in das Gebiet der Kanaaniter, Hethiter, Amoriter, Perisiter, Hiwiter und Jebusiter."

Wie familiär klangen Moses doch diese Worte. Es waren die Verheißungen, die den Bund Gottes mit Abraham begleiteten und die von Jethro und den Männern der Midianiter immer wieder an ihren Lagerfeuern gemeinsam gesprochen wurden. Und nun hörte Moses diese Worte, mit denen Er Abraham und seinen Nachkommen das Land Kanaan versprach, aus dem Mund des Herrn selbst. Doch Moses blieb kaum Zeit, über diese Tatsache nachzudenken, denn nach einigen Augenblicken fuhr der Allmächtige fort:

„Jetzt ist die laute Klage der Israeliten zu Mir gedrungen, und Ich habe auch gesehen, wie die Ägypter sie unterdrücken." Moses nickte bei diesen Worten fast automatisch zustimmend mit dem Kopf.

Gott befahl nun: *„Und jetzt geh! Ich sende dich zum Pharao! Führe Mein Volk, die Israeliten, aus Ägypten heraus!"*

Ohne sich zu rühren, lag Moses auf dem Wüstenboden. Diese Worte hatten ihn so getroffen, daß er sich nicht einmal mehr in der Lage fühlte, seinen Kopf zu bewegen. Ihm war, als würde der Wüstenboden unter ihm nachgeben. Er umklammerte mit festem Griff seinen Hirtenstab, den er immer noch in der Hand hielt, und versuchte, sich zu beruhigen. Dann bemerkte er, daß weder der Boden unter ihm, noch er selbst sich bewegt hatten.

Das, wovor er sich immer gefürchtet hatte, war nun doch über ihn gekommen. Im Innersten seiner Seele hatte er seit Jahren gewußt, daß ein Augenblick kommen würde, da würde Gott ihn rufen; so wie sein Bruder Aaron es ihm vorausgesagt hatte und wie er es selbst seit seiner Jugend in seinem Herzen ahnte.

Doch wer war er denn, daß Gott gerade ihm diese Aufgabe übertug? Was wußte er denn, getrennt von seinem Volk, wie er die meiste Zeit gewesen war, von dem Erbe der Israeliten? Was wußte er schon von Gott und von den göttlichen Dingen?

Endlich wagte Moses es, sich auf seine Knie zu erheben. Doch er vermied es noch immer, direkt auf den brennenden Busch zu schauen.

„*Wer bin ich denn*", begann er stammelnd und so leise, daß seine Worte kaum zu vernehmen waren, „*daß ich zum Pharao gehen und die Israeliten aus Ägypten herausführen könnte?*"

Für eine ganze Weile schwieg der Busch, und nur das Knistern der Flammen war zu hören. Moses fragte sich, ob der Herr ihn überhaupt gehört hatte. Doch Gott wußte ja alle Dinge, also mußte Ihm auch bekannt sein, was er geflüstert hatte.

Als dann die Antwort kam, war es Moses, als kämen die Worte auf Flügeln der Barmherzigkeit zu ihm. „*Ich bin mit dir, denn Ich habe dich gesandt. Und als Zeichen dafür soll dir dienen: Wenn du das Volk aus Ägypten herausgeführt hast, werdet ihr Gott an diesem Berg hier verehren.*"

An diesem Berg? Konnte das möglich sein? Wollte der Herr wirklich sagen, das ganze Volk Israel, einige Millionen Sklaven, würden eines Tages durch diese Wüste ziehen? Der Gedanke schien Moses absurd. Wo sollten sie hier in der Wüste für so viele Menschen Nahrung und vor allem Wasser hernehmen? Und wie sollte er, ein einzelner Mann, eine so große Zahl aus der Gefangenschaft führen? Und vor allem: Warum gerade hierher, an diesen Berg?

Moses nahm all seinen Mut zusammen und versuchte seine Zweifel in einer, so schien es ihm wenigstens, harmlosen Frage zu verstecken.

„*Nun gut, ich werde also zu den Israeliten kommen*", begann er mit immer noch zu Boden gerichteten Augen. „*Und dann werde ich zu ihnen sagen: Der Gott eurer Väter hat mich zu euch gesandt. Wenn sie mich aber dann fragen: Wie ist Sein Name? Was soll ich ihnen da sagen?*"

In Wahrheit wollte Moses noch genauer wissen, wer das war, der da mit ihm redete. Er wollte ganz sicher sein, daß es der Herr, der Allmächtige selbst war, ehe er alles für Ihn riskierte.

Doch Gott hatte nicht nur die Worte gehört, sondern auch die Herausforderung erkannt, die dahinter lag, denn die Atmosphäre um den Busch und in der Luft schien sich plötzlich von Freundlichkeit und Geduld in Ärger zu verwandeln. Moses war es, als begänne die Erde zornig zu grollen und der Berg würde mißbilligend über ihn die Stirn runzeln.

Als jetzt die Stimme grollend wieder aus den Flammen ertönte, bedeckte Moses erschrocken sein Haupt und beugte sich wieder tief zur Erde hinunter. *„Ich bin, der Ich bin!“* rief der Ewige und fuhr fort: *„So sollst du zu den Israeliten sagen: Der ‚Ich bin' hat mich zu euch gesandt!“*

Moses Herz hämmerte wie rasend. Wie konnte er es wagen, Gott gegenüber so herausfordernd aufzutreten? Jahwe selbst, der Herr und ewige Gott des Universums, hatte zu ihm gesprochen, und er hatte Seine Worte in Zweifel gezogen!

Als Moses jetzt in sich zusammensank, wiederholte die Stimme: *„So sage zu den Israeliten: Jahwe, der Gott eurer Väter, der Gott Abrahams, der Gott Isaaks und der Gott Jakobs, hat mich zu euch gesandt. Das ist Mein Name für immer, und so wird man Mich nennen in allen Generationen.“*

Voller Scham blieb der einsame Hirte in der zusammengekrümmten Haltung vor Gott und wagte nicht, sich zu rühren. Gottes Gegenwart hüllte ihn erneut ein, und der Herr gab ihm weitere Anweisungen:

„Geh, und versammle die Ältesten Israels, und sage zu ihnen: Jahwe, der Gott eurer Väter, der Gott Abrahams, Isaaks und Jakobs, ist mir erschienen und hat mir gesagt: Ich habe sorgsam auf euch geachtet und habe gesehen, was man euch in Ägypten antut. Darum habe Ich beschlossen, euch aus dem Elend Ägyptens hinaufzuführen in das Land Kanaan . . . , in ein Land, in dem Milch und Honig fließt.

Sie werden auf dich hören. Und dann gehe mit den Ältesten Israels zum König von Ägypten und sagt ihm: Jahwe, der Gott der Hebräer, ist uns begegnet. Und jetzt wollen wir drei Tagesmärsche weit in die Wüste ziehen und Jahwe, unserem Gott, Schlachtopfer darbringen.

Doch Ich weiß, daß euch der König von Ägypten nicht ziehen läßt, es sei denn, er würde von starker Hand dazu gezwungen. Erst wenn Ich Meine Hand ausstrecke und Ägypten niederschlage mit allen Meinen Wundern, die Ich in seiner Mitte vollbringe, wird er euch ziehen lassen!"

Während die Stimme aus dem Busch immer weiter sprach, wurde Moses zusehends erregter. Furcht ergriff ihn, als er sich vorstellte, wie er das mächtigste Reich der Erde herausfordern sollte. Er dachte an Thutmoses III. Mit seinen engen Augen, die unter gewaltigen vorspringenden Brauen lagen, würde er ihn von seinem Thron herab spöttisch und wütend anblicken und seine Soldaten auf ihn hetzen.

Ganz langsam hob Moses jetzt den Kopf, während er immer noch wie ein Hund vor dem Busch kauerte. *„Was aber, wenn sie mir nicht glauben?"* fragte er weinerlich. *„Was, wenn sie nicht auf mich hören, sondern sagen: Jahwe ist dir nicht erschienen?"*

Eine ganz seltsame Stille legte sich plötzlich über die Wüste, als würde der Herr zwischen berechtigtem Ärger und Seiner großen Geduld hin- und hergerissen. Endlich fragte der Allmächtige: *„Was hast du da in der Hand?"*

Erstaunt betrachtete Moses seinen einfachen Hirtenstock und antwortete dann: *„Einen Stab."*

„Wirf ihn auf die Erde!" befahl der Herr.

Moses erhob sich aus der kauernden Stellung und tat, wie Gott ihm befohlen hatte. Zu seinem Entsetzen sah er, wie der Stab sich plötzlich zu bewegen begann. Er drehte und wendete sich hin und her und verwandelte sich vor seinen staunenden Augen in eine Schlange.

Das Reptil erhob seinen Kopf und blickte ihn zischend an. Dabei riß es sein Maul weit auf, und Moses sah vier große Giftzähne. Mit einem Schreckensschrei rannte er davon.

Doch der Herr rief ihn zurück und sagte: *„Streck deine Hand aus, und fasse sie am Schwanz!“*

Moses drehte sich vorsichtig um. Die Schlange befand sich noch am gleichen Platz, hatte sich aber jetzt hoch aufgerichtet und bewegte den Kopf und den oberen Teil ihres Körpers drohend hin und her.

Er fragte sich, wie es ihm gelingen sollte, in die Nähe des Schwanzes zu kommen, ganz zu schweigen davon, daß er diesen Schwanz packen sollte. Die Schlange würde sicherlich zubeißen, wenn er in ihre Reichweite kam und sich dann noch bewegte.

Noch nie hatte Gott ihn vor eine so tödliche Herausforderung gestellt. Doch er wußte, daß dies gleichzeitig eine Probe seines Vertrauens war. Würde er gehorchen, oder würde die Angst stärker sein als sein Vertrauen zu Gott? In diesem Augenblick war keine Zeit für theologische Überlegungen. Es ging hier vielmehr um die Kernfrage seines Lebens. Mit seiner Reaktion würde er jetzt beweisen, was er wirklich von Gott hielt.

Während ihm diese Gedanken durch den Kopf gingen, hatte er sich dem Reptil ganz langsam immer mehr genähert. Gewiß, es war sein Wille, der seine Hand bewegte, und doch mußte es für einen Beobachter so aussehen, als wäre alles automatisch geschehen. Denn blitzschnell schoß seine Hand nach vorn und packte das Tier beim Schwanz.

Im gleichen Augenblick wurde aus der Schlange wieder sein altvertrauter Hirtenstab, der sich willig in seine Hand schmiegte. Moses atmete erleichtert auf und fuhr voll sprachlosem Staunen mit der Hand über den glatten Stab.

„So sollen sie dir glauben“, begann nun der Allmächtige wieder, *„daß dir Jahwe erschienen ist, der Gott ihrer Väter, der Gott Abrahams, der Gott Isaaks und der Gott Jakobs.“*

Moses betrachtete immer noch verwundert den Stock in seiner Hand. Gewiß, überlegte er, wenn solche Dinge möglich waren, konnte er zuversichtlich nach Ägypten zurückkehren und sich seinem Feind auf dem Pharaonenthron stellen.

Doch diese Zuversicht hielt nur für einige Augenblicke an. Als er an die mächtigen Mauern des königlichen Palastes dachte und an die vielen zielsicheren Bogenschützen mit ihren vergifteten Pfeilen, regten sich die Zweifel wieder.

Niemand anders als er wußte besser, wie rücksichtslos es im Haus des Pharaos zuging. War er doch oft bei den Ratssitzungen mit dem König dabeigewesen und war erzogen worden, einmal selbst das mächtigste Reich der gegenwärtigen Welt zu führen, das er nun herausfordern sollte. Was war, verglichen mit solcher Macht, schon ein Hirtenstab, der sich in eine Schlange verwandelte. Solche Kunststückchen brachten die Zauberer des Pharaos auch fertig.

Sicherlich hatte Gott die in Moses wieder aufsteigenden Zweifel erkannt, denn der nächste Befehl kam kurz und ohne Geduld: *„Stecke deine Hand in dein Gewand!“* befahl Gott.

Der Hirte blickte nachdenklich in den brennenden Busch und fragte sich, was der Herr wohl jetzt vorhaben konnte. Doch er wagte nicht zu widersprechen, sondern schob seine zitternde Hand in sein Obergewand und legte sie an seine Brust.

Schon nach wenigen Sekunden verspürte er ein Kribbeln auf der Rückseite der Hand, das bald in einen heftigen Schmerz überging und sich bis in die Fingerspitzen ausbreitete. Doch Moses ließ die Hand weiter in dieser Stellung, bis der Schmerz verschwand und ein dumpfes Gefühl sich darin ausbreitete.

Ängstlich fragte er sich, was mit seiner Hand geschah und ob sie überhaupt noch vorhanden war oder vielleicht verschwunden wie die Schlange?

Endlich zog er die Hand wieder aus seinem Gewand, doch da er kein Gefühl mehr darin hatte und sie wie gelähmt erschien, mußte er dazu die andere Hand zur Hilfe nehmen. Voller Entsetzen sah er nun den Grund der Lähmung. Die

Hand war ganz weiß und völlig von Bläschen bedeckt. Er hatte Aussatz — Lepra! Moses schrie auf, fiel auf seine Knie und preßte das faulende Fleisch der Hand an sich.

Während er bitterlich weinte und sich fragte, wieso Gott so grausam sein konnte, spürte er, wie Gottes Gegenwart ihn wieder besonders deutlich umgab. *„Stecke deine Hand noch einmal in dein Gewand zurück!“* flüsterte der Allmächtige.

Ha! überlegte Moses. Glaubte Gott denn, er sei ein Narr? War es nicht genug, wenn eines seiner Glieder von dieser schrecklichen Krankheit befallen war? Doch sein Leben konnte immer noch gerettet werden, wenn man die Hand amputierte. Aber nun sollte er den Aussatz auch noch selber an andere Stellen seines Körpers tragen.

Doch er fühlte deutlich, wie Gott zwar mit großer Liebe, aber beharrlich ihn weiter drängte, die Hand zurückzustecken. Also griff er endlich mit der anderen Hand zu und schob das vom Aussatz befallene Glied wieder in sein Gewand zurück.

Doch dann spürte er, wie das Blut in die abgestorbenen Finger zurückkehrte und wie die ganze Hand wieder zu prickeln begann.

Tränen der Freude liefen nun über sein Gesicht. Lange ließ er die Hand noch in seinem Gewand. Als er sie dann herauszog, sah er, was er schon gefühlt und erwartet hatte, sie war rein und neu und gesund. Während er sie von allen Seiten betrachtete, war ihm, als habe der Allmächtige Seine Hand ermutigend auf seinen Kopf gelegt.

„Wenn sie dir nicht glauben und sich durch das erste Zeichen nicht überzeugen lassen, werden sie auf das zweite Zeichen hin glauben“, erklärte Gott nun.

Moses lachte erleichtert. Noch nie hatte er davon gehört, daß die ägyptischen Zauberer etwas ähnlich Aufsehenerregendes getan hätten. Sicher, sie konnten andere Menschen verfluchen mit ihren bösen Zaubereien und allerlei Krankheiten und Übel über sie bringen. Doch noch nie hatte er gehört, daß Lepra geheilt worden wäre, weder in Ägypten noch sonstwo.

Sein Glaube begann wieder zu wachsen. Es sah so aus, als würde er doch tun können, was der Herr von ihm erwartete.

Während er sich noch über seinen wachsenden Glauben freute, begann Jahwe erneut zu sprechen: *„Glauben sie aber selbst nach diesen beiden Zeichen nicht und lassen sich nicht überzeugen, dann nimm etwas Nilwasser und schütte es auf den trockenen Boden. Das Wasser, das du aus dem Nil geholt hast, wird auf dem Boden zu Blut werden.“*

Warum mußte der Herr jetzt gerade dies sagen, wo doch Moses Glaube wieder stärker wurde? Vom Nil zu reden, würde seinen Glauben nur wieder zerstören.

Nur jemand, der mit ägyptischen Sitten und Gebräuchen aufgewachsen war, konnte voll verstehen, welche große religiöse Bedeutung dieser heilige Strom hatte. Die Ägypter betrachteten ihn als das Lebensblut ihres Reiches, sein Wasser war ihnen heilig. Sie glaubten, es käme buchstäblich aus den Venen der Götter geflossen. Und obwohl Moses schon lange von Ägypten fort war und sich seit seinem 13. Lebensjahr mit dem Glauben Israels beschäftigte, repräsentierte der Nil für ihn doch immer noch eine respektable Macht.

Doch hier war Jahwe, der Gott Israels, der die Heiligkeit des Flusses nicht nur zu verachten schien, sondern das Wasser auch noch verspotten wollte, indem Er es in Blut verwandelte. Nie würden die Priester Ägyptens eine solche Schmach hinnehmen. Ein Abgesandter irgendeiner ihnen unbekannten Wüstengottheit, der auf diese Weise mit dem heiligen Wasser des Nils verfuhr, würde nicht eine Minute weiter zu leben haben.

Moses blickte um sich, als wolle er jemand suchen, der ihm beistand und diese erdrückende Aufgabe übernahm. Doch er war allein. Und wenn er dann mit dem Auftrag Gottes vor Pharao und dessen Priestern stand, würde er auch allein sein.

„Bitte, Herr!“ rief er und erhob flehend seine Hände, *„ich bin keiner, der gut reden kann, weder gestern noch vor-*

gestern, noch seitdem Du mit Deinem Knecht sprichst. Mein Mund und meine Zunge sind nämlich schwerfällig."

Er wußte, daß er die Geduld des Allmächtigen schon übermäßig beanspruchte. Gerade er konnte sich nicht damit herausreden, nicht wortgewandt zu sein. Schon von Kind an hatten seine Lehrer sich über seinen scharfen Verstand und seine Fähigkeit, sich gut auszudrücken, gewundert. Sogar der Oberpriester Jannes hatte ihm bestätigt, daß er darin besser war als alle seine anderen Schüler.

Doch der Herr kannte Moses Herz. Er wußte, wie tief die Angst in seiner Seele saß und daß nur wirklich große Unterstützung ihm helfen konnte. Deshalb sagte er freundlich: „*Wer hat dem Menschen den Mund gegeben, und wer macht taub oder stumm, sehend oder blind? Doch wohl Ich, der Herr! Geh also! Ich bin mit deinem Mund und weise dich an, was du reden sollst.*"

Bei soviel Geduld und Ermutigung hätte Moses sich aufraffen und fest seinen Stab ergreifen und endlich den Entschluß fassen sollen, nicht länger zu zögern, sondern nach Ägypten zu gehen. Statt dessen jammerte er: „*Aber bitte, Herr, sende doch irgendeinen anderen, nur nicht mich.*"

Da loderten die Flammen des Busches plötzlich hoch auf und verbreiteten eine solche Hitze, daß Moses erschrocken weiter zurückging, weil die Hitze ihn zu verbrennen drohte. Er verspürte dabei, wie sich nun der Zorn Gottes gegen ihn wandte.

„*Also gut*", rief der Allmächtige. „*Du hast doch einen Bruder, den Leviten Aaron, und Ich weiß, er kann reden. Außerdem macht er sich gerade auf den Weg und wird dir begegnen. Wenn er dich sieht, wird er sich von Herzen freuen.*"

Was? Aaron sollte mit ihm gehen? Niemals! Der verzagte Hirte war entsetzt. Nie würde er zustimmen, seinen Bruder auch noch dieser großen Gefahr auszusetzen. Warum sollte nun auch Aaron noch mit in diese unheilvolle Sache hineingezogen werden?

Aber natürlich, wenn er sich alles recht überlegte, mußte er zugeben, daß Aaron stets sehr mutig gewesen war. Er hatte immer offen und furchtlos ausgesprochen, was er dachte. Moses begann sich seiner Feigheit und Widersetzlichkeit wegen zu schämen. Genau das aber hatte Jahwe erwartet.

„*Du wirst mit ihm sprechen und ihm deine Worte in seinen Mund legen!*“ befahl der Herr nun. Und ohne noch einen weiteren Einwand von Moses Seite abzuwarten oder zu dulden, fuhr Er fort: „*Ich aber, Ich selbst, werde mit deinem und seinem Mund sein, Ich werde euch anweisen, was ihr tun sollt; und er wird für dich zum Volk reden. Und du sollst an Meiner Stelle zu ihm reden.*“

Wie kompliziert ist das doch, überlegte Moses, dabei ginge es doch viel einfacher. Doch er selbst, mit seiner übergroßen Angst, war schuld daran, daß sein Bruder nun auch in Gefahr kam. Er stellte sich vor, wie es sein würde, wenn er seinem älteren Bruder wieder begegnete und sie gemeinsam vor das Volk treten würden.

Doch Gott ließ ihm nicht viel Zeit zu solchen Gedanken, sondern lenkte Moses Aufmerksamkeit wieder auf seinen Hirtenstock, den er beiseite geworfen hatte, als seine Hand aussätzig wurde.

„*Du selbst nimm diesen Stab wieder in deine Hand*“, sagte der Allmächtige. „*Mit ihm wirst du all die Zeichen vollbringen, von denen Ich dir gesagt habe.*“

41. KAPITEL

Am Brunnen von Ezion-Geber herrschte an diesem Abend reger Betrieb. Es hatten sich mehr Reisende als gewöhnlich hier eingefunden. Ein Durcheinander vieler Sprachen füllte die abendliche Luft, während die einzelnen Karawanen und Reisegruppen ihre Nachtlager aufschlugen. Moses wurde dadurch sehr stark an seine erste Reise nach hier erinnert, die nun schon fast 40 Jahre zurücklag, als er als Flüchtling aus Ägypten kam und zum ersten Mal mit den Gewohnheiten der Nomaden Bekanntschaft machte.

Er dachte daran, wie fasziniert und gleichzeitig verunsichert er gewesen war, als er an jenem Abend in der Oase Migdol die Reisegruppe der Midianiter traf. Nichts von all dem schien sich in diesen 40 Jahren geändert zu haben. Das Durcheinander der Stimmen, das Klappern von Geschirrteilen beim Zubereiten der Abendmahlzeit und die Schreie der Tiere waren noch immer wie damals, nur daß er sich mittlerweile daran gewöhnt hatte. Heute amüsierte ihn das alles eher als daß es ihn befremdete.

Daß Moses überhaupt wieder lächeln konnte, zeigte etwas von der Veränderung, die in seinem Herzen vorgegangen war. Eigentlich hätte ihn noch immer die Furcht plagen sollen, denn er war nun auf dem Weg nach Ägypten, zurück zu dem Land am Nil, mitten hinein in den Rachen des Löwen. Doch er hatte keine Angst mehr.

Seit der Herr ihm dort am brennenden Busch jene große Aufgabe übertrug, hatte er immer wieder darüber nachgedacht. Am selben Tag noch, als er die Wunder am brennenden Busch erlebte, hatte er begonnen, ihr Hirtenlager abzubrechen und zum Hauptlager der Midianiter zurückzuziehen, um dort alle seine Angelegenheiten mit seinem Schwiegervater und dem Stamm zu ordnen. Er bat Jethro, ihn ziehen zu lassen, und zwar mit seiner Frau und seinen Söhnen. Die Frist, die mit der Erledigung all dieser Dinge gebraucht wurde, hatte ihm reichlich Zeit gelassen, alles nochmals genau zu überdenken.

Vor langer Zeit hatte Jethro ihn einmal gewarnt, Zipporah niemals in ein anderes Land zu führen. Doch durch die Jahre hindurch war auch der ältere Mann davon überzeugt worden, daß Jahwe mit Moses einen besonderen Plan verfolgte, und deshalb hatte er nun Moses Bitte zugestimmt.

Moses hatte nur ein kleineres Reisezelt und wenige Packtiere mitgenommen sowie das Allernötigste für seine Familie. Nach einem schmerzlichen Abschied hatten sie Jethro und den midianitischen Stamm, der ihm so lange Heimat gewesen war, verlassen. Moses zweifelte nicht länger an Gottes Ruf und an der Tatsache, daß der Herr ihn mit allem ausrüsten würde, was für seine Aufgabe notwendig war.

Ganz anders allerdings war das mit Zipporah. Sie hatte sich noch nicht daran gewöhnt, nun in ein fremdes Land gehen zu müssen, und deshalb konnte sie auch an diesem Abend noch nicht wieder lächeln.

Für die Denkweise der einfachen Nomadin war Moses Wesen immer bis zu einem gewissen Grad ein Rätsel geblieben. Gewiß, sie liebte ihn von ganzem Herzen; aber viele Dinge an ihm, wie die Größe seiner Vergangenheit oder sein Interesse an den alten Geschichten des Stammes und sein Eifer, alles auf Papyrusrollen niederzuschreiben, waren ihr stets etwas unverständlich oder gar unheimlich geblieben.

Gewiß, sie hatte seine Interessen eben in erster Linie seinem ausländischen Herkommen zugeschrieben. Aber ganz gewiß saßen auch nicht alle Ägypter so oft über Schriftrollen oder dachten so viel über die Vergangenheit nach wie ihr melancholischer Gatte.

Sie hatte es deshalb immer als ihre Aufgabe angesehen, sich um die mehr praktischen Dinge im Haushalt zu kümmern. Moses war sicherlich ein guter Hirte und ein freundlicher und fürsorgender Vater. Er hatte es auch gelernt, auf die Denkweise und Lebensweise der Midianiter einzugehen. Und vor allem — er liebte Zipporah noch immer sehr und trug sie buchstäblich auf Händen. Und das war stets genug für Zipporah gewesen, so daß sie auch seine ihr etwas seltsamen Eigenarten ertrug.

Manchmal ärgerte sie sich aber doch über ihn. So konnte sie auch jetzt nicht verstehen, warum er sie und ihre Söhne in ein fremdes Land bringen wollte. Früher hatte er nie von einer solchen Absicht gesprochen, sondern er schien mit dem Leben in Midian durchaus zufrieden zu sein. Deshalb brachte Zipporah auch kein Verständnis für die Reise auf und versuchte unterwegs immer noch, ihren Gatten umzustimmen.

Ihr Ärger darüber war genauso stark wie damals, als Moses angekündigt hatte, er würde sich beschneiden. Energisch hatte sie dagegen gekämpft, denn in ihrem Stamm hatte sich bisher kein einziger Mann jemals dieser Prozedur unterzogen.

Die praktische Frau, die Zipporah war, fand es töricht und nutzlos, sich einem so blutigen Ritual zu unterziehen. Sie hätte es allerdings noch ohne großen Widerstand hingenommen, wenn ihr Gatte nicht darauf bestanden hätte, auch ihren Sohn Gerschom, der damals noch ein Kind war, der gleichen schmerzhaften Prozedur zu unterziehen.

Nie würde man im Stamm vergessen, wie verzweifelt sie ihren Mann angefleht hatte, als dieser den kleinen Gerschom bei der Hand nahm und mit ihm in dem buntgestreiften Zelt verschwand. Kurze Zeit später war Moses wieder erschienen. Er hatte seinen Sohn, in dessen Augen die Tränen standen, sanft auf den Armen getragen.

Gerschom war an jenem Tag unglaublich tapfer gewesen. Doch Zipporah hatte ihrem Gatten diese Tat, die in ihren

Augen ein grausamer Mißbrauch an ihrem Sohn war, nie vergeben. Immer wieder einmal hielt sie in den folgenden Jahren Moses das vor, wenn sie einmal zornig war.

Als Moses nun seine Absicht ankündigte, nach Ägypten zu ziehen, hatte sie sich genauso vehement dagegen aufgelehnt wie damals gegen Gerschoms Beschneidung. Obwohl die Midianiter Nomaden waren, verlief doch auch ihr Leben in bestimmten geregelten Bahnen. Sie aus ihrem freieren Leben herauszureißen und in eine städtische Zivilisation zu verpflanzen, mußte für sie genauso problematisch sein, als wenn ein verwöhnter Stadtbewohner nun ein Nomadenleben führen mußte.

Doch Zipporah wußte, daß sie sich dem Willen ihres Mannes zu fügen hatte. Gerade jetzt wieder ärgerte sie sich darüber, als sie mit Gerschom dabei war, ihr kleines Reisezelt aufzustellen, während der neun Jahre alte Elieser seiner üblichen Aufgabe nachkam, nämlich die Wasserschläuche von den Rücken der Esel zu nehmen und sie am Brunnen neu zu füllen.

Als er jetzt mit den vollen Wasserschläuchen zurückkehrte, nickte Zipporah ihm stolz zu. Mindestens für diesen Sohn war es ihr bisher gelungen, der Absicht ihres Gatten, ihn zu beschneiden, zu widerstehen. Sie hatte sich energisch dagegen aufgelehnt und war entschlossen, dies auch weiterhin zu tun.

Elieser hatte das Wasser aus einem der Schläuche in die Gefäße geschüttet, die Zipporah für das Abendessen brauchen würde, und machte sich mit dem leeren Schlauch nochmals auf den Weg zum Brunnen. Als er an Zipporah vorüberging, strich sie ihm zärtlich über sein dunkles Haar.

Doch plötzlich stockte sie und hielt den Atem an. Sie fühlte, daß der Kopf des Jungen unnatürlich heiß war. Und als sie ihn jetzt näher betrachtete, bemerkte sie auch die ungewöhnliche Röte seines Gesichts.

„Sohn“, sagte sie besorgt, „fühlst du dich nicht wohl?“

Der Junge blickte sie mit stumpfen Augen an, und sie sah,

daß auch diese einen fiebrigen Glanz hatten. „Ich bin müde, Mutter", antwortete er. „Ich möchte gern zu Bett gehen."

Schnell zog sie ihn in das Zelt, das schon vollständig stand und bei dem Gerschom gerade die letzten Pflöcke einschlug. Sie bereitete in Eile sein Lager vor und entkleidete ihn. Niemand hier in der Oase durfte erfahren, daß er krank war. Es hätte sonst sein können, daß man ihnen den Lagerplatz hier verweigerte, aus Furcht, es könnte sich um eine ansteckende Krankheit handeln.

Zipporahs Herz klopfte heftig, als sie ihren Jungen auf dem Nachtlager sorgfältig zudeckte. „Sei ganz still, Elieser", versuchte sie ihn zu trösten. „Weine nicht. Ich werde den Vater herbeirufen."

Sie umarmte ihn und streichelte sanft über sein heißes Gesicht. Dann verließ sie das Zelt, um Moses zu suchen.

Es dauerte nicht lange, da kam Moses eilig mit seiner Frau in das Zelt. Er kniete am Lager seines kranken Sohnes nieder, nahm die kleine feuchte Hand in die seine, zog sie an seine Lippen und betete still.

„Sicher wirst du bald wieder gesund werden", flüsterte er ihm zu, und versuchte, auch die aufgeregte Zipporah zu beruhigen, indem er hinzufügte: „Ich denke, daß es morgen früh schon wieder besser ist. Er wird einfach übermüdet sein und hat vielleicht auch ein wenig Angst vor dem, was vor uns liegt."

„Natürlich hat er die", gab die Frau ärgerlich und lauter als notwendig zurück. „Wir haben alle Angst. Und das ist gar nicht verwunderlich, wenn man ohne vernünftigen Grund seine Heimat und seine Angehörigen verlassen muß."

Gerschom betrat jetzt ebenfalls das Zelt und sagte warnend: „Mutter, sprich bitte leiser, sonst hört noch jemand, daß hier ein Kranker ist."

Zipporah kämpfte mit ihrem Ärger und preßte die Lippen aufeinander.

„Hole einen Lappen", befahl Moses, „mach ihn naß und kühle damit seine Stirn!"

Zipporah gehorchte, kümmerte sich weiter um Elieser und begann gleichzeitig mit der Zubereitung des Abendessens.

Moses verließ das Zelt wieder und ging ein Stück in die dunkle Wüste hinaus und dachte nach. Warum war sein Sohn krank geworden, überlegte er. Sie waren doch auf der Reise nach Ägypten. Bis Ezion-Geber waren sie nun schon gekommen. Er hatte seine Angst überwunden und folgte nun furchtlos dem Ruf Gottes. Er hatte seinen Widerstand gegen Gottes Willen aufgegeben, und auch seine Sicherheit und sein bisheriges ruhiges Leben. Welches Übel konnte denn über ihn oder seine Familie kommen, solange er den Willen Gottes tat und auf Jahwes Wegen ging?

Gewiß würde das Fieber schnell wieder vorübergehen. Das war wohl nur eine weitere Probe seines Glaubens. Der Junge würde am Morgen sicher wieder gesund sein.

Doch irgend etwas tief in ihm ließ ihm keine Ruhe. Er fühlte, daß es etwas gab, das die Harmonie mit Gott störte.

Ihm war, als fühle er immer noch das heiße Gesicht Eliesers in seiner Hand — und das war so furchterregend wie damals die Hitze, die von dem brennenden Busch ausging.

42. KAPITEL

Moses schien es, als sei die Wüste an diesem Abend besonders dunkel. Er war nicht sehr weit gegangen, denn es konnte gefährlich sein, sich in der Dunkelheit zu weit von den Lagerfeuern der Oase zu entfernen. Nutzten doch auch die Raubtiere die Nacht, um Beute zu machen.

Als Moses einen größeren Stein fand, setzte er sich einige Augenblicke darauf. Doch ruhelos sprang er nach kurzer Zeit wieder auf und ging hin und her. Dabei flehte er fortwährend zu Gott, spürte aber in seinem Herzen, daß da irgend etwas war, das dem Herrn nicht gefiel.

Irgend etwas war falsch — und zwar sehr falsch. Ihm war klar, daß Eliesers Fieber irgendwie etwas mit einem geistlichen Kampf zu tun hatte — und er mußte herausfinden, worum es ging.

Nachdem er eine ganze Weile ziellos hin und her gelaufen war, setzte er sich endlich wieder auf den Stein und legte seinen Hirtenstab neben sich. Diesmal kam kein göttliches Feuer, um einen Busch zu entzünden. Doch Moses verspürte die Gegenwart Gottes auch so.

„Worum geht es, Herr?" flehte er. „Was gefällt Dir nicht? Du weißt, ich werde alles tun, was Du willst. Habe ich das nicht schon bewiesen?"

Doch keine Antwort kam. Da war nur das tiefe Schweigen der Wüste rundum, und aus der Ferne waren ab und zu Laute zu hören, die von der Oase her an sein Ohr drangen. „Bitte, Herr, verschone meinen Sohn", betete er. „Der Junge ist unschuldig, er hat sich nicht gegen Dich gestellt."

Weiterhin Schweigen rundum. Nur ein leichter Wind machte sich jetzt auf, der durch die Dornbüsche strich. Als der Herr dann doch endlich zu reden begann, richtete Moses sich gespannt auf und hörte aufmerksam zu:

„*Wenn du gehst und nach Ägypten zurückkehrst*", flüsterte die Stimme, „*dann halte dir alle Wunder vor Augen, die Ich in deine Hand gelegt habe, und vollbringe sie vor Pharao.*"

Moses preßte seine Hand fester um den heiligen Stab, mit dem er dort am brennenden Busch die Wunder Gottes getan hatte. Doch dabei traten ihm Tränen in die Augen. War Jahwe denn seinen augenblicklichen Sorgen gegenüber gleichgültig? Ging es Ihm nur darum, die Instruktionen, die Er ihm gegeben hatte, in dieser Stunde der Krise nochmals zu wiederholen?

Doch ungerührt, als habe Gott Moses Frustration nicht zur Kenntnis genommen, fuhr Er fort: „*Doch Ich werde das Herz des Pharaos verhärten, so daß er das Volk nicht ziehen läßt.*"

Ja, ja, gewiß. Moses hatte diese Worte früher schon von Gott gehört und nicht vergessen. Er ärgerte sich nun, weil er sie gerade jetzt wieder hören mußte.

Doch nun wurde der Wind stärker, der über die Wüste wehte. Und Moses spürte, daß der Herr ebenfalls ärgerlich war, als Er jetzt weiter redete:

„*Dann sage zum Pharao: So spricht Jahwe: Israel ist Mein erstgeborener Sohn. Ich sage dir: Laß Meinen Sohn ziehen, damit er Mich verehren kann. Wenn du dich weigerst, ihn ziehen zu lassen, bringe Ich deinen erstgeborenen Sohn um!*"

Moses war überrascht. Das, was er zuletzt gehört hatte, war neu für ihn. Davon hatte der Herr noch nie gesprochen. Niemals hatte Er auch nur angedeutet, daß ein Kind des Pharaos in Gefahr sein könnte, wenn dieser sich weigerte zu gehorchen.

Doch während der Mann Gottes über die gehörten Worte nachdachte, wurde ihm plötzlich seine eigene Haltung bewußt. War er selbst denn immer treu gewesen, oder war nicht auch in einer Ecke seines Herzens noch Ungehorsam zu finden?

Als er jetzt wieder an Elieser dachte, der unter dem Fieber litt, begann er zu zittern. Ja, Moses war mit der gleichen Sünde schuldig geworden, die Pharao begehen würde. Er hatte in falscher Rücksichtnahme seinen Sohn verschont, weil er Zipporah nicht noch mehr verärgern wollte. Deshalb hatte er seinen jüngeren Sohn nicht Gott geweiht und ihn nicht der Beschneidung unterzogen, wie Jahwe es in Seinem Bund forderte.

Als ihm diese Tatsache groß wurde, begann er sich im Grunde seines Herzens zu schämen. Während er zur Oase hinüberblickte, wußte er auf einmal, was er zu tun hatte. Er hatte Gottes Großzügigkeit für selbstverständlich genommen und hatte mit den heiligen Geboten Gottes gespielt.

Entschlossen erhob er sich und lief schnell zu ihrem Zelt zurück. Wenn er aufrecht und mutig vor den König Ägyptens hintreten wollte, mußte er selbst erst Gott gegenüber gehorsam geworden sein. Es schien so, als habe er die Lektion immer noch nicht ganz gelernt, daß Gottes Wille unter allen Umständen respektiert werden mußte.

„Zipporah", rief er, als er das Zelt betrat, „Gott ist mir begegnet und hat zu mir gesprochen!"

Die Frau saß immer noch voller Sorge neben dem kranken Jungen, der sich in Fieberträumen ruhelos auf dem Lager hin und her warf. „Wo bist du denn so lange gewesen?" fragte sie vorwurfsvoll. „Wie kannst du mich mit dem kranken Kind allein lassen?"

Doch Moses war nicht in der Stimmung, mit ihr zu diskutieren. „Der Herr hat mir gesagt, was wir tun müssen, und diesmal wirst du mich nicht davon abhalten", erklärte er entschlossen.

Gerschom, der in einer Ecke des Zeltes bisher geschlafen hatte, erwachte durch die Stimmen und fragte, als er Moses entschlossenes Gesicht sah: „Worum geht es, Vater?"

„Wir dürfen Gott nicht länger ungehorsam sein", erklärte Moses. „Ich weiß jetzt, daß ich falsch gehandelt habe."

Zipporah schaute Moses überrascht zu, als dieser in ihrem Gepäck zu suchen begann, das ebenfalls in einer Zeltecke stand. „Was suchst du denn?" fragte sie und bemühte sich, den Mann nicht noch mehr zu erregen.

„Wo sind die Feuerstein-Messer?" fragte Moses ungeduldig, während er weiter suchte.

„Die Feuerstein-Messer?" staunte Zipporah ungläubig. „Wozu brauchst du sie denn gerade jetzt?"

Feuerstein-Messer wurden unter anderem auch für Operationszwecke benutzt. Sie waren damals fast in jedem Haushalt zu finden. Man schnitt damit zum Beispiel Dornen heraus, die sich jemand tief eingetreten hatte, oder verwendete sie zum Aderlaß und ähnlichen Zwecken.

Zipporah sprang entsetzt auf. „Du willst doch an dem Jungen jetzt keine so blutige Tat begehen?" rief sie. „Das ist doch Aberglaube!"

Doch Moses ließ sich diesmal nicht abbringen, sondern erwiderte: „Du weißt genau, daß es nicht Aberglaube ist, sondern ein Gebot Gottes, das Er unserem Vater Abraham gab, als Er den Bund mit ihm und durch ihn mit seinen Nachkommen schloß. Und wir sind die Nachkommen Abrahams und müssen Gottes Gebote erfüllen, die zu diesem Bund gehören, wenn wir erwarten, daß Gott Seinen Teil des Bundes erfüllt."

Mittlerweile hatte Moses das Messer gefunden und trat mit wenigen Schritten an das Lager seines kranken Sohnes.

Doch Zipporah stellte sich vor ihn, griff nach dem Messer und bettelte: „Bitte, tu es nicht. Nicht das. Du willst mich doch nicht wieder betrügen."

„Dich betrügen?" seufzte Moses. „Kannst du denn nicht verstehen, daß es Jahwe ist, den ich die ganze Zeit betrogen habe, indem ich Seinem Gebot nicht gehorsam war?"

„Du willst also den kranken Jungen genauso quälen, wie du dich selbst und Gerschom gequält hast?" empörte sich die Frau.

Der ältere Sohn trat jetzt zu seiner Mutter und versuchte sie zu beruhigen.

„Es ist die einzige Möglichkeit", beharrte Moses. „Oder möchtest du lieber, daß der Allmächtige Elieser sterben läßt?"

Ungläubig schüttelte sie den Kopf. „So ist also deiner Meinung nach Gott verantwortlich für Eliesers Krankheit?" weinte sie. „Für welch eine Art von Monster hältst du unseren Herrn denn? Das ist nicht der Gott meines Vaters Jethro!"

Für einige Augenblicke schien Moses unschlüssig zu werden, denn Zipporahs Argument klang überzeugend. Auch er wollte lieber nicht glauben, daß Gott fähig wäre, an einem unschuldigen Kind Rache zu nehmen. Doch andererseits wußte er, daß er gehorchen mußte. Er wußte, trotz aller scheinbar vernünftigen Argumente, daß Eliesers Überleben von seiner Bereitschaft abhing, unter allen Umständen Gottes Willen zu tun.

„Erinnere dich doch an Abraham", antwortete er. „Er mußte seinen über alles geliebten Sohn Isaak aufgeben, um ihn auf dem Altar zu opfern. Erst nachdem er gehorchte, erhielt er seinen Sohn zurück."

Zipporah war sprachlos. Für einen langen Augenblick breitete sich Schweigen zwischen ihnen aus. Dann bewegte sich ihre Hand schnell wie der Blitz, und sie riß Moses das Messer aus der Hand. Moses glaubte schon, sie wolle sich damit auf ihn stürzen. Doch zu seinem Erstaunen wandte sie sich dem kranken Jungen zu.

„Also gut!" zischte sie. „Aber wenn es schon sein muß, dann will ich es tun. Du wirst deine Hand nicht an meinen kranken Sohn legen."

Ehe Moses richtig klargeworden war, was jetzt geschah, hatte sie die Genitalien des Jungen aufgedeckt und beschnitt ihn.

Für Elieser war es gut, daß er des hohen Fiebers wegen so gut wie in Ohnmacht gefallen war, denn dadurch bekam er den Schmerz, der ihn bei dieser Prozedur ergreifen mußte, fast nicht mit. Er zuckte nur ein wenig zusammen und stöhnte leicht.

Es dauerte keine Minute, da hielt Zipporah die blutende Vorhaut in ihrer Hand und warf sie Moses vor die Füße. „Hier hast du sie!“ schrie sie. „Du bist ein Blutsbräutigam für mich!“

Damit drehte sie Moses den Rücken zu und bemühte sich, Eliesers blutende Wunde zu stillen.

43. KAPITEL

Am nächsten Morgen sandte Moses Zipporah und ihre Söhne zurück nach Midian.

Es war, wie er vorausgesagt hatte. Eliesers Fieber verschwand, bald nachdem er beschnitten war. Zwar würde es noch einige Zeit dauern, bis die Beschneidungswunde völlig verheilt war, doch er war nicht länger krank. Ja er war sogar schon kurz nachdem Gottes Gebot an ihm erfüllt worden war, in der Lage gewesen, aufrecht zu sitzen und Nahrung zu sich zu nehmen.

Zipporah war auch nicht länger zornig auf Moses, denn sie war ja nicht blind der Wahrheit gegenüber, die sich so offensichtlich erwiesen hatte. Als klar wurde, daß ihr Sohn auf dem Weg der Genesung war, warf sie sich ihrem Gatten in die Arme und bat ihn um Vergebung. Auch jetzt noch, als er ihr half, den Esel zu besteigen, schmiegte sie sich an ihn und weinte.

Doch Moses war klargeworden, daß es das beste war, wenn sie und die Söhne zurückkehrten. „ Ich hätte euch gar nicht erst zwingen sollen, mit mir zu kommen", meinte er tröstend, als er ihr in den Sattel half. Gott hat mich beauftragt, nach Ägypten zu gehen, aber nicht euch. Kehre zu deinem Vater zurück. Wenn die Zeit gekommen ist, werde ich euch zu mir rufen."

„Ich liebe dich", flüsterte die Frau mit tränenerstickter Stimme.

„Ich dich auch", antwortete Moses. „Das weißt du." Dann wandte er sich an Gerschom und sagte: „Du übernimmst jetzt an meiner Stelle die Sorge für die Familie."

Das war vor vier Tagen gewesen. Moses hatte nach diesem Abschied die Reise nach Ägypten allein fortgesetzt und hatte schon mehr als die Hälfte der Sinai-Halbinsel durchquert.

In seiner Seele herrschte ein Durcheinander von Gefühlen, seit er Ezion-Geber verlassen hatte. Er vermißte Zipporah, und er vermißte Gerschom und Elieser. Midian war seine Heimat geworden, und irgendwie war ihm, als habe er Heimweh. Doch andererseits wuchs mit jedem Schritt westwärts in ihm die gespannte Erwartung. Obwohl er kaum wußte, was die Zukunft für ihn bereithielt, war ihm doch klar, daß er sein ganzes Leben lang für die jetzt vor ihm liegende Aufgabe vorbereitet worden war.

In Ägypten hatte diese Vorbereitungszeit begonnen, und nach dort mußte er nun wieder zurückkehren. Seine Jahre des Nomadenlebens in der Wüste waren ihm dazu eine große Hilfe gewesen. Sein Körper war abgehärtet und konnte besser Strapazen ertragen, er war viel selbständiger geworden als vorher, und von Jethro und auch durch seine eigenen Erfahrungen hatte er viel mehr über göttliche Dinge gelernt, als anderswo möglich gewesen wäre.

Dabei wollte auch immer wieder Angst in ihm aufsteigen, wenn er zu sehr über das nachdachte, was vor ihm lag. Doch wenn er dann an seine Begegnungen mit Gott dachte, an seinen Auftrag und auch an die Möglichkeiten, mit denen Gott ihm durch den Stab, den er auch jetzt in seiner Hand trug, helfen und seine Mission unterstützen wollte, konnte er diese Furcht stets überwinden.

Der Staub des Sinai-Weges setzte sich in seine Kleidung, und das regelmäßige leise Geräusch, wenn er den heiligen Stab beim Gehen immer wieder aufsetzte, unterstrich das Schweigen der Wüste noch. Ab und zu begegnete ihm eine Gruppe Reisende, die aus dem Westen kamen, und stets begrüßte der einsame Wanderer sie herzlich. Waren es doch für ihn willkommene Unterbrechungen seiner einsamen Reise. Und oft drehte er sich dann noch um und schaute den Weiterziehenden nach, bis sie seinen Blicken entschwanden. Denn von all seinen Gefühlen war das der Einsamkeit das bedrückendste.

Sein nächstes Ziel war der Bittersee. Vor ihm erstreckte sich jetzt noch mehr als 100 Kilometer wüstes Land. Er machte sich aufs neue Mut, da diese unausweichliche Strecke der Einsamkeit nicht zu vermeiden war. Immer wieder suchte er vor sich einen Punkt, auf den er zugehen konnte — ein einzelner Busch oder Baum oder ein großer Stein oder ähnliches, damit er das Gefühl für die Zeit und die Entfernung nicht verlor.

Voller Erleichterung sah er ganz in der Ferne einen anderen einsamen Reisenden, der von Westen her kam. Die Figur war noch ganz klein und verschwommen durch die wabernde Hitze der Wüste, die die Luft flimmern ließ. Doch je näher der andere kam, um so deutlicher war er zu erkennen. Es mußte ein großer und stattlicher Mann sein.

Der Anblick eines anderen Lebewesens stärkte auch Moses wieder, deshalb ließ er den Herankommenden nicht aus den Augen. Nur zu bald würden sie sich begegnen. Der Fremde würde weiter nach Osten ziehen, und er selbst würde wieder allein sein.

Doch je näher der andere Reisende kam, um so mehr kam Moses zu der Überzeugung, er müsse ihn schon einmal gesehen haben. Die Art seines Ganges und seine Haltung kamen ihm irgendwie bekannt vor.

Plötzlich war es Moses, als würde sein Herz einen großen Sprung machen. Vor sich sah er wieder den brennenden Busch, und er erinnerte sich ganz deutlich, daß Gott dort versprochen hatte, Er würde . . .

Moses machte eine Luftsprung vor Freude. „Aaron!" schrie er. „Aaron, bist du es?"

Auch der andere schien ihn jetzt erkannt zu haben, und beide Männer begannen mit einem Mal schneller zu laufen. Bald rannten sie wie Schulbuben mit ausgebreiteten Armen aufeinander zu und umarmten sich, dabei vor Freude laut lachend.

„Mosche!“ begrüßte der ältere Bruder ihn und zog ihn nochmals an seine Brust. „Endlich habe ich dich gefunden, wie der Herr es mir gesagt hat!“

Als sie einander endlich losließen, traten sie einen Schritt zurück und betrachteten sich gegenseitig. Dann klopften sie sich wieder auf die Schultern und lachten wie zwei Buben.

Aaron war immer noch ein stattlicher und starker Mann. Doch sein jüngerer Bruder war dies nun ebenso. Die Jahre in der Wildnis hatten seinen Körper stark gemacht und seinem Gesicht Charakter gegeben.

„Ich würde dich überall wiedererkennen“, erklärte Moses. „Aber was ist dies?“ fügte er scherzhaft hinzu und zog an einem silbergrauen Haar in Aarons Bart.

„Das ist der Reichtum des Alters“, antwortete der Ältere. „Doch was ist das denn?“ gab er zurück und zog ebenfalls an Moses Bart. Doch er sah dort mehr als nur Moses Bart, in dem sich auch schon einige silberne Haare zeigten, er sah, daß es nicht mehr ein glattrasiertes ägyptisches Gesicht war, sondern der volle Bart in dem von der Sonne braungebrannten Gesicht eines Hirten.

„Das ist ebenfalls der Reichtum des Alters und gleichzeitig das Zeichen eines freieren Lebens“, gab Moses lachend zurück.

Sofort nachdem er diese Worte gesagt hatte, tat es ihm leid, von einem *freien Leben* gesprochen zu haben. Er fragte: „Wie kommt es, daß du mir hier draußen schon entgegenkommst? Du bist doch kein freier Mann?“

Aaron verstand Moses Verlegenheit, denn als sie sich das letzte Mal gesehen hatten, war Moses ein Flüchtling und Aaron noch ein Sklave, der nur ein etwas freieres Leben genoß als die meisten anderen Sklaven.

„Mosche, hör mir zu“, begann der Ältere.

„Wie nennst du mich immer?“ fragte Moses erstaunt.

„Ich rede dich mit der hebräischen Form deines Namens an, erklärte Aaron. Für uns bist du schon lange nicht mehr der Ägypter Moses, *das Kind,* wie die ägyptische Bedeutung ist. Für uns bist du der Israelit Mosche, *der Herausgezogene.* Wir sehen in dir den von Gott aus dem Wasser Geretteten, Hatschepsut war nur Sein Werkzeug. Und so, wie du von Gott aus dem Wasser gezogen wurdest, so bist du nun Gottes Werkzeug, um unser Volk aus Ägypten zu retten. Deshalb bist du für uns nicht mehr der Ägpter *Moses,* sondern der Israelit *Mosche.*"

Erstaunt schüttelte Mosche den Kopf und meinte: „Daran werde ich mich erst gewöhnen müssen. Doch was wolltest du sagen, als ich dich unterbrach?"

„Wir sind keine Sklaven mehr", berichtete Aaron. Schon vor vielen Jahren, als Hatschepsut Königin war, hat sie unserer ganzen Familie die Freiheit geschenkt, und etlichen anderen Sklaven, vor allem israelitischen, ebenso."

Moses mußte vor Freude über diese Neuigkeit mit den Tränen kämpfen. Wieviel hatte sich doch in der langen Zeit geändert, wovon er noch nichts wußte.

„Aber wie ist es dir ergangen?" fragte Aaron. „Und wie wird es mit uns beiden weitergehen? Wenn ich Gott recht verstanden habe, dann hat Er große Pläne mit uns."

TEIL VI

MANN GOTTES

44. KAPITEL

Die Zeit schien stehengeblieben zu sein, so empfand es Moses, als er jetzt im Schein der Sonne die gewaltigen Mauern von Ra-Amses vor sich aufragen sah. Wie oft in seinem Leben hatte er dieses beeindruckende Bild von Ägyptens Macht schon gesehen? Aber wie lange war es schon her! Wenn man aus der Richtung der östlichen Wüste kam, wo für viele Tage nur ebenes Land und, an der befestigten ägyptischen Grenze, niedrige Mauern zu sehen waren, war das Bild noch viel überwältigender.

Als Moses diese Mauern das letzte Mal gesehen hatte, war es von Aarons Wagen aus gewesen, als er fliehen mußte und Aaron ihn ein Stück begleitet hatte. Nun, nachdem er Gottes heiligen Auftrag angenommen hatte, kehrte er zurück, um sich der Macht zu stellen, die diese Mauern verkörperten.

Während des letzten Teils ihrer Reise hatte Moses seinem Bruder von der Begegnung mit Gott am brennenden Busch und von allen Aufträgen und Unterweisungen berichtet, die er von dem Allmächtigen erhalten hatte. Den Brüdern war klar, daß ihre erste Aufgabe die war, alle Führer und Ältesten Israels zusammenzurufen und ihnen mitzuteilen, daß nun die Zeit gekommen war, da Gott sie von ihrem Sklavendasein befreien und ihnen das Land geben wollte, das er ihren Vätern verheißen hatte.

Wie dies allerdings geschehen sollte, wußte auch Moses nicht zu sagen. Doch sie wollten sofort damit beginnen, die Befehle des Herrn auszuführen, soweit sie ihnen schon klar waren.

Jetzt allerdings war ihr Ziel zunächst einmal Amrams Haus, da es schon später Nachmittag war. Mit jedem Schritt, dem sie sich dem Stadttor und damit auch ihrer Familie näherten, fühlte Moses, wie sein Herz immer heftiger zu klopfen begann.

Aaron hatte ihm versichert, das Amram und Jochebed noch lebten und gesund waren. Auch Miriam hatte sich zu einer großartigen Frau entwickelt. Die Schwester hatte nie geheiratet, sondern ihr Leben ihren Eltern und anderen aus ihrem Volk geweiht, in deren Familien des Sklavendaseins wegen ganz besonders große Not herrschte. Sie war immer noch eine Kämpfernatur, erzählte Aaron. Wäre sie als Mann geboren worden, hätte sie mittlerweile vielleicht schon einen Aufstand angezettelt.

Als die beiden Männer die Stadt betraten, begannen die Geschäfte schon langsam zu schließen. Es würde nicht mehr lange dauern, da würden auch die Stadttore verschlossen werden, so daß jeglicher Verkehr zwischen drinnen und draußen für die Nacht endete.

Für die Menschen auf der Straße waren die beiden Brüder einfache Leute irgendeines Stammes, die Geschäfte in Ra-Amses erledigen wollten. Ihre staubigen Kleider und die Reisestöcke zeigten an, daß sie eine weitere Reise hinter sich hatten. Niemand konnte auch nur im geringsten ahnen, daß Mosches Stab das Werkzeug für mächtige Wunder sein würde oder daß sie hier Hatschepsuts Adoptivsohn und früheren Thronerben vor sich hatten.

Nach kurzer Zeit kamen sie an der Stelle vorüber, wo der Weg zum Sklavengetto abzweigte. Vor vielen Jahren war Mosche ihn oft gegangen, bis zu der niedrigen Mauer innerhalb der großen Stadtmauer, die das Getto von den übrigen Wohngebieten abgrenzte. Dort hatte er zuerst von Jahwe, dem Gott seiner Väter, gehört. Dort hatte er seine eigentliche Familie gefunden, und nach dort wandte er jetzt ganz automatisch seine Schritte.

Doch Aaron hielt ihn am Ärmel fest und zog ihn weiter.

„Wohin gehst du?“ fragte Mosche verwundert. „Sollten wir nicht zuerst die Eltern . . .?“

„Wir wohnen nicht mehr dort“, erklärte Aaron. „Vater und ich verdienen bei dem Bildhauer sehr gut, und auch Mutter und Miriam bringen gute Löhne nach Hause. Sie kümmern sich um die Kinder reicher Familien. Wir kommen ganz gut zurecht.“

Es schien so, als ob seine Angehörigen *ziemlich gut* zurechtkamen, dachte Moses, als sie kurze Zeit später vor einem netten Haus mit einem glänzend polierten Holztor standen. Das Haus stand ein wenig von der Straße zurück, und der Weg zur Haustür wurde durch eine Öllampe erhellt. Von drinnen waren Musik und auch viele Stimmen zu hören, die darauf hindeuteten, daß eine angeregte Unterhaltung im Gange war.

„Wir scheinen Gäste zu haben“, wunderte sich Aaron. „Vielleicht wartet man ja auf dich.“

Als Moses Aaron ins Haus folgte, war ihm, als würde er wieder die Rolle des jüngeren Bruders übernehmen. Im stillen hoffte er, Aaron würde für ihn sprechen. Obwohl er am ägyptischen Königshof erzogen wurde, dort ein ausgezeichneter Schüler gewesen war und sogar eine Zeit als Thronerbe galt, hatte er sich immer dem starken Charakter seines älteren Bruders untergeordnet.

Als sie jetzt einen angenehm großen Wohnraum betraten, der von mehreren Lampen erhellt wurde, richteten sich die Augen aller Anwesenden auf sie. „Mutter, Vater“, rief Aaron und begrüßte gleichzeitig alle Anwesenden mit einer weit ausholenden Armbewegung, „Seht, wer mit mir kommt!“

Mosche hätte das stark gealterte Paar, das sich auf Aarons Worte hin ihnen zuwandte, kaum wiedererkannt. Hätte Jochebeds Gesicht nicht zu strahlen begonnen und wäre Amram ihm nicht mit ausgebreiteten Armen entgegengeeilt, es hätte ihm Mühe gemacht, sie aus den anderen Anwesenden herauszufinden.

Doch als nun die schlanke Frau mit dem silbernen Haar und dem dunkleren Gesicht auch vortrat und ihre Arme ausstreckte, da erkannte er sie wieder, und auch der gealterte Mann mit dem Patriarchenbart und dem stillen Dankgebet, der ihn nun an seine Brust zog, war ihm in diesem Augenblick wieder der Vater. Die Zeit schien stehengeblieben zu sein.

Die nächste Stunde war erfüllt von freudigem Lachen, Dankgebeten, Freudentränen und frohen Begrüßungen. Die Eltern wollten ihren lange vermißten Sohn fast gar nicht loslassen, sondern hingen rechts und links an seinen Armen, während er die Gäste begrüßte und ihnen vorgestellt wurde.

„Wir wußten es, daß du bald kommen würdest", schluchzte Jochebed unter Freudentränen. „Wir wußten es!" Dabei strich sie Mosche liebevoll übers Haar.

„Aber wie konntet ihr es wissen?" wunderte sich Mosche.

„Gott wußte es", stellte Amram schlicht fest. „Und Er sagte es Aaron. Wir wußten ja, wann Aaron aufbrach, dir unterwegs zu begegnen, und haben uns ausgerechnet, wann ihr ungefähr zurückkommen müßtet. Deshalb sind auch in den letzten Tagen jeden Abend unsere Gäste hier gewesen, um dich ebenfalls willkommen zu heißen."

Mosche, der die Stimme Gottes mittlerweile selbst oft gehört hatte und Ihm sogar im brennenden Busch begegnet war, zweifelte nicht an diesen Worten, sondern sagte kopfnickend: „Natürlich, das verstehe ich."

Als Mosche alle Anwesenden begrüßt hatte, bekam er Zeit, sich ein wenig umzusehen. Er bemerkte, daß die Familie sich auf ein richtiges Fest anläßlich seiner Heimkehr vorbereitet hatte. Der Raum war geschmückt, und jetzt wurde von den Frauen auch eine Tafel gedeckt, die eines großen Festes würdig war.

Andererseits, das hatte Aaron ihm auch schon zwischendurch schnell zugeflüstert, hielt man dieses Fest allen anderen gegenüber, die nichts davon wußten, streng geheim. Hier waren nur vertrauenswürdige Personen eingeladen worden. Denn es war durchaus nicht sicher, ob überall in Ägypten die Heimkehr des Prinzen Moses so freudig begrüßt wurde, oder ob er vielleicht doch noch in Gefahr war.

Die meisten der an diesem Abend im Hause Amrams Anwesenden waren schon älter und waren angesehene Führer und Älteste der Israeliten. Auch die anwesenden Frauen galten unter den hebräischen Sklaven als ehrwürdige Matronen. Den wenigen jüngeren Männern war anzusehen, daß sie starke Persönlichkeiten waren, die einmal zu leitenden Positionen in ihrem Volk aufsteigen würden.

Ein jüngerer Mann mit Namen Joschua fiel Mosche besonders auf. Er war mit seinem Vater Nun und seinem Großvater Elischama gekommen. Als Mosche Ägypten verließ, war er noch ein kleines Kind gewesen. Nun war er ein hochgewachsener, stattlicher Mann, dessen ausgeprägte Gesichtszüge von Intelligenz und Mut sprachen. Mosche nahm sich vor, ihn in der nächsten Zeit besonders zu beobachten.

Auf einen weiteren jüngeren Mann namens Kaleb wurde Moses auch aufmerksam. Er erwies sich als würdiger Sohn seines Vaters Jephunne und war schon jetzt im Stamm Juda ein hoch geachteter Führer. Moses nahm sich vor, auch mit Aaron über diese beiden jüngeren Männer zu reden.

In allem waren mehr als 20 Männer und Frauen an diesem Abend zu Gast im Hause Amrams. Die meisten von ihnen waren weise alte Menschen, die unter den Sklaventreibern Pharaos viel gelitten hatten und die in ihrer Persönlichkeit dadurch nur noch stärker geworden waren. Die jüngeren Männer schienen entschlossene Aktivisten zu sein, die bereit waren, sich mutig und ganz für eine Veränderung der Lage ihres Volkes einzusetzen.

Einige von ihnen kannten Mosche noch von früher, aber alle hatten sie von ihm gehört und waren überzeugt, er sei deshalb zweimal in seinem Leben dem Zorn eines Pharaos entkommen, weil Gott ihn zu großen Aufgaben gebrauchen wollte.

Bis jetzt wußte nur Aaron von Mosches speziellem Auftrag. Doch noch ehe der Abend zu Ende ging, hatte Mosche allen Anwesenden die Geschichte seines Aufenthalts in Midian, von Jethro und seiner Familie und von der Gottesbegegnung am brennenden Busch erzählt. Alle betrachteten mit Ehrfurcht den Hirtenstab Mosches, der in eine Schlange verwandelt worden war, und Mosches Hand, die der Aussatz befallen hatte. Auch über den Bericht von der Krankheit seines Sohnes und seiner wunderbaren Heilung, nachdem er beschnitten war, staunten sie und kamen immer mehr zu der Überzeugung, daß mit Gott alle Dinge möglich waren.

„Jahwe hat verheißen, uns aus der Sklaverei zu befreien", sagte Aaron, der neben seinem Bruder saß. „Mosche hat uns noch viel zu sagen, und er hat mich gebeten, ihm zu helfen, die unter uns auszusuchen, die seine Mitarbeiter sein sollen. Ich bin sicher, daß ihr alle ihm helfen könnt, die Herzen unseres Volkes zu begeistern."

Rundum nickten alle eifrig mit den Köpfen. Die Ältesten flüsterten erregt untereinander und tauschten ihre Ansichten aus, und die jüngeren Männer schienen bereit zu sein, jeden Auftrag auf der Stelle mit allem Eifer und aller Kraft auszuführen.

Mosche wollte gerade zu sprechen beginnen, doch da schienen noch weitere Besucher hinzuzukommen. Mosche wandte sich der Tür zu. Als diese sich öffnete, gab es für ihn keinen Zweifel, wer als erste den Raum betrat.

Die neu Hinzukommenden waren drei Frauen, und Mosche erkannte in der jüngsten sofort seine Schwester Miriam, von der wirklich die Ausstrahlung einer Führerpersönlichkeit ausging.

Auch Miriam erkannte Mosche sofort. „Bruder!" rief sie und rannte in seine Arme. „Ich hatte gehofft, bei deiner Ankunft schon hier zu sein."

„Es genügt völlig, daß du nun hier bist", antwortete Mosche. „Ich habe dich oft sehr vermißt, Schwester."

Miriam wischte sich die Tränen aus den Augen und schob

dann die beiden älteren Frauen nach vorn. „Kannst du dich noch an Schiphrah und Puah erinnern, die beiden Hebammen, die uns vor vielen Jahren so sehr geholfen haben?"

„Sicher", bestätigte Mosche kopfnickend, während er die beiden alten Frauen freundlich begrüßte. Er mußte dabei an seinen dreizehnten Geburtstag denken, als diese beiden ihm auf der Terrasse des königlichen Palastes jenes kleine Päckchen übergaben, das ihm Aufschluß über seine Herkunft gab.

„Ihr beiden überrascht mich immer wieder", sagte er zu ihnen. „Ich bin euch immer noch sehr dankbar, denn wäret ihr nicht gewesen, säße ich heute vielleicht auf dem Pharaonenthron."

Die beiden Frauen kicherten leise. „Wir erinnern uns auch noch", bestätigte Schiphrah, die immer noch die Wortführerin war. „Und wir haben auch diesmal wieder ein Geschenk für dich."

„So ist es", stimmte Puah zu. „Als Miriam uns abholte, haben wir es schnell noch ein wenig eingepackt." Damit zog sie die linke Hand hinter dem Rücken hervor und reichte Mosche ein kleines Päckchen, das er mit zitternder Hand entgegennahm, denn er konnte sich schon denken, was es enthielt.

„Die Königin hat es viele Jahre in ihren Räumen aufbewahrt", erklärte Schiphrah. „Ehe sie starb, sandte sie es uns. Sie muß gewußt haben, daß wir geholfen hatten, dein Leben zu retten, als du noch ein Baby warst; und auf diese Weise wollte sie uns wohl danken."

Mosche waren die Tränen in die Augen getreten, als er jetzt vorsichtig das Päckchen auspackte. Heraus kam, was er erwartet hatte: Es war die kleine Decke, in die er eingehüllt gewesen war, als er vor so vielen Jahren als Baby in dem Korb auf den Nil schwamm — die kleine Decke, die er später über seinen Kopf legte und als Gebetsmantel benutzte, wenn er allein in seinen Räumen im Königspalast zu Jahwe betete.

Jochebed trat näher und strich mit der Hand über die Decke, die sie einst mit so viel Liebe für des kommende

Baby angefertigt hatte. Sie sagte kein Wort dazu, aber all die Jahre der Angst und Tränen, aber auch der Hoffnung, standen wieder lebendig vor ihren Augen.

Vorsichtig nahm die alte Mutter die Decke jetzt in ihre Hände und hob sie hoch. Mosche beugte den Kopf, und sie legte die Decke über ihn — es war wie ein Zeichen seiner wunderbaren Rettung und Heimkehr und seiner gewaltigen Berufung.

45. KAPITEL

Am nächsten Morgen versammelte sich die Gruppe vom Abend vorher wieder in Amrams Haus und folgte Mosche und Aaron zum Marktplatz der Stadt, der vor dem königlichen Palast lag. Sie würden an diesem Tag nicht zu ihren ägyptischen Herren gehen, um dort Sklavendienst zu tun, sondern würden heute damit beginnen, den unterdrückten Israeliten ihre baldige Freiheit zu verkündigen.

Keiner kümmerte sich um sie, als sie den Marktplatz betraten, denn nach hier kamen Menschen aller sozialen Stände. Doch bald erregten sie Aufmerksamkeit, weil sie sich als Gruppe eng zusammenhielten und nach etwas zu suchen schienen.

Joschua und Kaleb gingen direkt hinter den beiden Brüdern, bereit, sie in jeder Weise zu unterstützen. Für Mosche, der das Gefühl hatte, er stehe vor einem tiefen Abgrund und müsse trotzdem weitergehen, war ihre freudige Bereitschaft eine große Hilfe.

Mosche erinnerte sich daran, daß er früher oft über diesen Marktplatz gegangen, gefahren oder geritten war. Doch diese Erinnerungen schienen einem längst vergangenen Leben anzugehören, als er noch in den schönsten königlichen Prunkwagen gefahren war und alle draußen sich tief vor ihm verneigt hatten. Heute fiel er nicht auf, sondern war einer unter Tausenden, die hier ihren Geschäften nachgingen oder müßig herumstanden. Obwohl er den Kopf hoch trug und den heiligen Stab fest umklammert hielt, fühlte er sich alles andere als königlich.

Als er und Aaron die Mitte des Platzes erreicht hatten, blieben sie einige Augenblicke unschlüssig stehen und überlegten, wie sie weiter vorgehen sollten. Ihre Begleiter warteten schweigend. Sie setzten offensichtlich mehr Vertrauen in sie als sie selbst hatten.

Um sie herum war die Geschäftigkeit eines orientalischen Marktes. Kaufleute priesen mit lauter Stimme ihre Waren an, an anderen Stellen wurde geräuschvoll gehandelt. Sklaven gab es überall, die unterwegs waren, um irgendwelche Aufträge auszuführen oder die ihren Herren auf dem Markt halfen.

Die meisten der Sklaven waren Hebräer; und davon wieder die meisten waren Israeliten. Hier und da hatte einer von ihnen, der besonders tüchtig war, die Verantwortung für den Verkaufsstand und das Eigentum seines Herrn und führte dessen Geschäfte unbeaufsichtigt. Solche Männer waren es, die Aaron meinte, als er jetzt Mosche zuflüsterte: „Viele von diesen hier sind auch Führer unseres Volkes, und zwar gehören sie zu den tüchtigsten und besten. Du mußt ihnen deine Aufmerksamkeit schenken."

„In Ordnung", nickte Mosche. Und dann fügte er seufzend hinzu: „Ich glaube, es wird jetzt Zeit für uns."

Aaron nickte. Er hatte Mittlerweile schon einen Stapel von leeren Kisten in der Nähe erspäht. Dorthin führte er jetzt die Schar, und schnell war aus einigen dieser Kisten eine Art Podium gebaut.

Die beiden Brüder wußten sehr genau, was sie jetzt riskierten, als sie auf dieses provisorische Podium stiegen. Aaron begann laut zu schreien: „Ihr Männer Israels, schenkt uns eure Aufmerksamkeit und kommt alle herbei, denn wir möchten zu euch sprechen!"

Zuerst war seine Stimme nur eine unter hundert anderen, die hier auf dem Markt Aufmerksamkeit erregen wollte. Aaron hätte ebensogut eine besondere Art von Früchten angeboten haben, statt Freiheit von Sklaverei zu verkündigen.

Da aber die Gruppe der anderen bei ihnen stand und er nicht aufhörte, über die Köpfe der Menge hinwegzuschreien, fand er nach und nach immer mehr Zuhörer. Manche hörten verwundert zu, andere wurden ärgerlich, wieder andere lauschten voller Interesse, denn er sprach mit seiner Rede direkt die Sklaven an, und das war etwas Unerhörtes auf diesem öffentlichen Marktplatz, und außerdem sehr gefährlich. Wie konnte er es wagen, sie von ihrer Arbeit fortzurufen und gar dafür sorgen, daß sich das öffentliche Interesse auf sie richtete?

Als nun auch noch die Begleiter der beiden Brüder begannen, die Sklaven herbeizuwinken und Aaron immer wieder rief: „Kommt, versammelt euch um uns, ihr Söhne Israels. Und wenn Älteste unserer Stämme unter euch sind, dann bringt auch sie nach hier!", kamen von allen Seiten des großen Marktes immer mehr herzu.

Mosche gab sich Mühe, nicht in Aarons Schatten zu stehen, denn er war ja eigentlich der von Gott Beauftragte. Er wußte, Gott würde ihm nicht erlauben, zurückzutreten und Aaron den Platz des Hauptverantwortlichen zu überlassen.

Doch hoch über ihnen, hinter ihm und auch nicht weit entfernt rechts und links standen auf den Palastmauern und Stadtmauern die königlichen Soldaten. Mosche wußte, daß jeden Augenblick ein Speer oder Pfeil auf sie abgeschossen werden konnte. Und selbst wenn er beabsichtigt hätte, in der immer größer werdenden Menschenmenge unterzutauchen, hätte er es nicht mehr gekonnt, denn Aaron sorgte jetzt dafür, daß sich die Aufmerksamkeit aller auf ihn richtete.

„Ich bin Aaron, der Sohn Amrams!" rief er den Leuten zu. „Und hier neben mir steht mein Bruder, von dem ihr alle schon gehört habt, obwohl ihr ihn jetzt nicht erkennt!"

Es war von dem erhöhten Platz aus zu erkennen, daß mittlerweile auch schon eine ganze Reihe Sklaven, vor allem israelitische, herbeigekommen waren und daß es jeden Augenblick mehr wurden, weil Aarons Kühnheit ihnen Mut machte.

Mosche warf jetzt einen Blick zu den Palastmauern hinauf und gab sich dabei Mühe, keine Furcht zu zeigen. Jawohl, er konnte erkennen, daß die Soldaten auf den Mauern und Türmen aufmerksam beobachteten, was hier geschah, wenn auch noch keiner von ihnen eine Waffe erhoben hatte. Doch Mosche mußte sich große Mühe geben, den dicken Kloß hinunterzuschlucken, der ihm im Hals steckte, als Aaron jetzt fortfuhr:

„Der Mann, der neben mir steht, ist niemand anders als Moses, der Adoptivsohn der Königin Hatschepsut! Ihr alle habt davon gehört, daß er vor 40 Jahren fliehen mußte, weil sein Leben bedroht war. Man klagte ihn damals an, er habe einen israelitischen Sklaven verteidigt, der ungerecht behandelt wurde.“

Ungläubig betrachteten die Zuhörer Mosche. Und von der Stelle, an der sich die meisten Sklaven versammelt hatten, waren Hochrufe zu hören. Obwohl viele, die hier standen, noch nicht einmal geboren waren, als diese Sache geschah, war die Geschichte von dem geflohenen Prinzen doch in ganz Ägypten bekannt. Tatsächlich war er, obwohl er es selbst nicht wußte, unter seinem Volk zu einer Art Held geworden, und sein Mord an dem Ägypter galt unter ihnen mittlerweile als eine heldenhafte Befreiungstat.

Auch unter den Ägyptern war die Geschichte vom Prinzen Moses weit verbreitet und beliebt, und zwar deshalb, weil seine Mutter so populär gewesen war. Der Flüchtling war sich nicht bewußt, daß seine Geschichte eine Art messianischen Glorienschein angenommen hatte. Denn auch die Ägypter, die Hatschepsut noch verehrten und ihr anhingen, hatten immer gehofft, ihr Sohn würde zurückkehren und den Glanz ihres Namens wieder herstellen.

Deshalb entstand bei diesen Worten Aarons ein aufgeregtes Gemurmel unter allen Zuhörern, obwohl viele der Ägypter sich fragten, ob wohl der bisher so schweigsame Mann, der mit seinem Vollbart wie ein Nomade aussah, wohl der verschwundene Prinz sein konnte.

„Aber dieser Bursche sieht doch eher aus wie ein Sandfloh“, rief einer spöttisch, und andere stimmten zu. „Der Sohn der Hatschepsut ist aber von königlichem Blut!“

„Seht zu, daß ihr von dort herunterkommt“, forderten andere lachend. „Ihr bringt nur Schande auf den Namen der Königin.“

Doch Aaron wußte sich gut zu verteidigen. „Erinnert ihr euch nicht daran, wie die Königin zu ihrem Sohn kam?“ gab er zurück. „Wurde er nicht von den Wellen eures heiligen Nils geboren und direkt in die Hände der Prinzessin gesandt? Er selbst war gar nicht von königlichem Blut, sondern der Sohn einer Sklavenfamilie, den Jahwe bewahrt hat, um unser Volk zu befreien!“

Nun fingen viele der Zuhörer an zu murren, und die Meinungen unter ihnen teilten sich. Sogar einige der Sklaven spotteten: „Der Mann neben dir ist kein Israelit!“ riefen sie. „Er ist im Gesicht ja viel zu dunkel!“

„Bin ich das nicht auch?“ antwortete Aaron. „Seht mein Gesicht an, es ist auch so dunkel. Und doch wißt ihr Israeliten alle, daß ich der Sohn von Amram und Jochebed bin. Und das hier ist mein Bruder, der Prinz von Ägypten und der Erretter Israels! Ihr tätet besser, euch vor ihm zu verneigen, statt zu spotten!“

Mosche wünschte, Aaron würde nicht so weit gehen. Ihm war schon so ungemütlich genug. Von Zeit zu Zeit warf er einen verstohlenen Blick zu den Palastmauern hinauf, sah aber dort keine Veränderung. Endlich räusperte er sich und tippte seinem Bruder auf die Schulter.

Aaron war so hingerissen von seiner Rede, daß er nur ungern beiseite trat und Mosche den Platz einräumte.

„Ihr Männer von Israel“, begann Mosche, ohne seiner Stimme einen so dramatischen Klang zu geben, „der Gott eurer Väter, der Gott Abrahams, Isaaks und Jakobs, ist mir erschienen und hat mir gesagt: *Ich habe sorgsam auf euch geachtet und habe gesehen, was man euch in Ägypten antut!*“

Überrascht von seiner eigenen Kühnheit, versuchte Mosche, nicht an die Konsequenzen zu denken, die seine Worte heraufbeschwören konnten. Die Zuhörer schienen wie gefesselt zu sein von seinen Worten, und das machte ihm Mut.

„Deshalb, sagt der Herr, *habe Ich beschlossen, euch aus dem Elend Ägyptens hinaufzuführen in das Land der Kanaaniter, Hethiter, Amoriter, Peresiter, Hiwiter und Jebusiter; in ein Land, in dem Milch und Honig fließt!“*

Jawohl, genau dies waren die Worte des Herrn gewesen. Er erinnerte sich noch genau daran. Und obwohl er es nicht wußte, strahlte sein Gesicht doch einen überzeugenden Eifer aus, als er sprach, und in seiner Stimme lag der Klang der Autorität.

Als er einen Augenblick innehielt und sich über seinen eigenen Mut wunderte, bemerkte er, daß sich so etwas wie Ehrfurcht über die Zuhörer gelegt hatte. Sogar Aaron blickte ihn verwundert an. Niemand rührte sich, und sogar die Wachen auf den Palastmauern staunten über seine Rede. Doch nach und nach begannen die Leute miteinander zu flüstern, und leiser Widerspruch wurde hörbar.

„Ha!“ rief endlich jemand herausfordernd. „Du behauptest also, der Herr habe dich gesandt! Sage uns doch einmal, von welchem Herrn du eigentlich sprichst? Wenn du ein Sohn Israels bist, dann sage uns Seinen Namen!“

Mosche mußte zugeben, daß dies eine berechtigte Frage war. Die meisten Leute wußten, daß die Israeliten zu Jahwe beteten. Zwar sprachen die Israeliten diesen Namen aus Ehrfurcht kaum jemals aus, aber trotzdem war er bekannt.

Doch Mosche hatte diese Frage erwartet. Hatte er sie doch dem Allmächtigen selbst vorgelegt an jenem Tag am brennenden Busch. Und die Antwort, die er jetzt geben konnte, würde tiefschürfender sein, als sie erwarteten.

Mosche spürte, wie ihm Kraft aus einer Quelle zufloß, die nicht in ihm selbst zu finden war. Er straffte sich und schloß seine Augen. Dann wiederholte er die Worte, die der Herr ihm gesagt hatte: „Jahwe, der Gott eurer Väter, der

Gott Abrahams, der Gott Isaaks und der Gott Jakobs, hat mich zu euch gesandt. *Ich bin der Ich bin* ist Sein Name. Und der *Ich bin* hat mich zu euch gesandt."

Plötzlich holten viele seufzend tief Luft, als würde ein gewaltiger Wind über sie dahinfahren. Wie das Rauschen des Meeres waren ihre Stimmen, in denen tiefes Erstaunen lag. Die Ältesten unter ihnen blickten Mosche mit tränenerfüllten Augen an, und die Jüngeren dachten über seine Worte nach.

Es war wohl schon viele Generationen her, seit der Name ihres Gottes unter ihnen so deutlich erklärt worden war. Sogar der Name Jahwe schien ihnen nicht so tiefgründig. Wie auf einer Welle liefen diese Worte voller Staunen von Mund zu Mund. Aaron trat wieder an den vorderen Rand des Podiums.

„Höre Israel!" rief er. „Heute werden die wahrhaftigen Worte Gottes in eurer Mitte gesprochen!"

Während Aaron die Worte, die Mosche soeben gesagt hatte, nochmals wiederholte und damit als dessen Mund handelte, wurde Mosche klar, was der Herr als nächstes erwartete. Eine Sache gab es, von der Gott nicht erlaubt hatte, sie an Aaron weiterzugeben, die dieser also auch nicht für ihn tun konnte.

Er mußte den Stab in die Hand nehmen und die Zeichen des Allmächtigen vor ihnen ausführen, die der Herr ihm in der Wüste aufgetragen hatte.

Während Aaron noch sprach, trat Mosche wieder nach vorn. Mit zum Himmel erhobenen Augen betete er schweigend. Dann hob er den Stab wie eine Fahne über seinen Kopf und warf ihn auf das Podium, wo er sich zum Entsetzen der Menge zu bewegen begann und zu einer bösartigen Schlange formte, die sich aufrichtete und mit weit aufgerissenem Maul laut zischte.

Entsetzt wichen die Menschen aufschreiend zurück. Doch Aaron zeigte mit dem Finger auf das wütende Reptil und rief: „Sieh Israel, die Macht deines Gottes!"

Mosche beugte sich vor und packte die Schlange am Schwanz. Und als wäre nichts gewesen, kehrte das Reptil sofort in seine vorige Form zurück und wurde zu dem schlichten Stock eines Hirten, den Mosche nun wieder in seiner Hand hielt.

„So spricht der Herr!" rief Aaron laut und hob seine Arme zum Himmel empor. *„Ich habe das Elend Meines Volkes in Ägypten gesehen, und ihre laute Klage über ihre Antreiber habe Ich gehört. Ich kenne ihr Leid. Ich bin herabgestiegen, um sie der Hand der Ägypter zu entreißen und aus jenem Land hinaufzuführen in ein schönes, weites Land, in ein Land, in dem Milch und Honig fließen!"*

Seufzen und Weinen ging wie eine Woge durch die Menge, während die Sklaven vorwärtsdrängten zu dem wackeligen Podium. Sie schienen die Ägypter zu vergessen, die ebenfalls anwesend waren, und hoben betend ihre Hände zum Himmel empor.

Menschen, die oft geschlagen worden waren, die endlose Unterdrückung und ein Leben voller Leiden und Hoffnungslosigkeit kannten, weinten plötzlich vor Freude. Und ganz spontan begannen hier und da einige zu singen. Erst leise und dann immer lauter, bis es wie zu einem mächtigen Brausen anschwoll und von den Mauern des Palastes widerhallte.

„Milch und Honig", sangen sie. *„Wir werden Milch und Honig haben in dem Land unserer Väter!"*

So wie ihre Tränen flossen und der Gesang zum Himmel emporstieg, so erwachten ihre Träume. Es waren Träume, die von den Peitschen der Sklaventreiber immer wieder zerschlagen wurden und die kaum noch jemand hatte glauben können — Träume von einem verheißenen Land, in dem schon der Windhauch wie der Atem Gottes war.

46. KAPITEL

Wann hätte jemals in Ägypten jemand so lange gelebt wie Jannes? Er war schon kein junger Mann mehr gewesen zur Zeit von Moses Großvater, Thutmoses I. Und nun hatte er miterlebt, wie des Königs Enkel den Thron bestieg und schon einige Jahre regierte.

Manchmal konnte Jannes schon alle Ereignisse in der Geschichte Ägyptens, die er selbst miterlebt hatte, nicht mehr richtig einordnen. Es fiel ihm oft schwer, noch zu wissen, in welcher Regierungszeit das eine oder andere große Bauwerk entstanden war, welcher der Pharaonen mit welchem Feind Krieg geführt hatte, wann dieser oder jener Aufstand gewesen war und wann dieses oder jenes Gesetz verabschiedet wurde. Doch von allen Herrschern, die er in seinem langen Leben beraten und begleitet hatte, nahm Hatschepsut einen besonderen Platz ein. Und zwar nicht in erster Linie deshalb, weil sie als Frau Pharao war, was in Ägypten ja sehr außergewöhnlich war, sondern vor allem, weil sie genauso um Gerechtigkeit und Frieden bemüht war wie um Ruhm und Größe.

Moses wäre als Pharao so gewesen wie sie, davon war Jannes überzeugt. Doch Moses Anspruch auf den Thron war wenige Jahre bevor er in Erfüllung gehen konnte zerstört worden. Jannes hatte seither genausoviel Kummer um ihn getragen, als sei er gestorben. Und wie oft hatte er für Moses gebetet, und zwar zu allen Göttern, die es in Ägypten nur gab.

Einmal, wenige Monate nach Moses Verschwinden, hatte Hatschepsut erklärt, ihr Herz würde sich von diesem Leid nie erholen. Da hatte Jannes in seiner Verzweiflung sogar zu dem Gott Israels, zu Jahwe, gebetet. Er hatte zwar nicht gewußt, wie er den Wüstengott ansprechen sollte. Doch versucht hatte er, Sein Ohr zu erreichen, für den Fall . . . nur für den Fall, dieser Jahwe könne in dieser Angelegenheit einigen Einfluß haben.

Doch er hatte nur ein einziges Mal versucht, zu Jahwe zu beten, denn anschließend hatte er sich ganz elend gefühlt. Er kannte die Götter Ägyptens und hatte bei ihnen großen Einfluß. Manchmal hatte er sich ihnen sogar schon überlegen gefühlt und sich gefragt, warum sie so oft seinen Rat benötigten. Doch er würde nie vergessen, als er das einzige Mal versucht hatte, den Gott Jahwe zu beschwören und Seine Hilfe herbeizurufen. Er hatte sich dabei ganz seltsam und hilflos gefühlt, und anschließend hatte ihn ein seltsames Grauen erfaßt, als habe er einen Boden betreten, der zu heilig für ihn war.

Danach hatte er mit aller Gewalt versucht, dieses so furchtsame Erlebnis so schnell wie möglich zu vergessen. Doch das war ihm niemals gelungen. Und seither hatte er nie wieder auch nur an die Möglichkeit gedacht, zu dem Gott Jahwe zu beten.

Doch wenn er auch viele andere Dinge in seinem Leben vergessen hatte oder es ihm Mühe machte, wieder daran zu denken, so war die Erinnerung an Moses noch so frisch, als wären diese Dinge erst gestern geschehen. Wann immer der jetzige Pharao ihn zu einer Beratung rufen ließ, fühlte der uralte Mann, wie sich ein Kloß in seiner Kehle bilden wollte. Er verabscheute Thutmoses III. Und obwohl er diesen König nun schon bald vier Jahrzehnte beriet, sah Jannes in ihm immer noch Moses Rivalen.

Nein, niemand hatte in Ägypten je so lange gelebt wie dieser uralte Priester. Doch Jannes selbst fühlte sich oft so, als sei sein Leben an dem Tag stehengeblieben, als die Königin Hatschepsut gestorben war. Denn an diesem Tag starb auch die Hoffnung, Moses könnte jemals noch der Pharao Ägyptens werden. Thutmoses III. hatte nach Hatschepsuts

Tod mit starker Hand die Zügel der Regierung übernommen, und für Moses bestand keine Aussicht mehr.

Wieder einmal hatte der König ihn rufen lassen. Und so machte sich der alte Mann, schwer auf seinen Stock gestützt und von einigen fürsorglichen Dienern begleitet, mit langsamen Schritten auf den Weg in den Empfangssaal des Königs. Niemand im Palast oder sonstwo in Ägypten wußte wirklich noch zu sagen, wie alt Jannes schon war. Und er selbst lebte meist mehr in der Vergangenheit als in der Gegenwart. Die Ereignisse und Geister der Vergangenheit waren für ihn meist lebendiger als die Menschen, mit denen er in der Gegenwart zusammenlebte. Wenn er durch die Gänge des Palastes schritt, so war jeder Meter, jede Ecke, ja fast jeder Stein für ihn angefüllt mit Erinnerungen; und in jedem Raum, den er betrat, erschienen ihm die Menschen der Vergangenheit.

Gerade in diesem Augenblick ging er an dem Raum vorbei, in dem er viele Jahrzehnte die Prinzen und andere Jugendliche aus den höchsten Familien Ägyptens unterrichtet hatte über die Götter, die Religion, die Geschichte und die Gesetze ihres Landes. Schon seit vielen Jahren war diese Aufgabe von jüngeren Priestern übernommen worden. Doch viele seiner alten Schüler besuchten ihn immer noch oder holten sich bei ihm Rat. Aber der beste von allen . . . "

„Oh Moses . . . Moses . . ." flüsterte er und schüttelte seinen kahlen Kopf, während er sich langsam dem Empfangssaal näherte. Die Wachen vor der Tür des Saales hörten, wie er leise zu sich selbst redete, und blickten sich gegenseitig aus den Augenwinkeln an. Jannes wußte, was sie dabei dachten, denn er führte oft Selbstgespräche, und die Leute meinten, sein Geist sei schon etwas verwirrt.

Doch er war keinesfalls senil, sondern nur einsam. Wäre es jetzt Moses gewesen, der ihn rufen ließ, hätte man einen viel lebendigeren Jannes erleben können. Er hätte sich dann nicht einfach so dem langsamen Sterben ergeben. Doch seine Seele war, wie die Dinge lagen, schon vor langer Zeit gestorben, und es kümmerte ihn wenig, was die Leute dachten, wenn er mit sich selbst redete.

Der alte Priester war der einzige, der sich nicht niederwerfen mußte, wenn er in die Gegenwart des göttlichen Pharaos trat. Deshalb ging er auch jetzt, zwar schleppenden Schrittes und auf seinen Stock gestützt, aufrecht auf den Herrscher zu.

„Jannes", begrüßte der König ihn, „draußen auf dem Marktplatz gibt es so etwas wie eine Art Aufruhr."

Diese Worte rissen den Priester aus seinen Gedanken. „Aufruhr?" wiederholte er fragend. Er schien dabei immer noch ein wenig abwesend zu sein.

„Weißt du denn nichts darüber?" fragte der König verärgert.

„Ich habe nicht einmal gewußt, daß es einen Aufruhr gibt. Wie sollte ich dann etwas über seine Ursache wissen?" gab Jannes barsch zurück.

Das war schon immer die Art, wie der alte Mann mit Thutmoses umging. Er behandelte ihn zurückhaltend, ja fast ablehnend und beriet ihn stets nur widerwillig. Weil er für diesen König nichts übrig hatte.

„Alter Mann", grollte der Herrscher und versuchte, sein Temperament zu zügeln, „was nützen uns all deine Orakel und astrologischen Sternenkarten, wenn du uns nicht auf solche Dinge vorbereiten kannst?"

Obwohl Thutmoses Regierung nach dem Tod Hatschepsuts alles andere als friedfertig begonnen hatte und trotz seines etwas törichten Aussehens, hatte er im Laufe der Zeit immer mehr bewiesen, daß er ein fähiger Herrscher war. Und die letzten Jahre seiner Regierung waren ohne große Schwierigkeiten verlaufen. Er hatte sich seinen Großvater, Thutmoses I., zum Vorbild genommen und hatte die Grenzen seines Reiches noch weiter hinausgeschoben. Die spätere Geschichte würde einmal zugeben müssen, daß er einer der größten Könige war, die Ägypten je hatte.

Trotzdem war er vom Augenblick seiner Thronbesteigung

an von bestimmten Gruppen im Land, die Hatschepsut verehrten, immer abgelehnt worden. Seine Versuche, alle Erinnerungen an die Königin auszulöschen, hatten ihn beim Volk nur noch unbeliebter gemacht.

Jannes vor allem hatte wenig Respekt vor diesem Herrscher. Auch jetzt wandte er ihm einfach den Rücken zu und ging zu dem Balkon hinüber, von wo aus man auf den Marktplatz schauen konnte. Er sah, daß sich draußen tatsächlich eine große Menge versammelt hatte, die unruhig zu sein schien. „Es kann keine große Sache sein", meinte er achselzuckend. In seinem Herzen aber hoffte er, es könne doch mehr sein. Denn über alles, was Thutmoses Schwierigkeiten bereitete, freute sich der alte Mann insgeheim. „Aber unter diesen Menschen da draußen geht eine ganz seltsame Neuigkeit um", gab der König zu bedenken und zeigte dabei auf einige Polizisten, die respektvoll ein wenig seitwärts standen. „Es ist zwar zum Lachen — aber trotzdem seltsam."

Jannes Aufmerksamkeit nahm zu. Zusammenrottungen und etwas Unruhe in den Straßen war nichts Ungewöhnliches. Meist waren es nur Angehörige verschiedener Stämme oder Völker, die Streit miteinander bekamen. Selten richteten sich solche Unruhen gegen die Regierung selbst. Doch Jannes erkannte am Ton von Thutmoses Stimme, daß es sich diesmal um etwas anderes handeln mußte.

Deshalb wandte sich Jannes jetzt an die Polizisten und fragte: „Was geht dort draußen vor? Sprecht!"

Der Führer der kleinen Gruppe räusperte sich und berichtete: „Wir versahen heute den Wachdienst, eure Heiligkeit. Da kam eine Gruppe israelitischer Sklaven zum Marktplatz. Zwei von ihnen, die behaupten, sie seien Brüder, kletterten auf ein aus Kisten schnell errichtetes Podium und brachten mit ihren seltsamen Worten die Menge in Erregung."

„Ja, Ja", murmelte Jannes ungeduldig. „Nun erzählt doch endlich, was sie gesagt haben."

Der Anführer zögerte ein wenig. Doch nach einem Seitenblick auf die anderen begann er stockend: „Einer der beiden stellte den anderen vor als ... als Prinz Moses, Sohn der Königin Hatschepsut."

Jannes Hand fuhr unwillkürlich zu seinem Herzen, als müsse er es vor etwas schützen. „Sag das noch einmal", wiederholte er flüsternd, wobei er den Beamten scharf anblickte.

„Der eine soll Moses sein, Herr", stotterte der verlegene Mann. „Aber — das kann doch unmöglich stimmen."

Doch bei der Erwähnung dieses Namens war es Jannes, als zöge ein frischer Wind durch den Saal und auch durch seine eigene Seele. Er sagte zwar nichts, blickte aber immer noch auffordernd auf den Polizisten. Sicher war mehr an der Geschichte, dachte er, und er wollte alles hören.

Deshalb raffte sich der Polizist jetzt auf und fuhr fort: „Die zwei Brüder behaupten, der Gott Israels habe sie gesandt — vor allem den, der sich Moses nennt —, um Sein Volk aus der Sklaverei zu befreien."

Keiner in dem Saal konnte wissen, was diese Worte in der Seele des alten Mannes auslösten. Als wären es nicht siebzig Jahre gewesen, sondern erst gestern, so erinnerte sich Jannes an die vielen Debatten und theologischen Diskussionen, die er mit dem fähigsten der Schüler, den er jemals hatte, stundenlang geführt hatte. Er dachte an den verbotenen kleinen hebräischen Mantel, den Moses in seinen Räumen aufbewahrte, und an die vielen Nächte, in denen der junge Mann heimlich aus dem Palast geschlichen war, um sich mit seinen israelitischen Verwandten zu unterhalten. Jannes wußte, wie fasziniert Moses alles in sich aufgenommen hatte, was er über den hebräischen Gott erfahren konnte.

Wenn er auch nach außen keine Miene verzog, so war doch in seinem Inneren ein Aufruhr entstanden. Ein genauer Beobachter hätte es nur daran erkennen können, daß Jannes seine Hand fester um seinen Stock krampfte als üblich, so daß seine Fingerknöchel weiß wurden.

„Diese Männer", stieß er hervor, „wo sind sie jetzt?"

„Wir haben sie festgenommen, eure Heiligkeit", antwortete der Polizist. „Sollen wir sie zu euch bringen?"

47. KAPITEL

Vielleicht war es deshalb, weil er Moses von dessen Säuglingsalter an kannte und weil der Prinz mehr Zeit mit ihm verbracht hatte als mit irgend jemand anderem, daß der alte Priester ihn sofort erkannte. Jannes hatte das Heranwachsen von Moses begleitet und hatte miterlebt, wie dessen Geist und seine Persönlichkeit sich entfalteten. Wenn der alte Mann jemals einen Menschen als so etwas wie seinen Sohn angesehen hatte, dann Moses.

Doch Jannes hatte nie zu dem Prinzen von den Gefühlen gesprochen, die sein Herz ihm entgegenbrachte. Er wußte, daß Moses ihn eigentlich fürchtete, weil er wußte, daß der Priester sein israelitisches Geheimnis kannte. Deshalb hatte er beständig Angst, er könnte ihn verraten. Doch diese Furcht konnte in Moses nur wachsen, weil der Priester nie von seiner Liebe zu dem Jungen geredet hatte.

Nicht einmal Aaron, Amram oder Jochebed hatten Moses so schnell erkannt, wie Jannes es tat. Der Grund war auch nicht, daß Moses Anwesenheit vorher angekündigt wurde. Jannes hätte seinen Lieblingsschüler trotz dessen gewaltigen Bartes und trotz der durch das Nomadenleben geprägten Gesichtszüge zu jeder Zeit an jedem Ort der Welt auch in der Dunkelheit sofort erkannt.

Der alte Mann erkannte auch sofort, daß Moses ihn nicht vergessen hatte. Als der Rebell den Saal betrat, blickte er den König nur einen kurzen Augenblick an und hatte dann nur noch Augen für den alten Priester. In seinen Blicken kam dabei die Zuneigung zum Ausdruck, die er seinem alten Lehrer noch immer entgegenbrachte. Dabei war aber beiden vom ersten Moment an klar, daß sie auf zwei verschiedenen Seiten der Fronten standen.

Vor langer Zeit waren ihre Differenzen gewöhnlich nur philosophischer Art gewesen und hatten stets in langen Diskussionen geendet, bei denen sie am Ende oft verschiedener Meinung blieben. Doch jetzt, vier Jahrzehnte später, war es nicht mehr Moses, der ägyptische Prinz, sondern Mosche, der von Jahwe beauftragte israelitische Volksführer, der die Macht Ägyptens herausforderte. Das spürte Jannes genau.

Der alte Priester und Mosche begrüßten sich nicht, da mit ihm auch Aaron und die israelitischen Ältesten mit in den Raum gebracht wurden. Da der König sich anschickte, die Aufrührer von seinem Thron aus anzureden, blieb keine Zeit für freundliche Worte.

Von draußen war der Lärm der versammelten Menge zu hören, die immer wieder das Lied *Milch und Honig* sangen und zwischendurch nach Mosche und Aaron riefen.

Die Augen des Königs hatten sich zu schmalen Schlitzen zusammengezogen. Und Jannes bemerkte an seiner Haltung, daß auch er Moses erkannt hatte. Doch er brachte seinem Rivalen noch genausoviel Ablehnung entgegen wie vor vierzig Jahren. Das drückte auch der spöttische und gleichzeitig harte Ton seiner Stimme aus.

„Du bist es also tatsächlich", grollte er und lehnte sich vor, um das Gesicht seines alten Feindes genau zu studieren. „Hinter dem großen Bart und dem Staub erkenne ich Moses Gesicht."

Aaron holte tief Luft, weil er antworten wollte. Doch Mosche versetzte ihm einen kurzen Stoß in die Seite, ihn damit zum Schweigen auffordernd.

„Welches Spiel hast du dir diesmal vorgenommen?" lachte Thutmoses spöttisch. „Du warst immer ein großer Hochstapler und hast nach dem Thron gestrebt, zu dem du keinerlei Recht hattest. Spielst du jetzt die Rolle eines Hirten-Häuptlings?"

Aarons Haltung versteifte sich immer mehr. Doch Mosche, der sich gemeinsam mit seinen Begleitern geweigert hatte, vor dem König niederzufallen, trat jetzt einen Schritt vor und verbeugte sich leicht, um seinen Respekt vor der königlichen Würde zu bekunden.

„Ich bin nicht länger der Sohn der Königin Hatschepsut", erklärte Mosche offen. „Sondern ich stehe vor dir als der Sohn Abrahams, Isaaks und Jakobs. Ich überbringe dir eine Botschaft von dem Gott Israels, der dir sagen läßt: *Laß Mein Volk gehen!*"

Mosche hatte ohne Rücksicht auf das ägyptische Hofzeremoniell den Pharao einfach angesprochen wie einen ebenbürtigen Menschen und nicht als die Inkarnation der ägyptischen Götter, wie er in Ägypten gesehen wurde. Diese Kühnheit des Sandflohs überraschte den König so, daß er einige Augenblicke sprachlos war. Er schaute sich hilfesuchend im Saal um. Doch seine Ratgeber flüsterten zwar leise miteinander, wußten aber wohl auch nichts zur Unterstützung ihres Herrn zu sagen.

Endlich faßte er sich und wandte sich wieder Mosche zu. „Der Gott Israels?" wiederholte er höhnisch. „Du drohst mir mit einem Gott meiner Sklaven?"

Doch Mosche blieb unbewegt und wiederholte: *„So spricht Jahwe, der Gott Israels: Laß Mein Volk ziehen, damit sie Mir in der Wüste ein Fest feiern können!"*

„Ha!" schrie der König empört. „Hast du vergessen, daß du immer noch ein Flüchtling vor unseren Gesetzen bist? Du bist ein Krimineller, ein Mörder, dessen Fall noch nicht vor unseren Gerichten verhandelt und abgeurteilt wurde. Wie kannst du es wagen, mir solche Forderungen zu stellen?"

Joschua und Kaleb, die unmittelbar hinter ihrem Helden standen, machten besorgte Gesichter. Mosches Leben war in Gefahr, das war klar. Aber auch sie konnten mit zur Verantwortung gezogen werden.

Doch Mosche erinnerte sich an die Worte des Herrn, daß alle, die ihm nach dem Leben getrachtet hatten, gestorben waren. Da er mittlerweile auch begriffen hatte, daß er unter dem Volk so etwas wie eine Legende war und daß man überall in den Straßen seinen Namen nannte, wußte er, daß Thutmoses in der Öffentlichkeit auf große Ablehnung stoßen würde, sollte er sich an ihm vergreifen.

„Du kannst mit mir tun, was du willst, König", antwortete er. „Aber laß mein Volk ziehen."

Der Lärm von draußen schien noch stärker zu werden. Thutmoses trommelte nervös mit seinen Fingern auf die Lehnen des Thrones und blickte ratsuchend zu Jannes. Doch der alte Priester blickte wieder zum Fenster hinaus. Er schien sich mehr für das zu interessieren, was auf dem Marktplatz geschah, als für das Gespräch zwischen dem König und Mosche.

Doch die nächste Frage, die der Pharao nun stellte, schien sich genauso an den alten Priester zu richten wie an Mosche: *„Wer ist dieser Jahwe, daß ich auf Ihn hören und Israel ziehen lassen sollte?"* zischte er. *„Ich kenne Jahwe nicht und denke auch nicht daran, Israel ziehen zu lassen!"*

Jannes hatte sich nun doch wieder dem König zugewandt, und sein Gesicht nahm einen warnenden Ausdruck an. Der alte Zauberer wußte, daß Jahwe eine Macht war, mit der man rechnen mußte, und er fragte sich, ob er etwas sagen sollte. Doch er schwieg weiter und behielt die Worte für sich, die er auf der Zunge hatte.

Dafür ergriff Aaron jetzt das Wort und versuchte es mit einem politischen Argument: „Sollte der König das Wohlbefinden seiner vielen Sklaven riskieren wollen?" fragte er. *„Der Gott der Hebräer ist uns begegnet. Und jetzt wollen wir drei Tagesmärsche weit in die Wüste ziehen und Jahwe, unserem Gott, Schlachtopfer darbringen, damit Er uns nicht mit Pest oder Schwert straft."*

Sieh an, dachte Jannes, dieser Aaron ist ein schlauer Bursche. Das gute Funktionieren der Wirtschaft Ägyptens hing von der Sklavenarbeit ab. Und Thutmoses konnte natürlich nicht wissen, ob dieser seltsame Gott tatsächlich solche Strafen über die Israeliten verhängen würde.

Doch der König war ebenso hartköpfig wie sein Großvater, Thutmoses I. Er achtete weder auf den warnenden Gesichtsausdruck seines Oberpriesters, noch war er bereit, über die Argumente der Israeliten wenigstens einmal nachzudenken.

Jannes fuhr zusammen, als der König zornig aufsprang und schrie: „Moses und Aaron, hört auf mit euren törichten Reden! *Warum wollt ihr die Leute zum Nichtstun verleiten? Fort mit euch! Geht zurück an eure Arbeit!*"

Als hätten die draußen Versammelten die Worte gehört, stieg plötzlich von den vielen Tausenden, die sich mittlerweile versammelt hatten, ein lauter Schrei zum Himmel. Beunruhigt warf der König einen Blick zum Balkon hin, dabei versuchte er, sich wieder zu beruhigen. Er setzte sich wieder, blieb aber unnachgiebig.

„Schaut", rief er, „es sind jetzt so viele Leute im Land geworden, und ihr wollt sie vom Frondienst abhalten!"

Wieder erhob sich der König und ging zum Balkon hinüber. Sein Gesicht hatte jetzt einen harten und entschlossenen Ausdruck angenommen.

Jannes bemerkte es und wußte sofort, daß er diesen Gesichtsausdruck schon einmal gesehen hatte. Er dachte nach, und nach einigen Augenblicken fiel es ihm ein. Genauso hatte vor 80 Jahren der Großvater dieses Königs, Thutmoses I., dreingeblickt, als er, Jannes, ihm von dem Traum von dem israelitischen Knaben erzählt hatte, der einmal den ägyptischen Thron in Gefahr bringen würde. Die Antwort von Thutmoses I. war jener furchtbare Befehl gewesen, alle männlichen Babys der Israeliten zu töten.

Und nun erinnerte sich Jannes auch an die Worte, die er damals zu Thutmoses I. von diesem Kind gesagt hatte: *„Aus seinen dunklen Augen leuchten Strahlen göttlicher Sendung, über seinem Haar liegt das Öl heiliger Salbung, und seine Zunge ist wie ein Schwert."* Waren das damals wirklich seine Worte gewesen? Ja, so war es! Wie hatte er das vergessen können?

Plötzlich begann der alte Priester, ohne daß es ihm bewußt wurde, laut zu sprechen: „In meinem Traum wurde der kleine Knabe zu einem Prinzen, und später wurde er von vielen Tausenden verehrt.

Seine Anhänger schüttelten die Ketten ihrer Sklaverei ab und folgten ihrem Führer in die Freiheit, hinaus aus Ägyptens Grenzen."

Überrascht fuhr der König herum und starrte den Priester an. „Aha, du hast also deine Sprache auch endlich wiedergefunden", spottete er. „Aber was soll dieses dumme Gerede, alter Mann?"

Doch der alte Priester wiederholte auch noch die Worte, die er damals schon Thutmoses I. gesagt hatte: „Da ist noch mehr, o König, viel mehr", warnte er. „Aber du könntest es jetzt noch nicht ertragen."

„Das ist doch Torheit!" empörte sich der König. „Bin ich denn von lauter Verrückten umgeben?"

Er ging zu seinem Thron zurück und setzte sich wieder. „Ich hoffe, ihr werdet meine Geduld nicht länger mißbrauchen", sagte er zornig zu den Israeliten. „Seht nun selbst, was eure Drohungen bewirken: Wenn eure Leute Zeit haben, in die Wüste zu ziehen, dann haben sie wahrscheinlich Langeweile und haben nicht genug zu tun."

Er wandte sich einem der Schreiber zu und sagte: „Schreibe folgenden Befehl an die ägyptischen Sklavenaufseher nieder: *Gebt den israelitischen Sklaven kein Stroh mehr zum Ziegelmachen, wie bisher. Sie sollen statt dessen selber gehen und sich das Stroh besorgen. Legt ihnen aber das gleiche Soll an Ziegeln auf, das sie bisher erfüllen mußten. Laßt ihnen davon nichts nach! Denn sie sind faul, und deshalb schreien sie: Wir wollen gehen und unserem Gott Schlachtopfer darbringen!*"

Zornesfalten zogen nun über die Stirn des Pharaos, und sein Ton wurde noch heftiger, als er hinzufügte: *„Erschwert den Leuten die Arbeit, damit sie beschäftigt sind und sich nicht mehr um leeres Geschwätz kümmern!"*

Thutmoses erhob sich wieder und verließ, ohne ein weiteres Wort zu sagen, den Saal, gefolgt von seinen Beratern und Wachen.

Mosche und Aaron schwiegen ebenfalls, als der König an ihnen vorüberging. Nur der alte Jannes brummelte vor sich hin. Er schien wieder in Selbstgespräche vertieft zu sein, als er jetzt den Saal verließ. Doch das täuschte.

„Da ist mehr, o König, viel mehr", murmelte er leise. „Aber du kannst es jetzt noch nicht ertragen."

48. KAPITEL

Das Sonnendach über dem königlichen Wagen schwankte leise hin und her und schützte die Insassen vor der brennenden Nachmittagssonne. Thutmoses war unterwegs und besichtigte die einzelnen Plätze seiner vielen Bauprojekte, um zu sehen, wie die Arbeit vorwärtsging. Bequem saß er im Schatten des Sonnendaches und unterhielt sich mit einem kleinen Jungen, der neben ihm saß. Er zeigte mit ausgestrecktem Arm auf einen hohen Turm und sagte:

„Sieh, Sohn, da steht er. Sie bauen ihn für dich."

Die dunklen Augen des Sohnes folgten dem Finger des Vaters hoch hinauf. Staunend, aber auch verwundert, fragte er: „Für mich, Vater? Aber was habe ich damit zu tun, und was soll ich damit anfangen?"

Für seinen noch kindlichen Sinn hatte dieses Geschenk nur wenig praktischen Wert. Da waren für den verwöhnten Jungen interessante Spielsachen schon viel wichtiger, oder ein kleines Pferd oder andere Tiere. Aber was sollte er mit einem solchen Steinturm?

Thutmoses lachte. „Eines Tages wirst du es verstehen", meinte er gutmütig. „Wenn du erst König bist, dann wird dein Name auf diesem Turm stehen, und alle deine Taten werden auf ihn geschrieben, so daß alle, die vorübergehen, an dich erinnert werden und für dich zu den Göttern beten. Schau ihn dir einmal genau an — ist er nicht sehr schön?"

„Fein, Vater", sagte der Junge, „aber weißt du, jetzt möchte ich lieber wieder nach Hause."

„Es wird nicht mehr lange dauern", stimmte der König zu. „Wir müssen nur noch eine Baustelle besichtigen."

Er rief dem Wagenlenker einen Befehl zu, und dieser fuhr zu der großen Lehmgrube am Nilufer, wo etwa eintausend Sklaven damit beschäftigt waren, Ziegel herzustellen.

Als der Wagen hielt, nahm der König seinen Sohn bei der Hand und ging mit ihm bis zum Rand der großen Lehmgrube. Seine Leibwachen folgten ihm nervös, ihnen wäre es lieber gewesen, der König hätte sich ein wenig vorsichtiger bewegt.

Gespannt blickte er in die Lehmgrube hinunter und erkannte bald, wie aussichtslos die Arbeit der Sklaven dort unten war. Seit zwei Tagen versuchten sie sich an der hoffnungslosen Sache, Ziegel ohne Stroh herzustellen und zu brennen.

Doch den König schien das nicht zu berühren. Sein Befehl war eindeutig. Die Israeliten hatten ihr tägliches Quantum an Ziegel herzustellen, ob sie nun Stroh hatten oder nicht. Sollten sie selbst sehen, wo sie welches herbekamen. Von den Vorarbeitern, die Männer aus ihrem eigenen Volk waren, wurde verlangt, die Sklaven hart zu schlagen, wenn sie das tägliche Soll nicht erfüllten.

Da die meisten von ihnen von Zeit zu Zeit die Peitsche zu spüren bekamen, arbeiteten sie mit schmerzenden und zerschlagenen Rücken und hatten keine Aussicht, weiteren Bestrafungen zu entgehen. Da ihnen die Ägypter kein Stroh mehr zur Verfügung stellten, mußte ein Teil von ihnen draußen auf den Feldern selbst welches sammeln. Von Zeit zu Zeit brachten sie zwar einen Wagen voll, doch das reichte nie aus, um die geforderte Menge Ziegeln herzustellen. Außerdem fehlten die Sklaven, die Stroh sammelten, nun bei der Ziegelherstellung.

Der Pharao lächelte höhnisch, während er den nutzlosen Bemühungen der Sklaven zuschaute. Dann wandte er sich an eine seiner Leibwachen und forderte den Mann auf, zwei der israelitischen Vorarbeiter zu ihm heraufzuholen und ihre Lehmtafeln mitzubringen, auf denen sie die täglich fertiggestellte Menge an Ziegeln zu verzeichnen hatten.

Als der Soldat mit den beiden Vorarbeitern zurückkam, warfen diese sich vor dem König zu Boden, wie es von ihnen verlangt wurde. Beide trugen lange, schwere Peitschen in der Hand, die mit Blut befleckt waren.

„Erhebt euch, und zeigt mir eure Verzeichnisse!" befahl Thutmoses.

Die beiden Männer richteten den Oberkörper auf, blieben aber vor dem Pharao knien und reichten ihm die Lehmtafeln.

Sorgfältig studierte der König die Verzeichnisse und fuhr die beiden Männer endlich hart an: „Habt ihr die Verzeichnisse auch richtig geführt?"

„Ja, Majestät", antworteten sie zitternd.

„Warum ist dann weder gestern noch heute die vorgeschriebene Menge hergestellt worden?"

Die beiden Männer blickten sich an. Sie kannten die Antwort, wußten aber auch, daß es nutzlos war, dem König etwas zu erklären. Da er die Antwort ja selbst kannte. Er war es doch gewesen, der den Befehl gegeben hatte, ihnen kein Stroh mehr zu liefern.

Außerdem ließ Thutmoses ihnen gar keine Zeit zu antworten. Er rief die in der Nähe stehenden ägyptischen Aufseher herbei, die ebenfalls Peitschen trugen, und befahl ihnen: „Schlagt sie, und bestraft sie, damit sie lernen, meine Befehle auszuführen!"

Jeder der beiden Israeliten erhielt 15 Schläge mit den schweren Lederpeitschen auf den nackten Rücken. Aus den Striemen, die dadurch verursacht wurden, quoll das Blut hervor. Der Anblick war so grausig, daß der kleine Prinz es nicht ertragen konnte, sondern sich abwandte.

Doch der Vater ließ es nicht zu. Er drehte ihn wieder herum und forderte: „Schau genau hin, damit du siehst, wie es allen Feinden des Pharaos ergeht."

Nachdem beide ihre 15 Schläge erhalten hatten, rief der Pharao: „Genug jetzt! Vielleicht haben sie nun gelernt, in Zukunft besser zu arbeiten."

Doch einer der beiden Geschlagenen hatte den Mut, den König anzuschauen und zu fragen: „Warum gehst du so hart mit deinen Knechten um, Majestät? Wir erhalten kein Stroh mehr, doch es wird von uns gefordert: Stellt Ziegel her! Wir werden geschlagen. Doch die Schuld liegt bei deinen eigenen Leuten, weil sie uns kein Stroh mehr liefern."

Ungläubig starrte Thutmoses den mutigen Hebräer an. „Ihr seid ein faules Volk!" schrie er dann. „Ihr seid sehr faul. Deshalb sagt ihr auch: Laß uns gehen, damit wir unserem Gott Opfer bringen können. Geht jetzt wieder an die Arbeit. Aber Stroh erhaltet ihr keines. Besorgt euch selbst welches. Aber ihr müßt die vorgeschriebene Menge Ziegel abliefern!"

Damit wandte er sich ab, ging mit seinem Sohn zum Wagen zurück und fuhr davon.

Als die beiden Vorarbeiter sich umwandten, um in die Lehmgrube zurückzugehen, sahen sie Mosche und Aaron wenige Schritte entfernt am Rand der Grube stehen. Die beiden waren soeben angekommen.

„Sieh da", flüsterte einer der Vorarbeiter dem anderen zu, „den beiden scheinen unsere Leiden auch noch zu gefallen."

Und den beiden Männern rief er zu: „So, so, seid ihr jetzt gekommen, um uns zu helfen? Ihr seht ja nun selbst, was eure Versprechungen uns eingebracht haben!"

„Uns wurde gesagt, daß es hier Schwierigkeiten gibt, deshalb kamen wir", antwortete Mosche. Mit Tränen in den Augen betrachtete er die zerschlagenen Rücken der Vorarbeiter. „Ich werde einen Arzt kommen lassen", sagte er. „Setzt euch hier in den Schatten."

Doch die beiden Vorarbeiter weigerten sich, und einer antwortete zornig: *„Der Herr mag euch erscheinen und euch richten; denn ihr habt uns beim Pharao und seinen Dienern in Verruf gebracht und ihnen ein Schwert in die Hand gegeben, mit dem sie uns umbringen können."*

Damit wandten sie sich ab und gingen in die Lehmgrube zurück zu den anderen Sklaven.

49. KAPITEL

Es dämmerte bereits, als Mosche niedergeschlagen und allein am Ufer des Nils entlangging. Er hatte Aaron an der Lehmgrube verlassen und ihm gesagt, er würde später zu Amrams Haus zurückkehren. Jetzt hatte er nur den Wunsch, allein zu sein.

Es schien ihm, als sei er wieder der verzweifelte Prinz, der vor 40 Jahren, nach der Tötung des Ägypters, am gleichen Ufer gestanden und erkannt hatte, daß es für ihn nur noch einen Ausweg gab: die Flucht!

Ihm war, als würden sich die Ereignisse der Vergangenheit wiederholen. Das *Damals* und das *Jetzt* schienen ineinander überzugehen. Der geschlagene Sklave vor 40 Jahren, und die beiden geschlagenen Sklaven heute.

Es mußte die Hand des Herrn gewesen sein, die es ihm erspart hatte, schon bei der Bestrafung der beiden Vorarbeiter anwesend zu sein. Denn er wußte — er hätte sich eingemischt und hätte versucht, dazwischenzutreten. Denn die ungerechte Behandlung seiner israelitischen Brüder ertrug er heute genausowenig wie vor 40 Jahren.

Warum, so fragte er sich, hatte Gott ihn nun eigentlich nach Ägypten zurückgebracht? Wollte Er ihm nur zeigen, daß sich nichts geändert hatte, sondern daß sein Volk noch genauso unterdrückt wurde wie damals? Und nun mußte sich Mosche auch noch Vorwürfe machen, daß er durch sein Handeln die Leiden des Volkes verschlimmerte. Und er, Mosche, konnte nichts dagegen tun.

Manchmal, so dachte Mosche, schien Jahwe grausame

Späße zu lieben, und am meisten schien Er sich darüber zu freuen, wenn Er den Menschen ihre eigene Hilflosigkeit vor Augen führen konnte.

Es würde kaum einen Unterschied gemacht haben, hätte Mosche versucht, sich dem Pharao entgegenzustellen und den beiden Israeliten zu helfen. Als er dies vor 40 Jahren getan hatte, wurde ihm anschließend von seinen israelitischen Brüdern vorgehalten, er sei ein Mörder. Heute war er zu spät erschienen, um helfen zu können, da wurde er von ihnen beschuldigt, er trage die Verantwortung dafür, weil ihr Leben jetzt noch schwerer wurde.

Wieder schienen die Wasser des Nils ihn auf geheimnisvolle Weise anzulocken. Alle Probleme wären gelöst, schienen sie ihm zuzuflüstern, wenn er sich einfach ihren Fluten anvertraute. Dann konnten sich andere über die Rätsel des Lebens Gedanken machen.

Er hatte sich wohl, in Gedanken vertieft, zu sehr dem schlüpfrigen Rand des Wassers genähert, denn sein Fuß glitt plötzlich aus. Er fing sich ab und stemmte beide Füße fest in den glitschigen Boden, hob das Gesicht zum Himmel empor und rief: „O Herr, wo bist Du? Hast Du mich vergessen? Hast Du uns alle vergessen?"

Schweigen lag über dem mächtigen Strom. Nur das leise Plätschern des Wasser schien ihm höhnisch zu antworten. Wieder schrie er in seiner Verzweiflung: „Warum läßt Du mein Volk so leiden, Herr? Warum hast Du mich dann nach hier zurückgebracht? Seit ich in Deinem Namen zum Pharao geredet habe, hat er meinem Volk noch größere Lasten auferlegt und ihnen noch größere Schmerzen zugefügt. Und, Herr, Du hast uns nicht befreit, obwohl Du es versprochen hast!"

Ärger wollte sich in Mosches Herz breitmachen, weil Gott die Ungerechtigkeiten und Gewalttätigkeiten dieser Welt scheinbar gleichgültig waren. Er setzte sich einige Schritte vom Ufer entfernt nieder, barg das Gesicht in seine Hände und weinte so heftig, daß sein ganzer Körper bebte. Ob er nun um sich selbst weinte oder für andere, schien ihm unwichtig zu sein, denn er fühlte sich im Leiden eins mit allen Unterdrückten der ganzen Welt.

Doch während er noch weinte, schien sich der Ton der vorbeirauschenden Fluten plötzlich zu verändern. Und dann begann eine leise Stimme aus ihnen zu flüstern — eine Stimme, die nicht zu spotten, sondern zu trösten schien. Es war die Stimme dessen, der den Fluß und die ganze Welt erschuf. Jene Stimme, die er in der Wüste schon so oft vernommen hatte und die ihm schon vertraut war.

„Ich bin der Herr“, sagte die Stimme. *„Und jetzt wirst du sehen, was Ich dem Pharao antun werde.“*

Zitternd hob Mosche sein tränennasses Gesicht empor und blickte über die immer dunkler werdende Wasserfläche hinweg.

Wieder kam die Stimme zu ihm: *„Ich bin Jahwe! Ich bin Abraham, Isaak und Jakob als der Allmächtige erschienen ... und habe Meinen Bund mit ihnen geschlossen ... Und nun habe Ich gehört, wie die Israeliten darüber stöhnen, daß die Ägypter sie wie Sklaven behandeln. Da habe Ich an Meinen Bund gedacht. Und deshalb sage zu den Israeliten: Ich bin Jahwe! Ich führe euch aus dem Frondienst der Ägypter heraus und rette euch aus der Sklaverei. Ich erlöse euch mit hocherhobenem Arm und durch ein gewaltiges Strafgericht über sie ... Ich bin der Herr!“*

50. KAPITEL

Während der nächsten zwei Wochen sorgten nur die Worte des Herrn, die Er am Nilufer gesagt hatte, dafür, daß Mosche nicht seinen Mut verlor.

Als er versuchte, den Angehörigen seines Volkes zu versichern, daß Gottes Plan ganz gewiß in Erfüllung gehen würde, begegnete er nur Spott, Zorn und Ablehnung.

Eine neue Begegnung mit dem Pharao hatte wiederum nur das gleiche enttäuschende Ergebnis. Der König forderte von Mosche und Aaron eine Probe. Er bestand darauf, daß sie ihren eigenen göttlichen Auftrag und die Macht ihres Gottes durch Wundertaten beweisen sollten.

Zweimal hatten die Söhne Amrams nun bereits durch solche Wunder vor dem Pharao bewiesen, daß die Macht Jahwes mit ihnen war. Sie hatten genau nach den Weisungen gehandelt, die der Herr Mosche in der Wüste gegeben hatte. Der heilige Stab wurde vor Pharao und seinen erstaunten Höflingen zu einer sich aufbäumenden wütenden Schlange. Und am Tag darauf verwandelten Mosche und Aaron bei ihrer Auseinandersetzung mit den Mächten der Finsternis die Wasser des Nils und alle anderen Gewässer in Ägypten in übelriechendes Blut.

Die Ägypter waren es gewöhnt, daß die Gewässer im Land jahreszeitlich bedingt mehr oder weniger Wasser führten und oft auch dick mit Algen und anderen Wasserpflanzen durchsetzt waren. Aber noch nie hatte sich das vorhandene Wasser in eine nicht mehr genießbare blutige Flüssigkeit verwandelt, wodurch alle Fische und die anderen Lebewesen in den Gewässern starben.

Doch zum Kummer der beiden Brüder ließ der König seine eigenen Zauberer kommen, die von dem alten Oberzauberer Jannes angeführt wurden. Er befahl ihnen, nun ebenfalls zu zeigen, welche Kräfte ihnen zur Verfügung standen.

Als die Zauberer ihre dunkle Kraft bewiesen, indem sie die Gewässer ebenfalls in Blut verwandeln konnten, überzeugten sie den Pharao davon, daß er sich vor dem Gott Jahwe nicht zu fürchten brauchte. Und als Aaron den heiligen Stab vor den Königsthron warf, taten sie Zauberer ebenso. Und kaum war der Hirtenstab zu einer Schlange geworden, verwandelten sich die Zauberstäbe ebenso, und eine ganze Anzahl Schlangen krochen zischend und sich aufbäumend vor dem Königsthron herum.

Zwar fiel Aarons Schlange nun über die anderen Reptile her und verschlang eine nach der anderen, bis nur noch sie allein übrig war. Doch auch das überzeugte den Pharao nicht und brachte ihn nicht zum Einlenken.

Heute nun war der letzte Tag der zweiten Woche. Mosche und Aaron waren wieder auf dem Weg zum Palast. Mosche versuchte, nicht an den alten Oberpriester zu denken. Doch immer wieder war dessen von vielen Falten durchfurchtes uraltes Gesicht in den letzten Tagen vor seinen Augen erschienen. Er wollte keine Feindschaft mit dem freundlichen alten Mann. Und doch wußte er, daß er mit ihm in einen geistlichen Kampf verstrickt war; wobei Jannes die geheimen Mächte der Götter Ägyptens repräsentierte, während Mosche im Namen des einzigen wahren Gottes, des Allmächtigen, auftrat und dessen Willen durchsetzen wollte.

Mosche haßte es, sich Jannes entgegenstellen zu müssen. Für Außenstehende hatte es so aussehen müssen, als seien ihre letzten beiden Begegnungen unentschieden ausgegangen. Und Mosche hatte dabei einige Male bemerkt, mit welch traurigen Augen der alte Zauberer ihn anblickte. Sie waren keinesfalls voller Rache oder Haß. Sondern ihm schien es, als würde der alte Mann ihn lieben. Und die geistliche

Auseinandersetzung, die sie austragen mußten, schien nichts zu sein, was Jannes gern tat.

Die vergangenen sieben Tage hatten große Not über das ganze Land gebracht. Erst seit heute begann das Wasser langsam wieder normal zu werden. Aber vorher waren die Ägypter gezwungen gewesen, überall neue Wasserlöcher und Brunnen zu graben, um nicht zu verdursten.

Nun war es Zeit für den Herrn, mehr von Seiner Macht zu zeigen. Pharaos Herz war nur noch härter geworden, weil seine eigenen Zauberer die gleichen Wunder vollbrachten wie die beiden Israeliten.

Als Mosche und Aaron mit ihrer kleinen Anhängerschar vor dem Palasttor erschienen, wurden sie sogar von vielen Israeliten verlacht. Die Berichte von ihren Auseinandersetzungen mit den Zauberern hatten ihnen keine neue Unterstützung eingebracht. Statt dessen wurden sie von den Israeliten verachtet, weil ihre Versprechungen sich nicht erfüllten.

Die Wachen am Palasttor wußten nicht recht, wie sie sich verhalten sollten. Sie wußten einerseits um Mosches übernatürliche Kräfte, andererseits war aber der Befehl des Pharao zu befolgen, daß niemand ohne ausdrückliche Genehmigung den Palast betreten durfte. Sie entschlossen sich zu einem Kompromiß und führten die beiden Männer unter scharfer Bewachung zum Pharao, während ihre Begleiter draußen bleiben mußten.

„Der Pharao befindet sich im Bad", erklärte ihnen der Führer der Wache. „Ihr werdet uns nach dort begleiten müssen, und wir melden euch an. Ob der Pharao euch empfangen wird, weiß ich nicht."

„Er wird uns ganz bestimmt empfangen", versicherte ihm Mosche.

Am Eingang zum Bad standen weitere Wachen. Eine davon ging hinein, um dem König die Ankömmlinge zu melden. Nach kurzer Zeit kam der Soldat zurück und erklärte, der Pharao sei bereit, sie zu empfangen. Ein weiterer Soldat wurde schnell zu Jannes geschickt, um den alten Priester ebenfalls herbeizuholen.

Während die beiden Brüder zum König geführt wurden, flüsterte Aaron: „Er wagt es nicht, mit uns allein zu sprechen, sondern er muß seinen alten Zauberer dabei haben."

Mosche nickte nur. Er war traurig, weil er sich schon wieder mit seinem alten Lehrer, den er so sehr achtete, auseinandersetzen mußte.

Als die beiden Brüder vor den König traten, verbeugten sie sich leicht, wie sie das immer taten. Thutmoses saß, völlig bekleidet, in einem Sessel, der ein ganzes Stück vom Bassin entfernt stand. Auch sonst war niemand im Wasser zu sehen, das immer noch eine rote Färbung hatte.

Der König wies mit der Hand auf eine Ecke des Raumes und sagte: „Wartet dort, bis auch Jannes erscheint, den ich rufen ließ. Dann könnt ihr mir sagen, warum ihr sogar in mein Bad eindringen müßt."

Die beiden Männer zogen sich einige Schritte zurück. Doch Aaron konnte sich nicht verkneifen, ein wenig spöttisch zu fragen: „Warum badest du nicht, Majestät? Ist dir das Wasser etwa nicht gut genug?"

Thutmoses wollte zornig auffahren, beherrschte sich dann aber und tat, als seien die beiden Eindringlinge gar nicht vorhanden.

Endlich erschien auch Jannes, wie immer auf seinen Stock gestützt und ein wenig außer Atem. „Warum hast du mich rufen lassen, König?" fragte er tadelnd. „Was ist so eilig, daß du meine Mittagsruhe störst?"

Der König deutete mit einer Kopfbewegung auf die beiden Männer in der Ecke und antwortete: „Die israelitischen Sandflöhe sind wieder hier. Und sie wollen sich nicht abweisen lassen."

Erst jetzt bemerkte der alte Mann die beiden Israeliten, die er mit einem kurzen Kopfnicken begrüßte. Wieder zum König gewandt, sagte er: „Schicke die Wachen fort. Es muß nicht jeder hören, was diese beiden uns zu sagen haben."

„Aber . . ." wandte der König ein.

„Tu, wie ich dir sage!" forderte Jannes. „Es besteht keine Gefahr."

Der König rief den Wachen zu: „Verlaßt die Bäder und nehmt alle anderen Anwesenden mit!“ Zu den beiden Israeliten gewandt, sagte er: „Ihr beide kommt jetzt näher und sagt, was ihr wollt.“

Die Brüder traten heran, und Mosche begann: *„So läßt Jahwe dir sagen: Laß Mein Volk ziehen, damit sie Mich verehren können!“*

Es war nichts Neues, was der König zu hören bekam. Deshalb blieb sein Gesicht so hart wie immer. Er lachte und sagte nur: „Wirst du nicht langsam müde, Moses, immer den gleichen Spruch aufzusagen? Dein Gott ist nicht größer als der kleinste unserer ägyptischen Götter. Haben meine Zauberer das nicht bewiesen? Warum sollte ich meine Sklaven, die mir noch gute Dienste leisten sollen, einfach gehen lassen?“ Er lehnte sich bequem in seinem Sessel zurück, als sei ihm die ganze Angelegenheit langweilig.

Da ergriff Aaron in seiner energischen Art das Wort: „Nimm dich in acht, Thutmoses“, warnte er. „Und auch du, Priester Ägyptens, sieh dich vor. Ist nicht der Nil euer heiliger Fluß? Und doch hat der Herr Seine Macht über die Wasser des Nils bewiesen. Und habt ihr nicht noch tausend andere Götter in Ägypten, große und kleinere? Da ist das Krokodil und die Katze, der Affe und sogar der Frosch. Doch Jahwe wird euch beweisen, daß Er größer ist als all eure Götter!“

Doch der König blieb ganz ruhig. Mit einer leichten Handbewegung wies er zum Ausgang hin. „Ihr langweilt uns“, erklärte er. „Es ist besser, ihr verlaßt uns jetzt. Ihr stehlt uns nur unsere kostbare Zeit.“

Doch nun war es Mosche, der mit großer Autorität erklärte: *„So spricht Jahwe: Weigerst du dich, Mein Volk ziehen zu lassen, so bringe Ich eine Froschplage über dein ganzes Land. Der Nil wird von Fröschen wimmeln; sie werden heraufkommen und in dein Haus eindringen, in dein Schlafgemach, auf dein Bett werden sie kommen, in die Häuser deiner Diener und deines Volkes, in deine Backöfen und*

Backschüsseln. Über dich, dein Volk und alle deine Diener werden die Frösche kommen!"

Thutmoses schien zu Stein erstarrt, als er diese Drohung hörte. Er war ganz blaß geworden und wußte nicht, was er antworten sollte.

Auch Jannes fühlte, wie ihm das Blut in den Kopf stieg, als er über den für seine Ohren lästerlichen Fluch nachdachte, den Mosche soeben ausgesprochen hatte. Gewiß, der Frosch war nicht gerade der größte der Götter Ägyptens, sondern einer von den kleinsten. *Aber er war ein Gott.* Er wurde hervorgebracht durch die heiligen Wasser des Nils und war ein freundlicher Geist des heiligen Flusses.

Jannes blickte zu den noch immer rötlichen Wassern des Nils, die draußen vor dem Bad vorüberflossen, und fühlte, wie es ihm kalt den Rücken hinunterlief. Wie konnte Jahwe die Götter Ägyptens dazu veranlassen, sich gegen ihre eigenen Anbeter zu wenden? In seinen theologischen Vorstellungen ergab das keinen Sinn. Doch dann wurde er aus seinen verdrießlichen Überlegungen gerissen.

„Nun, Priester", grollte der König. „Hast du nichts zu sagen? Willst du es diesen Sandflöhen erlauben, unsere Götter zu lästern?"

Jannes hörte wohl den verzweifelten Unterton in dieser Frage, die so trotzig klang. Aber er wußte keine Antwort.

Draußen schickte sich die Sonne an, langsam unterzugehen. Tiefes Schweigen herrschte im Bad des Königs. Nur das Quaken einiger Frösche, die nun langsam begannen, ihr abendliches Konzert anzustimmen, war aus der Ferne zu hören.

Doch während dieses Geräusch sonst irgendwie beruhigend und ausgleichend klang und die Spannungen des Tages hinwegnahm, war es für die Ohren der beiden Ägypter an diesem Spätnachmittag wie ein angstverbreitendes und auf schreckliche Ereignisse hindeutendes Omen.

51. KAPITEL

Das Licht des Mondes erhellte die nächtlichen Straßen von Ra-Amses. Es drang auch in die hohen Fenster der Räume des königlichen Palastes und fiel auf die Wangen eines kleinen Jungen, der sich in einem unruhigen Traum von einer Seite auf die andere wälzte.

In diesem gleichen Raum hatte vor vielen Jahren ein anderer Junge geschlafen, dessen Träume manchmal voller Hoffnung auf große Taten und königliche Herrlichkeit gewesen waren. Früher war dies der Raum des kleinen Prinzen Moses gewesen. Nun wohnte der Sohn von Thutmoses III. in ihm.

Der Junge war ein hübsches Kind. Er hatte keine Ähnlichkeit mit seinem eher häßlichen Vater, der sehr stolz auf ihn war.

In dieser Nacht träumte er, er stünde am Fuß des hohen Obelisken, zu dem ihn sein Vater vor wenigen Tagen geführt hatte, und er müsse nun da hinaufsteigen. Doch während er noch dabei war, die glatte Wand des Obelisken zu erklimmen, wurde aus seinem Traum ein Alptraum. Denn plötzlich schien eine Eidechse heranzuschwirren, die sich auf seine Schulter setzte und sich naß und kalt anfühlte.

Der Junge wachte erschreckt auf, atmete tief ein und rieb sich die Augen. Er erkannte, das er nicht an der Wand eines Obelisken hochkletterte, sondern sicher in seinem Bett lag. Also hätte er beruhigt weiterschlafen können. Doch irgend etwas, so schien es ihm, war nicht in Ordnung.

Das kalte Gefühl, das er durch die Traum-Eidechse empfunden hatte, war immer noch an seiner Schulter zu spüren.

Er tastete mit der Hand nach der Stelle und fuhr zurück. Sie war kalt und naß, als habe dort tatsächlich ein Tier gesessen.

Der kleine Prinz blickte zum Fenster hinaus, durch das heller Mondschein hereinfiel, und ihm war, als habe er auf dem Fenstersims eine Bewegung gesehen. Furcht wollte ihn ergreifen. Doch mit erstaunlicher Tapferkeit überlegte er, daß es wohl doch nur ein Traum gewesen war, der ihn erschreckte.

Er hatte in seinem Leben noch nicht oft geträumt. Doch einige Male hatte er dabei durch sein ängstliches Geschrei sein Kindermädchen herbeigerufen, die ihn dann immer überzeugen konnte, daß nichts geschehen war. Nein, er wollte nicht wieder ohne jeden Grund losschreien, denn dann mußte er sich hinterher jedesmal schämen.

Doch jetzt hörte er auch seltsame Geräusche. Es klang wie leises Patschen im Wasser. Und nun beschloß er, nachzusehen, was ihn da beunruhigte. Er richtete sich im Bett auf und fuhr entsetzt zurück.

Der Mond schien hell genug, um die vielen kleinen Tiere, die auf seiner Bettdecke saßen, zu erkennen. Im Mondlicht glitzerten ihre Augen, mit denen sie ihn anstarrten. Es mußten wohl hundert oder mehr sein.

Nun war es vorbei mit seinem Mut. Panischer Schrecken erfaßte ihn, und seiner Brust entrang sich ein entsetzlicher Schrei. „Dofda!" schrie er, „Dofda!" Immer und immer wieder schrie er dieses Wort, den ägyptischen Namen für den heiligen Frosch des Nils.

Er rief nicht nach seinem Kindermädchen, statt dessen schrie er nach seinem Vater, während ihm die Tränen der Angst aus den Augen schossen. „Papa! Papa!" gellten seine Schreie durch die Nacht. „Papa, hilf mir!"

Doch als erstes wurden durch die Schreie seine nassen grünen Gäste angeregt. Sie begannen laut zu quaken, als wollten sie den Jungen verspotten, und hüpften wie wild hin und her.

Aus dem Vorzimmer kam nun das Kindermädchen gerannt, gefolgt von einigen Wachsoldaten, und hinter ihnen erschien schon der alte Priester Jannes. Als sie das Zimmer des Knaben erreichten, hatte dieser sich schon in höchste Hyterie hineingesteigert. Frösche hüpften wie wild über sein Bett, bedeckten seine Arme und Beine und quakten immer lauter. Und der Junge schrie in den höchsten Tönen.

Die brennende Öllampe, die Jannes in der Hand hielt, erhellte nun den Raum, und der alte Mann blickte mit Entsetzen auf das geisterhafte Schauspiel. Noch nie hatte er so etwas gesehen. Er glaubte zwar, daß die Seelen der Verstorbenen bei ihrem Weg durch die Unterwelt ähnlichen Prüfungen und Qualen ausgesetzt waren, aber was er hier sah, geschah unter den noch auf dieser Erde Lebenden.

Schnell begann er, den Körper des Jungen von den Fröschen zu befreien, und das Kindermädchen und die Wachen folgten seinem Beispiel. Doch je mehr von den Fröschen sie entfernten, um so mehr neue kamen gehüpft, durch das Fenster und jetzt auch durch die offene Tür zum Vorzimmer — springend, quakend und sich überall festklammernd.

„Ruft den König!“ befahl Jannes und sandte eine der Wachen zu ihm. „Und sage ihm: Der Fluch Jahwes ist über uns!“

Der Pharao ging unruhig auf der Mauer hin und her, die seinen Palast umgab. Diese Mauer war breit genug, damit ein Streitwagen auf ihr fahren konnte. Und von hier aus hatte man einen guten Überblick über die Stadt. Manchen ruhigen Abend hatte er hier schon verbracht und stolz auf die Bauwerke geblickt, die er selbst schon hatte errichten lassen.

Doch heute drang ein schrecklicher Gestank in seine Nase, der aus den Straßen unter ihm kam. Obwohl er absichtlich nach hier gekommen war, um die schreckliche Arbeit zu beschauen, die von den Leuten in allen Straßen und an allen Ecken getan werden mußte, fiel es ihm nicht leicht, die Fassung zu bewahren und sich nicht zu übergeben.

Er hielt sich die Nase zu und winkte einen Diener heran, der eine Flasche mit Parfüm trug. Davon goß er sich sehr reichlich auf den Ärmel seines Gewandes, um den besseren Geruch einzuatmen und den schrecklichen Gestank ein wenig zu vertreiben.

„Wann werden sie endlich fertig sein?" fragte er ärgerlich. „Wollen diese Monster denn kein Ende nehmen?"

Unter ihm waren Gruppen von Sklaven damit beschäftigt, die Häuser, Lager und Höfe von toten Fröschen zu säubern, die in großen Haufen auf den Straßen zusammengetragen wurden. Von dort wurden sie durch andere Gruppen auf Karren geladen und abgefahren.

Erst nach sieben Tagen hatte diese furchtbare Plage aufgehört. Überall waren die schleimigen Tiere aufgetaucht. Kein Raum, keine Kammer, kein Kasten, kein Gefäß und kein Mensch war vor ihnen sicher gewesen, und auch an den Tieren hatten sie geklebt wie die Fliegen. Niemand konnte mehr schlafen, vernünftig essen oder gar einer geregelten Arbeit nachgehen.

Erst als die Plage nicht mehr auszuhalten war, hatte der König Mosche und Aaron zu sich rufen lassen. Erstaunlich demütig hatte er die beiden händeringend gebeten: *„Betet zu Jahwe, Er möge mich und mein Volk von den Fröschen befreien. Dann will ich das Volk ziehen lassen, und sie können Jahwe Schlachtopfer darbringen."*

Ohne zu zögern hatte Mosche mit einer leichten Verbeugung geantwortet: *„Wie du willst. Du sollst daran erkennen, daß kein anderer Gott unserem Gott Jahwe gleichkommt!"*

Mosche schrie zu Gott und bat Ihn, die Plage zu beenden. Und der Allmächtige erhörte ihn. Alle Frösche in ganz Ägypten starben. Nur im Nil blieben eine Anzahl von ihnen am Leben.

Nun hatte man im ganzen Land riesige Feuer entzündet, in denen die stinkenden Haufen der verfaulenden Frösche verbrannt wurden.

„Wir hoffen, die Arbeit hier in Ra-Amses morgen beenden zu können“, antwortete der Hofbeamte, den der König gefragt hatte. „Es ist wirklich ein Segen, daß die Israeliten uns bei den Aufräumungsarbeiten noch geholfen haben und nicht gleich abgezogen sind.“

Der Beamte hatte den König mit diesen Worten nicht verärgern wollen, sondern einfach nur berichtet, wie es war. Doch er spürte, daß seine Worte dem Herrscher nicht gefallen hatten, und er betrachtete erstaunt dessen Gesicht, das einen hochmütigen und harten Ausdruck angenommen hatte.

Noch vor wenigen Tagen hatte der Pharao in seiner Verzweiflung seine Feinde angefleht, ihm zu helfen, und er hatte dafür alles versprochen, was sie verlangten. Doch an diesem Abend, als er den Aufräumungsarbeiten zuschaute, schien er seinen alten trotzigen Stolz wiedergefunden zu haben.

Nicht mehr in der Lage, sich noch zurückzuhalten, wagte der Beamte endlich zu fragen: „Du wirst doch die Israeliten wirklich ziehen lassen, Majestät, nicht wahr?“

52. KAPITEL

Unerbittlich und ohne nachzulassen lag in der nächsten Zeit die Hand Gottes mit all ihren Gerichten schwer auf ganz Ägypten. Die Menschen, die unter diesen Gerichten seufzten, konnten diese Hand nicht sehen. Doch der Zorn des Herrn ging unabwendbar seinen Weg. Und alle, die in Ägypten lebten, Freie oder Sklaven, Reiche und Arme, Mächtige und Schwache, und natürlich auch das ganze Haus des Pharaos, lernten Jahwe, den Gott Israels, fürchten. Denn allein Sein Volk wurde in wunderbarer Weise vor den Zorngerichten Gottes bewahrt. Dort wo sie wohnten und in ihren Häusern schlugen sich die Plagen, die über Ägypten kamen, nicht nieder.

Tagein, tagaus waren es besonders zwei Männer, die als Repräsentanten für die Gegensätze von Gut und Böse, zwischen den Göttern Ägyptens und dem Gott Israels, standen. Sie wohnten in entgegengesetzten Teilen der großen Stadt, getrennt durch Klasse, Rasse und die Einstellung des Herzens. Diese beiden Männer waren Mosche und Thutmoses. Und täglich nahm die Feindschaft zwischen den beiden zu.

Woche um Woche ging Mosche mit seinem Bruder zum königlichen Palast und kündigte ein weiteres Strafgericht Gottes über den unnachgiebigen Pharao und sein Land an. Jedesmal aufs neue tat der König Buße und versprach den Israeliten die Freiheit, wenn nur die Plage aufhören würde. Doch jedesmal, wenn Gott der Plage auf die Bitten Mosches hin ein Ende gemacht hatte, weigerte sich der Pharao, sein vorher gegebenes Versprechen zu halten und die Sklaven freizulassen.

Während täglich immer neue Gerüchte über weitere Plagen, die von Mosche angekündigt wurden, und über neue Jähzornsausbrüche des Pharaos in Ägypten die Runde machten, wurden die beiden Männer in den Augen der Leute mehr als nur Menschen. Sie wurden Symbolfiguren für eine universelle Auseinandersetzung, für einen Kampf, der zu allen Zeiten tobte, aber meist im Unsichtbaren ausgetragen wurde.

Es war nur natürlich, daß die Männer, auf die alle Menschen in Ägypten blickten, nach und nach immer mehr die Qualitäten annehmen würden, die sie repräsentierten. Mosche, der früher sehr zurückhaltende und manchmal fast schüchterne Prophet, wurde nach jeder Auseinandersetzung mit dem Pharao sicherer und mutiger. Obwohl er nicht länger königliche Kleidung trug, sondern mit Sklaven lebte und aß, gewann er doch mehr Zuversicht und auch Selbstvertrauen und sprach kühner, jedesmal, wenn er von einer neuen Konfrontation mit Thutmoses kam.

Der Pharao auf der anderen Seite zog sich jeden Tag mehr in sich selbst zurück. Obwohl er die prunkvollste Kleidung trug, von Luxus umgeben war und von so vielen Beratern umgeben war, wie er nur forderte, wurde sein Wesen und Auftreten von Tag zu Tag weniger königlich, und er wurde immer mehr ein Opfer seiner eigenen Dickköpfigkeit und seines Hochmuts, und er wurde von Tag zu Tag unsicherer.

Auch die beiden Völker, Israeliten und Ägypter, wurden immer mehr zu Repräsentanten dieser geistlichen und kosmischen Auseinandersetzung. Denn der Allmächtige zog eine klare Unterscheidungslinie zwischen ihnen, so daß die Israeliten vor den schlimmsten Konsequenzen der Plagen bewahrt blieben.

Die Plagen, unter denen die Ägypter leiden mußten, wurden durch Gottes Wunderkräfte bewirkt. Das mußte jeder anerkennen. Doch noch erstaunlicher und wunderbarer war die Tatsache, daß die Israeliten davon nicht berührt wurden.

Als aus dem Staub der Erde unzählige Schwärme von Stechmücken aufstiegen und sich mit ihren schmerzlichen Stichen Tag und Nacht auf die Ägypter stürzten, so daß diese es vor Schmerzen und Jucken nicht mehr aushalten konnten, wurde kein einziger Israelit von diesen Quälgeistern angegriffen oder gestochen. Das war eine so erstaunliche Sache, daß selbst die ägyptischen Priester sagten: *„Das ist der Finger Gottes!“*

Nach den Stechmücken kam das Ungeziefer über die Ägypter, und zwar in so großer Anzahl, daß es nichts mehr gab, was davon nicht bedeckt war. Auf allen Straßen, Wegen und Feldern lagerte es in unübersehbaren Scharen. In den Häusern waren Tische, Stühle und Betten und alles Geschirr damit bedeckt. Es lag auf allen Lebensmitteln und auf allen Menschen und Tieren selbst. Wer etwas essen wollte, biß auf Ungeziefer, und es war auch kaum noch möglich, etwas zu trinken, ohne solche Insekten mit zu verschlucken. Doch auch von dieser Plage wurden die Israeliten verschont. Nicht ein einziges dieser Insekten war in einem israelitischen Haus oder auf einem Feld zu finden. Doch der König wurde, nachdem er wieder Buße getan hatte und den Sklaven die Freiheit versprach, aufs neue wortbrüchig, nachdem Gott die Ägypter von dem Ungeziefer befreit hatte.

Nun drohte Mosche dem Pharao im Namen Gottes an, es würde eine schreckliche Seuche über alle Nutztiere der Ägypter kommen, und sehr viele davon würden sterben. Doch auch hier wieder würde das Vieh der Israeliten verschont werden. Nicht ein einziges Tier von ihnen sollte von dieser Seuche angesteckt werden. So geschah es, aber der Pharao lachte Mosche und Aaron ins Gesicht, als sie im Namen Gottes wieder forderten, er solle Israel ziehen lassen.

Als auch das nichts geholfen hatte, forderte Gott Mosche und Aaron auf, je eine Handvoll Ofenruß zusammenzukratzen und sie vor den Augen des Pharao in die Luft zu werfen. Dieser Ruß verbreitete sich wie Staub über ganz Ägypten und ging auf Menschen und Vieh nieder. Und überall, wo er auf die Menschen und Tiere fiel, bildeten sich an diesen Stellen schreckliche Geschwüre, die dann aufplatzten und ausliefen und fürchterliche Schmerzen verursachten. Aber auch unter dieser Plage mußte kein einziger Angehöriger des Volkes Israel leiden.

Doch am meisten zeigte sich Gottes bewahrende Hand über alle Israeliten an dem Tag, als der Hagel zusammen mit den schrecklichen Blitzen kam. Noch immer litten die Ägypter unter der Plage der Geschwüre, die Gott noch nicht aufgehoben hatte, weil der Pharao nicht auf den Willen Gottes eingehen wollte. Um den Schrecken nun noch zu steigern, sandte der Herr Mosche und Aaron wiederum in den Palast und ließ dem Pharao sagen:

„Wenn du dich weiterhin als großen Herrn über Mein Volk aufspielst und sie nicht ziehen läßt, dann lasse Ich morgen um diese Zeit ein sehr schweres Hagelwetter niedergehen, wie es in Ägypten seit seiner Gründung bis auf den heutigen Tag noch keines gegeben hat. Und nun schicke Leute aus, bring dein Vieh in Sicherheit und alles, was dir auf dem Feld gehört. Auf alle Menschen und alles Vieh, das auf dem Feld bleibt und nicht unter Dach gebracht wird, geht der Hagel nieder und erschlägt sie!“

Der Tag begann, wie gewöhnlich in Ägypten, mit Sonnenschein und blauem Himmel. Doch im ganzen Land sprach man von der Warnung, die im Namen Jahwes an alle durch den Mund Aarons ergangen war. Niemand sollte sich heute im Freien aufhalten, und auch das Vieh sollte in schützende Ställe und Scheunen getrieben werden.

Doch gleich dem Pharao, der nicht auf die Mahnungen Jahwes hören wollte, gab es auch noch andere Menschen in Ägypten, die der Ansicht waren, die Götter Ägyptens seien stärker als der Gott Israels. Sie meinten, die bisherigen Plagen seien nur eine zufällige Häufung verschiedener Naturkatastrophen und Epidemien. Ähnliches habe es früher auch schon gegeben, nur nicht so kurz hintereinander. Deshalb brauche man sich auch nicht nach den Warnungen dieser beiden fanatischen Israeliten zu richten, sondern könne ruhig seinen Alltagsgeschäften nachgehen.

Diese dickköpfige Argumentation brachte es mit sich, daß trotz der Warnung Aarons viele Ägypter und auch ihre Sklaven auf den Feldern arbeiteten oder die Straßen und Märkte bevölkerten. Als dann am frühen Nachmittag der Himmel sich seltsam gelblich zu färben begann und ein leichter Regen fiel, der für diese Jahreszeit völlig ungewöhnlich war, wurden manche doch noch nachdenklich und brachten sich in Sicherheit. Der Regen schien wie eine letzte Warnung Gottes zu sein.

Sehr schnell ballten sich dann dunkle Wolken zusammen, aus denen unter heftigem Donnerrollen mächtige Blitze zuckten. Aus dem Regen wurden Hagelkörner, die bald Faustgröße annahmen und mit unheimlicher Gewalt vom Himmel herabschossen. Durch diese himmlische Artillerie wurde alles Lebendige — Menschen und Tiere —, das sich noch im Freien aufhielt, erschlagen.

Erstaunlicherweise fiel kein Hagel auf israelitische Häuser. Und selbst israelitische Sklaven, die von ihren Herren gezwungen worden waren, draußen zu arbeiten, wurden verschont, während andere Menschen neben ihnen ums Leben kamen.

Etwa eine halbe Stunde tobte der Hagelsturm. Als er vorüber war, lagen im ganzen Niltal tote Menschen und Tiere in großer Zahl unter den Hagelklumpen, die nun schnell schmolzen, weil die Sonne wieder zu scheinen begann.

Nun wurde Thutmoses von seinen eigenen Leuten gedrängt, doch endlich nachzugeben, um Ägypten weiteres Unheil zu ersparen. Er ließ Mosche und Aaron rufen und sagte zu ihnen: „Geht und verehrt euren Jahwe und feiert Sein Fest. Aber sagt mir noch, was ihr alles mitnehmen wollt."

Mosche antwortete ihm: „Wir gehen alle, auch unsere Kinder, und wir nehmen all unser Vieh ebenfalls mit."

Daraufhin wurde Thutmoses wieder wütend und schrie: „Damit beweist ihr doch, daß ihr nicht nur euer Fest feiern wollt, sondern gar nicht vorhabt, zurückzukommen! Ihr Männer dürft gehen. Aber Frauen und Kinder und euer Vieh müssen zurückbleiben!“

Als Mosche und Aaron sich weigerten, diese Bedingung anzunehmen, ließ der Pharao sie aus seinem Palast jagen.

Nun forderte Gott Seinen Diener auf, seinen Stab wieder über Ägypten zu erheben. Mosche tat es, und daraufhin kam eine riesige Heuschreckenplage von Osten her über das ganze Land. Was nun auf Äckern, Wiesen und Feldern von den vorhergehenden Plagen noch übriggeblieben war, wurde von den Heuschrecken aufgefressen, so daß Ägypten fast einer kahlen Wüste glich, wo sonst blühendes Land gewesen war.

„Da ließ der Pharao Mosche und Aaron eiligst rufen und sagte zu ihnen: Ich habe gegen Jahwe, euren Gott, gesündigt und auch gegen euch. Nur noch diesmal nehmt meine Sünden von mir und betet zu Jahwe, eurem Gott, Er möge mich wenigstens noch von dieser tödlichen Gefahr befreien.“

Doch anschließend geschah alles wie vorher. Als Gott die Heuschrecken wieder aus Ägypten vertrieben hatte, änderte Thutmoses seine Meinung und war nicht mehr bereit, den Israeliten die Freiheit zu geben. Immer noch hoffte er auf seine Götter, obwohl deren Machtlosigkeit nun eindeutig bewiesen war. Denn auch diesmal waren allein die Gärten und Felder der Israeliten wieder vor den gefräßigen Heuschrecken verschont geblieben.

53. KAPITEL

Seit Monaten wurde nun ganz Ägypten schon durch die Gerichte Gottes geplagt, und es war nicht mehr viel von dem Land und von Lebensmöglichkeiten in ihm übriggeblieben.

Abgesehen von den Feldern und Gärten der Israeliten gab es so gut wie nichts Grünes mehr, und die Aussicht auf die kommende Ernte war zerschlagen. Es blieb nur noch die Hoffnung auf die Vorratshäuser, um wenigstens die Monate bis zur nächsten Ernte überleben zu können.

Doch auch das würde nur spärlich reichen, und eine Hungersnot würde die Folge sein. Denn es hatte schon längere Zeit keinen so klugen und weitsichtigen Statthalter mehr gegeben wie vor Jahrhunderten den Hebräer Joseph, der die Vorratshäuser angesichts kommender Hungersnot füllen ließ. Die von Joseph gebauten Vorratshäuser existierten zwar noch, aber es lagerten nur spärlich Vorräte darin, die durch die letzten beiden Katastrophen, den Hagel und die Heuschrecken, verschont geblieben waren.

Doch all diese Plagen hatten Thutmoses III. unglaubliche Starrköpfigkeit nicht brechen können. Da er sich selbst für die Inkarnation des höchsten Gottes hielt, erhob er trotzig seine Faust gegen den Himmel und lehnte sich weiterhin gegen Jahwe und Seine Propheten auf. Es könne ja nicht mehr lange dauern, so sagte er zu sich selbst, dann würde dieser armselige Gott der Sklaven keine Tricks mehr auf Lager haben und würde aufgeben müssen. Wenn es dann soweit war, würden Osiris, Isis, Ra, Amun und die anderen Götter Ägyptens schreckliche Rache nehmen. Das Volk Israel und alle, die zu ihm hielten, würden dann vernichtet.

Es war dieser Selbstbetrug, der Thutmoses trotz der unheimlichen Finsternis, die sich mittlerweile über ganz Ägypten gelegt hatte, weiterhin dazu brachte, nicht auf die Befehle Jahwes einzugehen.

Seit zwei Tagen nun schon lag diese unerklärliche Finsternis, die schlimmer war als die dunkelste Nacht und die man buchstäblich mit den Händen greifen konnte, über dem ganzen Land. Niemand konnte sich mehr rühren, und alles Leben in Ägypten schien erstorben zu sein, weil man sich nur noch tastend vorwärtsbewegen konnte.

Thutmoses war in seinem Palast unterwegs, um nach seinem Sohn zu sehen, der sich ebenfalls nur in seinem Zimmer aufhalten konnte. Der Palast schien wie ausgestorben zu sein, als der König sich jetzt an den Wänden entlangtastete. Und selbst wenn ein anderer Mensch vielleicht auf der anderen Seite des Ganges ebenfalls langsam an der Wand entlanggegangen wäre, hätte Thutmoses ihn nicht gesehen.

Doch der König lehnte sich auch gegen dieses Handeln Gottes auf. Es mußte ein höchst seltsames Naturereignis sein, überlegte er, das sogar die Sonne in diesem Maße verdunkeln konnte. Doch lange würde es sicher nicht mehr dauern, dann würde der Sonnengott Ra wieder die Oberhand haben in diesem Kampf und es würde wieder hell werden im Land Ägypten, in dem man die Götter so sehr verehrte.

Außerdem schob er die Dunkelheit zum Teil auch auf die Depression seines eigenen Geistes. Die Ereignisse der letzten Zeit hatten ihm doch viel Mut geraubt und hatten in ihm eine depressive Stimmung aufkommen lassen. Und wenn er, die Inkarnation der Gottheit, für die er sich hielt, unter Depressionen litt, mußte das logischerweise noch dazu beitragen, daß es noch finsterer wurde in seinem Land; so folgerte er und beruhigte sich damit.

Er mußte schon ziemlich nahe der Tür sein, die zu den Räumen seines Sohnes führte; die übernächste mußte es sein, die er ertasten konnte.

Als er dort anlangte, öffnete er sie und rief den Namen seines Sohnes.

„Vater", antwortete der Junge fragend, „bist du es? Es ist so dunkel wie noch nie zuvor."

Der König merkte am Klang der Stimme des Jungen, daß er geweint hatte. Er tastete sich zu ihm und setzte sich neben ihm aufs Bett.

„Vater", begann der Junge wieder, „ich habe mich gefürchtet. Es ist so finster, daß ich die Nacht sogar auf meiner Haut spüren kann."

Thutmoses zog ihn an sich und strich ihm beruhigend übers Haar. „Es ist eine harte Zeit für unser Volk", sagte er endlich, um dem Kleinen Mut zu machen. „Die Schicksalsschläge haben uns alle müde gemacht. Doch wir dürfen nicht verzweifeln. Die mächtigen Götter Ägyptens kämpfen mit unseren Feinden und werden sie zum Schluß besiegen."

Der Junge wußte, die „Feinde", das waren die Israeliten. Doch er fragte sich, wie alles so kommen konnte. „Vater", fragte er unschuldig, „diese Israeliten sind doch unsere Sklaven. Wie kommt es dann, daß sie solche Macht haben können? Sind sie denn nicht geringer als die Hunde auf der Straße?"

Der König freute sich darüber, daß sein Sohn über alle Dinge nachdachte. Doch diese Frage selbst gefiel ihm gar nicht, denn die Antwort bereitete ihm Verlegenheit.

„Sieh, Sohn", begann er endlich mit einem Seufzer, „die Israeliten sind mit einem bösen Geist verbündet. Und dieser Geist ist stärker, als wir gedacht haben. Doch die Götter Ägyptens haben die Zeit bestimmt, wenn seine Macht zu Ende geht. Jeden Augenblick können wir darauf warten, daß sie diesen bösen Geist besiegen, und dann werden alle sehen, daß Ra, Osiris, Isis und Amun die Stärkeren sind."

Das Schweigen des Jungen überzeugte den König, daß er ihn mit diesen Antworten beruhigt hatte, deshalb sagte er noch: „Nun lege dich hin und schlafe ruhig. Unsere Götter werden dich beschützen, deshalb brauchst du keine Angst zu haben. Vielleicht ist es schon wieder hell, wenn du aufwachst.“ Er zog den Jungen, auf den sich seine ganze Liebe und Hoffnung konzentrierte, nochmals an sich und verließ dann wieder den Raum.

Nachdem Thutmoses sich mühsam wieder in seine eigenen Räume zurückgetastet hatte, hielt er es innerhalb der Wände nicht mehr aus. In der Hoffnung, draußen wenigstens etwas mehr Frische zu empfinden, ging er vorsichtig auf den breiten Balkon hinaus. Doch auch hier war die Finsternis so dick, daß sich sonst nichts bewegte.

Während er so, mit trüben Gedanken beschäftigt, in die Dunkelheit starrte, mußte er an die Stadt unter ihm denken, auf die er sonst von hier aus einen sehr schönen Ausblick hatte. Dabei bemerkte er ein ganz seltsames Phänomen: An einer bestimmten Stelle, ein Stück weiter entfernt, schien es einen hellen Fleck in der Finsternis zu geben. Wie kann das sein? überlegte er. Hier ist die Finsternis so dick, daß nicht einmal brennende Öllampen oder Fackeln Licht verbreiten können, und in so weiter Entfernung sehe ich einen hellen Schein? Ob die Götter Ägyptens dabei waren, die Finsternis zu besiegen und es nun bald wieder hell wurde?

Doch solange er auch auf diese Stelle starrte, die Helligkeit blieb zwar, aber sie vergrößerte sich nicht. Er begann zu überlegen, was es sein könnte, und stellte sich die Stadt vor. Was würde in dieser Richtung und Entfernung etwa liegen? fragte er sich. Dabei kam er zu einer Erkenntnis, die ihn schockierte: Es mußte das Getto der israelitischen Sklaven sein, von dem der Lichtschein ausging!

Diese Erkenntnis traf ihn wie ein Hammerschlag. Dieser Gott Jahwe hatte also nicht nur die Macht, Finsternis kommen zu lassen, wie man das von einem bösen Geist erwarten konnte, sondern Er war auch mächtig genug, dafür zu sorgen, daß alle, die zu Ihm hielten, trotz der Finsternis im Licht leben konnten.

Doch dann schüttelte er diese Gedanken wieder ab und redete sich ein, er sei übermüdet und sehe Dinge, die es gar nicht gäbe. Denn wie sollte ein Lichtschein vom Getto der Israeliten bis zum Palast diese Finsternis durchdringen? Er wollte sich nicht betrügen lassen, sondern daran festhalten, daß die Götter Ägyptens siegen würden.

54. KAPITEL

In den Häusern der Israeliten war allerdings nicht nur Licht, sondern dort herrschte auch Fröhlichkeit.

Da diese unheimliche Finsternis, in der es nicht mehr Tag und Nacht gab, das Land schon den dritten Tag beherrschte, wurden die Herzen aller Ägypter mit Furcht erfüllt, wie sie auch im Herzen des Königs war. Obwohl alle Sklavenhalter des Landes auch schon die vorher geschehenen Zerstörungen des Landes durch die vorangegangenen Plagen anerkennen mußten, wirkte doch nichts so niederdrückend wie diese nicht endende Nacht.

Die Sklavenhalter waren in dieser Finsternis nicht mehr in der Lage, die israelitischen Sklaven zur Arbeit anzutreiben. Deshalb blieben diese daheim und freuten sich über die großen Werke ihres allmächtigen Gottes und darüber, daß es nun nicht mehr lange dauern konnte, bis der Pharao ihnen die Freiheit geben würde. Deshalb wurde in allen Häusern der Kinder Jakobs gefeiert.

Auch das Haus von Jochebed und Amram machte da keine Ausnahme. Hier wurde die bewahrende Hand Gottes noch besonders sichtbar. Denn obwohl die Familie Amrams nicht mehr im Sklavengetto wohnte, wo es überall hell war, sondern inmitten der Ägypter, war es doch in ihrem Haus und auf ihrem Grundstück hell, während ringsum undurchdringliche Finsternis herrschte.

Eine Anzahl der Ältesten und führenden Männer Israels hatten sich hier eingefunden und machten mit Mosche und Aaron Pläne für den Tag, an dem sie die Freiheit erhalten würden. Und Mosche versicherte ihnen, daß dieser Tag nun schon sehr nahe war.

Für Mosche selbst waren es Tage der Bestätigung seines Auftrags, den er in der Wüste von Jahwe erhalten hatte. Immer häufiger kehrten jetzt seine Gedanken zur Wüste zurück, denn dorthin, so hatte der Herr ihm gesagt, würde er das Volk führen, und das war eine Aufgabe, vor der er sich immer noch fürchtete.

Wie sollte er als einzelner, so fragte er sich, die Verantwortung dafür übernehmen, ein Millionenvolk aus der Sklaverei zu führen, ohne das es ein riesiges Chaos gab? Ihm wurde die ganze Beschränktheit seiner eigenen Möglichkeiten bewußt, wenn er darüber nachdachte, und er schüttelte hilflos den Kopf.

Viel tröstlicher war da die Aussicht, bald seine geliebte Zipporah und seine Söhne wiederzusehen. Für einige Zeit ließ er seinen Erinnerungen mit dieser Vorstellung freien Lauf. Doch dann kehrten seine Gedanken in die Wüste Sinai zurück, an den Berg Horeb und zum brennenden Busch, und wieder stand seine große Aufgabe vor ihm, denn er dachte daran, daß der Herr ihm gesagt hatte, er müsse das Volk hierher, zu diesem heiligen Berg führen, und hier würden sie alle Jahwe begegnen, so wie er Ihm dort schon begegnet war.

Wieder wurde ihm seine Hilflosigkeit bewußt. Wie sollte ein einzelner Mann drei Millionen Sklaven aus Ägypten führen? Und selbst wenn ihm das gelang, wie sollte er dann in der Lage sein, in der Wüste für diese vielen Menschen zu sorgen?

Die Größe dieser Aufgabe legte sich wie eine schwere Last auf ihn. Er beugte den Kopf und flüsterte: „Ich kann das nicht schaffen, Herr. Nie bin ich allein dazu in der Lage.“

Gott schien gesehen zu haben, daß sein auserwählter Mann wieder einmal Hilfe und Aufmunterung nötig hatte. Denn in diesem Augenblick betrat Joschua den Hof, in den sich Mosche für diese kurze Zeit des Alleinseins vor seinen Gästen zurückgezogen hatte, und suchte nach ihm.

Als er Mosche entdeckte, der hinter dem Haus auf einer Bank saß, kam er geradewegs zu ihm und fragte: „Wann wirst du wieder zum Pharao gehen?"

Mosche blickte auf, lächelte leicht über den Eifer des Jüngeren und antwortete: „Ich weiß es noch nicht genau. Aber es wird ganz gewiß nicht mehr lange dauern."

„Wunderbar!" rief Joschua aus. „Dann wird auch die Zeit unserer Befreiung nicht mehr lange auf sich warten lassen!"

Mosche nickte und war wieder einmal beeindruckt von der Zuversicht und dem Elan seines jüngeren Freundes.

„Wenn du wieder zum Pharao gehst, dann mußt du mich diesmal mitnehmen. Versprich mir das!" forderte Joschua.

In Mosches Augen trat ein freudiger Schimmer. Jahwe war doch immer wieder ein Gott der Überraschungen. Eben war er wieder einmal fast mutlos geworden, als er über die menschlich nicht zu bewältigende Aufgabe nachdachte. Und nun schickte der Herr ihm einen Mann, der in seinem Eifer alle Probleme schon bewältigt sah. Wenn der Herr mir solche Männer zur Seite stellt, kann ich neuen Mut fassen, dachte er.

„Ich verspreche es. Ich werde dich mit zum Pharao nehmen", versicherte Mosche. „Außerdem kannst du mir zu jeder Zeit helfen, wenn du es wünschst, denn ich bin nicht in der Lage, allein zu bewältigen, was der Herr mir aufgetragen hat."

Joschua war so überrascht, daß er einige Augenblicke nach Worten suchen mußte. „Du bist der, den Gott erwählt hat, und Aaron ist dein Sprecher", antwortete er endlich zögernd. „Doch wenn ich dir irgendwie eine Hilfe sein kann, will ich dir mit Freude zur Verfügung stehen. Gern will ich deine rechte Hand sein. Du brauchst nur zu sagen, was du von mir erwartest."

Mosche betrachtete nachdenklich den stattlichen Mann, der voller Eifer vor ihm stand. „Dein Name ist Joschua?" sagte er fragend.

„So ist es“, nickte der Jüngere.

„*Joschua,* das bedeutet doch: *Jahwe ist Rettung!* Daran will ich von jetzt an immer denken, wenn du an meiner Seite stehst. Und ich sage dir, du wirst ein ganz besonderer Diener des Herrn sein.“

55. KAPITEL

Die großen Tore zu Pharaos Empfangssaal standen weit offen. Sie waren nicht mehr geschlossen worden, seit die Finsternis begonnen hatte. Die Wachen trugen große, hell brennende Fackeln. Doch diese hatten nur so viel Kraft, soeben die Gesichter der Soldaten schemenhaft zu erhellen.

Doch diesmal wären diese Fackeln nicht nötig gewesen, denn die Männer, die am Tor zum Empfangssaal standen, umgab Helligkeit, und davon strahlte auch etwas in ihre Umgebung aus.

„Der König ist bereit, euch zu empfangen", verkündigte der Anführer der Wachen.

Mosche nickte nur und betrat den Saal. Neben ihm ging Aaron und einen Schritt hinter ihm Joschua. Ihre Haltung stand völlig im Gegensatz zu der der Ägypter, die einen niedergeschlagenen und verzagten Eindruck machten, während man den Israeliten ihre Zuversicht schon von weitem ansah. Mosche wußte, daß die Stunde der Entscheidung nun nahe war und daß er heute zum letzten Mal vor dem Unterdrücker seines Volkes stand.

Hätte Mosche nicht gewußt, daß nur der König auf dem Thron sitzen durfte, dann hätte er Thutmoses fast nicht erkannt. Der Pharao machte einen verfallenen Eindruck und schien um Jahrzehnte gealtert zu sein. Nichts war mehr von seiner stolzen Haltung übrig, sondern er schien sich mehr in seinem Thron verstecken zu wollen als von dort zu regieren.

Ohne weitere Formalitäten sprach er den Prophet an: „Ich möchte dich bitten, diesen Fluch der Finsternis von uns zu nehmen, wie du schon die anderen Plagen wieder beseitigt hast!" rief er mit heiserer Stimme. „Doch ich weiß auch, daß du nur neue auf uns bringen würdest, wenn wir nicht deinen Willen tun." Er deutete mit ausgestreckter Hand nach Osten. „Geh deshalb und nimm dein ganzes Volk mit dir und dient eurem Gott! Nur euer Vieh laßt zurück, sonst müssen wir ja verhungern."

Mosche betrachtete das eingefallene Gesicht des Königs. „Willst du immer noch mit Jahwe handeln?" fragte er kopfschüttelnd. „Wir müssen auch alle unsere Tiere mitnehmen, denn wir wissen nicht, wie viele Opfer der Herr von uns fordern wird. Alle unsere Herden gehen mit uns, und nicht eine Klaue wird in Ägypten zurückbleiben."

Da schien der Pharao plötzlich seinen alten Stolz wiederzugewinnen. Zornig fuhr er auf, schlug mit den Fäusten auf die Armlehnen des Thrones und schrie: *„Fort mit dir! Hüte dich, mir je wieder unter die Augen zu kommen, denn an dem Tag, da du wieder vor mich trittst, mußt du sterben!"*

Joschua erschrak bei diesem Wutausbruch des Königs und machte eine Geste, als wolle er Mosche zu Hilfe eilen.

Doch der Mann Gottes benötigte keine Unterstützung. In gerechter Empörung blickte er dem König fest in die Augen. *„Gut, dein Wort soll gelten"*, antwortete er. *„Ich werde dir nie wieder unter die Augen treten!"*

Er wollte sich gerade abwenden, hielt aber inne und fügte hinzu: *„Noch eine weitere Plage wird über dich und dein Volk kommen."*

Nun trat er einen Schritt zurück, erhob seinen Arm und rief mit lauter Stimme, daß es in dem Saal gespenstisch widerhallte: *„So spricht Jahwe: Um Mitternacht will ich mitten durch Ägypten gehen. Dann wird jeder Erstgeborene in Ägypten sterben, vom Erstgeborenen des Pharao, der auf dem Thron sitzt, bis zum Erstgeborenen der Magd an der Handmühle und bis zu den Erstlingen unter dem Vieh. Geschrei wird sich dann in ganz Ägypten erheben, so groß, wie es keines je gegeben hat oder geben wird!"*

Der Pharao umklammerte voller Entsetzen die Armlehnen des Thrones, als müsse er sich festhalten. Mosche aber holte tief Atem und fuhr fort: „*Doch gegen keinen der Israeliten wird auch nur ein Hund die Zähne fletschen, weder gegen Mensch noch Vieh; denn ihr sollt wissen, daß Jahwe zwischen Ägypten und Israel einen Unterschied macht!*“

Mosche hielt nochmals einen kurzen Augenblick inne und richtete dann seinen Arm mit ausgestrecktem Zeigefinger direkt auf Thutmoses. „*Dann werden alle deine Diener zu mir herabsteigen, sich vor mir niederwerfen und sagen: Zieht doch fort, du und das ganze Volk, das du anführst! — Danach werde ich fortziehen!*“

Nun drehte sich Mosche endgültig um und verließ mit festen Schritten den Saal. Aaron und Joschua folgten ihm.

Zu spät erhob Thutmoses eine Hand, als wolle er den Propheten zurückrufen. Nie würde er ihn wiedersehen. Und der Herr würde ihm auch keine weitere Chance mehr einräumen.

TEIL VII

MOSCHE — DER BEFREIER

56. KAPITEL

Noch zwei Wochen vergingen, ehe der Herr die letzte und schrecklichste Plage über Ägypten brachte. Doch für die Israeliten war es eine absolut notwendige Zeit, um alles für den Auszug vorzubereiten.

Während dieser zwei Wochen begann Mosche, einige Ordnungen aufzustellen, die für eine neu entstehende Nation, die schon einige Millionen Menschen zählte, absolut nötig sein würden. Durch seine Erziehung am Pharaonenhof und vor allem durch den Unterricht bei Jannes hatte er erkannt, daß Ägypten vor allem durch sein geordnetes Staatswesen so groß und mächtig geworden war. Je entwickelter eine Nation war, um so bessere Gesetze hatte sie auch. Hingegen wurden Sklaven in Unfreiheit gehalten und hatten kein Recht, sich eigene Gesetze zu geben oder ein eigenes Staatswesen zu entwickeln. Das einzige Gesetz des Sklaven war der Wille seines Herrn. Darüber hinaus gab es für Sklaven keine Rechte, keinen eigenen Willen und deshalb auch keine Idendität als Nation.

Während dieser kurzen zwei Wochen begann Mosche auch schon, seine Überzeugung in die Tat umzusetzen, die er schon seit fast 40 Jahren mit sich trug. Diese Überzeugung war vor so langer Zeit damals entstanden, als er im Zelt Jethros die Worte gehört hatte, die von den midianitischen Männern gemeinsam gesprochen wurden:

„Du aber halte Meinen Bund, du und deine Nachkommen, Generation um Generation!“

Als Mosche damals seinen Schwiegervater ausgefragt

hatte, welche Bedingungen Gott den Menschen für diesen Bund gestellt hatte, mußte Jethro zugeben, daß die Beschneidung eine der Bedingungen dieses Bundes war, die Jahwe von ihrem Stammvater Abraham und von dessen männlichen Nachkommen forderte.

Da unter den Midianitern die Beschneidung nicht üblich war, hatte Jethro versucht, ihre Bedeutung zu vergeistlichen. Doch Mosche war überzeugt davon, daß man Gottes Gebote nicht einfach so auslegen konnte, wie man sie gerade brauchte, sondern daß sie erfüllt werden mußten.

Außerdem hatte der Herr ihm dies auch noch bestätigt, als sein eigener Sohn Elieser krank geworden war. Als er aber beschnitten wurde, heilte der Herr ihn fast augenblicklich. Diese Erfahrung war noch ganz frisch in Mosches Gedächtnis, da sie erst einige Monate zurücklag.

Deshalb verlor der Prophet des Herrn auch keine Zeit, dieses Gebot Gottes bei den immer noch versklavten Israeliten einzuführen. Eine der ersten Verordnungen seiner Regierung bestimmte also: Jeder Mann in Israel, ob jung oder alt, muß beschnitten werden.

Dieses Gebot wurde zuerst nicht ohne Widerspruch akzeptiert. Doch da in Israel mittlerweile niemand mehr an Mosches göttlicher Berufung zweifelte, unterzogen sich alle Männer und Knaben des Volkes dieser blutigen und schmerzhaften Handlung.

Weiterhin ließ Mosche im Namen des Herrn bekanntmachen, die Israeliten sollten sich von ihren ägyptischen Nachbarn Haushaltsgeräte, kostbare Gefäße aus Silber und Gold und anderen Schmuck und sonstige nützliche Dinge geben lassen, die sie brauchen würden, wenn sie Ägypten verließen. Außerdem sollten sie nicht arm ausziehen, sondern genügend Reichtümer besitzen.

Die Ägypter, die noch unter dem Eindruck der Machtdemonstrationen Jahwes in den Plagen standen, gaben des Israeliten alles, worum diese sie baten. Außerdem verschafften sich die Israeliten Körbe und Kisten genug, um alles, was sie von den Ägyptern erhielten, sofort zu verpacken. Denn sie mußten jeden Tag bereit sein, den Zug in die Freiheit zu beginnen.

Nachdem von den zwei Wochen schon zehn Tage vorüber waren, gab Mosche die letzten Anordnungen für die Vorbereitung. Jeder israelitische Haushalt sollte sich ein einjähriges Lamm von einem Schaf oder einer Ziege nehmen, das ohne Fehler war. In vier Tagen sollte dieses Tier geschlachtet und für ein Festessen und auch als Opfer gebraucht werden.

Mit diesem Fest würde in Zukunft der israelitische Kalender beginnen, und es sollte das erste der großen nationalen Feste werden.

Doch in diesem Fest lag noch ein tieferer Sinn verborgen. Gott wollte damit Seine größte Machtdemonstration den Ägyptern gegenüber verbinden, und außerdem sollte dieser Festtag auch der Tag der Befreiung Israels aus der Sklaverei werden.

Langsam ging es am 14. Tag auf den Abend zu. Dunkelheit lag nicht mehr über Ägypten, sondern Tag und Nacht wechselten im Niltal wieder einander ab. Doch die Furcht vor Gottes Gerichten beherrschte immer noch die Unterdrücker Israels.

In der langsam beginnenden Dämmerung stieg aus unzähligen Schornsteinen im Land Rauch auf, und aus den Häusern drang der Geruch gerösteten Fleisches nach draußen. An sich war daran nichts Ungewöhnliches, denn es war die Tageszeit, zu welcher das Abendessen zubereitet wurde. Doch die Israeliten waren an ihren Haustüren mit einer ganz seltsamen Arbeit beschäftigt.

Die Männer jedes israelitischen Haushalts hatten neben sich ein Gefäß stehen, in dem sich das Blut des geschlachteten Lammes befand. Sie hatten Ysopzweige in der Hand, die sie immer wieder in das Blut tauchten. Mit Hilfe dieses Ysopzweiges bestrichen sie nun die Oberschwelle und die beiden Seitenpfosten ihrer Haustür mit dem Blut.

Als sie diese Arbeit beendet hatten, verschwanden die Männer in ihren Häusern, verschlossen die Haustüren sorgfältig und aßen im Haus gemeinsam mit ihren Familien das geschlachtete und mittlerweile geröstete Lamm mit ungesäuertem Brot und bitteren Kräutern.

Kein Israelit ließ sich nach Einbruch der Dunkelheit in dieser Nacht noch außerhalb seines Hauses sehen, so daß die Wohngebiete Israels den Eindruck machten, als seien sie schon verlassen.

In den Häusern war alles, was sie mitnehmen wollten, fertig verpackt. Außerdem hatten sich alle Israeliten auf Befehl Mosches schon reisefertig angezogen, ehe sie das Lamm verzehrten. Sie trugen schon Gürtel um ihre Reisekleidung und auch feste Schuhe und hatten alle den Wanderstab in der Hand. Außerdem hatte Mosche ihnen aufgetragen, sich bei der Mahlzeit nicht zu viel Zeit zu nehmen, sondern schnell zu essen.

Eine feierliche Stimmung großer Erwartung hatte sich über alle Häuser der Israeliten gelegt.

Es war etwa Mitternacht, als der uralte Zauberer Jannes mit einem Schreckensschrei aus dem Schlaf auffuhr. Verstört saß er auf seinem Bett und blickte sich in seinem von Mondlicht erhellten Schlafgemach um.

Hatte er nur einen bösen Traum gehabt, oder war er durch irgend etwas geweckt und gewarnt worden? Er spürte deutlich, wie die Götter Ägyptens, die Dämonen, tobten und sich Mühe gaben, etwas zu verhindern, was sie doch nicht aufhalten konnten. Aber was war das Schreckliche, das sich dort draußen in der Nacht zusammenbraute?

Mühsam erhob er sich, humpelte zum Fenster und blickte hinaus über die im Mondlicht liegende Stadt. Plötzlich fuhr er zusammen. Hatte er sich in seiner Schlaftrunkenheit jetzt nur getäuscht, oder war tatsächlich ein Schatten über den Mond hinweggezogen?

Kurz bevor er schlafen gegangen war, hatte man ihm noch berichtet, welch seltsame Handlung die Israeliten an den Seitenpfosten und Oberschwellen ihrer Haustüren vornahmen. Er hatte geahnt, daß sich damit etwas Geheimnisvolles verband, konnte sich aber nicht denken, worum es dabei ging.

Ihm war, als würde etwas ihn drängen, zu den Fenstern zu blicken, die zu den Räumen des Sohnes von Thutmoses gehörten. Als er sich noch fragte, was das sein könnte, nahm er auch dort eine huschende Bewegung wahr, wie vor einigen Augenblicken vor dem Mond. Gleichzeitig spürte er, wie Kräfte an ihm zerrten, zu dem Prinzen zu eilen, weil dieser sich in riesiger Gefahr befand.

Jannes warf einen Umhang über, ergriff seinen Stock und humpelte, so schnell er konnte, auf den Gang hinaus und zum Zimmer des Jungen.

Er hatte wohl erst den halben Weg zurückgelegt, als ein fürchterlicher, durchdringender Schrei ertönte, der durch alle Gänge und Räume des Palastes zu dringen schien. Nur ein Mensch in Todesnot konnte so schreien, das war dem alten Mann klar. Und damit wußte er auch, daß er zu spät kam.

„Bei allen Göttern!“ schrie jemand. „Der Prinz ist tot! Der Prinz ist tot!“

Der alte Priester fühlte, wie sich sein Herz zusammenkrampfte. War es der Schrecken oder die Anstrengung des schnellen Laufens? Jedenfalls konnte er keinen Schritt mehr gehen, sondern mußte sich erst ein wenig ausruhen. Er konnte doch nichts mehr ändern. Auf seinen Stock gestützt und schwer atmend war ihm klar: Die letzte und schlimmste der Plagen war nun über Ägypten hereingebrochen.

Hätte der Pharao doch auf ihn gehört, als er ihm damals zugerufen hatte: „Da ist mehr, o König, da ist noch viel mehr!“ Nun war es zu spät — und Thutmoses würde es tragen müssen.

57. KAPITEL

Es war nicht zu sehen, doch spüren konnte man es. Und das Ergebnis seines Handelns war unumkehrbar. Beginnend im königlichen Palast zog es durch die endlosen Straßen und Gassen Ägyptens, über die Prachtgebäude der Adligen und die Häuser der Kaufleute und Handwerker, bis hin zu den Hütten der Ärmsten und Kleinsten. Gottes Gerichtsengel ging durch das Land; und überall, wo er einkehrte, hörte man Geschrei und Weinen. Ein solches Wehklagen wie in dieser Nacht war in Ägypten noch nie zu hören gewesen.

Schnell wurde auch klar, daß der Todesengel an jenen Häusern vorüberging, deren Türpfosten mit Blut bestrichen waren, denn das waren die einzigen, in denen Erleichterung und Freude herrschte.

In allen anderen Häusern handelte der grimmige Todesbote ohne Erbarmen und brachte alle erstgeborenen männlichen Lebewesen, Mensch oder Tier, zu Tode.

Während der Zerstörer durch die Straßen und Städte Ägyptens zog, wurde in Amrams Haus gebetet. Gegen Abend hatte Amram, wie alle anderen israelitischen Hausväter, die Torpfosten und die Oberschwelle seiner Haustür mit dem Blut des für das Fest geschlachteten Lammes bestrichen. Jochebed hatte gemeinsam mit Miriam im Haus alles so für das Fest zubereitet, wie ihr Sohn es angeordnet hatte. Nun hatten sie sich in Reisekleidung versammelt, das Lamm gegessen und warteten wie alle anderen Israeliten auf die weitere Entfaltung des Planes Gottes.

Die Gnade und Barmherzigkeit, die der Herr Israel gegenüber hatte, wurde in dieser Nacht besonders deutlich. Jochebed allerdings wurde durch das Weinen und Klagen, das aus den Häusern der Ägypter zu ihnen drang, ganz besonders an jene schreckliche Zeit erinnert, die nun rund 80 Jahre her war, als der Pharao Thutmoses I. alle männlichen Babys in Israel töten ließ.

Ihr Gatte Amram, der seine Frau durch die vielen Ehejahre, die sie miteinander schon verbracht hatten, gut genug kannte, ahnte, was in ihr vorging. Er setzte sich neben sie und nahm ihre Hände in die seinen. „Mir ist, als wäre es erst gestern gewesen", flüsterte Jochebed mit tränenerstickter Stimme. „Erst gestern . . . "

Amram, der die Tränen sah, die ihr in die Augen traten, wollte sie trösten und sagte: „Aber in dieser Nacht ist es anders. Diesmal sind es die Ägypter, die weinen, und nicht die Mütter Israels."

Jochebed entzog ihm ihre Hände und blickte ihn traurig an. „Glaubst du denn, ich kann mich freuen, wenn irgendeine Mutter leidet, oder es könnte mich gleichgültig lassen?" tadelte sie. „Jedes Kind, das sterben muß, bringt eine Tragödie über eine Familie."

„Natürlich ist das so", beeilte sich Amram, ihr zuzustimmen, „und so hatte ich es ja auch nicht gemeint. Auch ich freue mich nicht über das Leid um uns herum. Ich bin nur dankbar, daß es uns nicht auch trifft."

Die Verzweiflungsschreie und das Klagegeheul rundum wurden lauter. Es schien so, als ginge der Würgeengel jetzt gerade durch ihre Nachbarschaft.

Als Aaron und Miriam nun auch noch zu ihrer Mutter traten, um sie zu trösten, wandte sich die alte Frau Mosche zu und bettelte: „Sohn, hörst du die Klagen nicht? Tu doch etwas! Kannst du denn gar nichts tun?"

Doch auch der Prophet war dazu nicht in der Lage. Er wußte, daß der Allmächtige Seinen Plan bis zum Ende durchführen würde und daß nichts und niemand Ihn aufhalten konnte. Mit einer hilflosen Geste breitete er die Hände aus und zuckte mit den Achseln. „Nein, Mutter“, sagte er, „ich kann jetzt nichts mehr tun. Wenn der Herr erst begonnen hat, Seinen Willen in die Tat umzusetzen, muß auch Sein Diener beiseite stehen und Ihn wirken lassen.“

In diesem Augenblick konnte man von draußen durch das Klagegeschrei hindurch die Geräusche eines fahrenden Wagens vernehmen, der direkt vor ihrem Haus anzuhalten schien. Kurze Zeit später klopfte es an ihre Haustür. Alle im Hause Versammelten blickten sich einen Augenblick erschrocken an.

Doch Mosche machte eine beruhigende Handbewegung. „Vertraut unserem Gott“, sagte er. „Es wird jetzt nicht mehr lange dauern.“ Er erhob sich und ging zur Tür.

Als er öffnete, sah er im Licht von Fackeln eine Gruppe Soldaten und hohe Beamte aus des Königs Haushalt vor sich, blickte aber direkt in das ihm so wohlbekannte Gesicht von Jannes, der vor den anderen stand.

Mosche war erschüttert, als er seinen alten Lehrer betrachtete, der von den Ereignissen der letzten Zeit, und vor allem von dieser Nacht, auch furchtbar mitgenommen zu sein schien. Das Gesicht schien nur noch aus Haut und Knochen zu bestehen, die Augen lagen tief in den Höhlen, und da er, wie alle Priester Ägyptens, kahlgeschoren war, machte sein Kopf den Eindruck eines Totenschädels.

Jannes deutete eine leichte Verbeugung an. „Ich komme mit einer Nachricht vom Pharao“, begann er.

Moses nickte. „Ich wußte, daß du kommen würdest“, unterbrach er ihn.

Der alte Priester fuhr fort: *„Der Pharao läßt euch sagen: Steht auf, verlaßt mein Volk, ihr beide und alle Israeliten! Geht und verehrt Jahwe, wie ihr gesagt habt. Auch eure Schafe, Ziegen und Rinder nehmt mit, wie ihr gesagt habt!“*

Der alte Mann hatte nicht den Mut, Mosche in die Augen zu blicken, als er diese Worte sagte. Aber der Schluß der Botschaft war sehr wichtig, doch er schien Jannes besonders schwer zu fallen. Lange zögerte er, dann gab er sich einen Ruck und blickte Mosche an.

„Der König läßt dich auch bitten . . ." begann er aufs neue, doch diesmal mit stockender Stimme.

„Ja? Sprich nur, Jannes", sagte Mosche freundlich und war bemüht, dem alten Mann Mut zu machen.

Der Priester holte tief Luft und begann nochmals: „Der König läßt euch bitten, auch für ihn zu beten", murmelte er.

Der Prophet akzeptierte diese Bitte nur mit einem stummen Kopfnicken, doch dabei blickte er seinem alten Freund und Lehrer voller Mitleid in die Augen. Als er ihn jetzt ansprach, wählte er bewußt die Anredeform, die er als Knabe oft gebraucht hatte:

„Und was ist mit dir, Vater?" fragte er. „Willst du dich zum Schluß nicht doch noch von deinen Göttern abwenden und mit mir kommen?"

Man konnte dem alten Mann ansehen, daß diese Frage ihn überraschte, denn für eine geraume Zeit stand er wie versteinert und schien mit sich zu kämpfen. Mosche glaubte schon, er habe ihn gewonnen.

Doch endlich zuckte der Priester mit den Achseln, und wie ein Gefangener, der sich an seine Zelle gewöhnt hat, antwortete er traurig: „Es ist nun schon mehr als eine Generation her, daß unsere Wege sich getrennt haben, mein Sohn, das weißt du. Was nun mich angeht — ich kann meinen Weg nicht mehr wechseln. Außerdem ahne ich, daß er nun bald zu Ende geht. Mag dein Gott dich weiter segnen und bewahren, mein Sohn!"

Damit machte er eine wie endgültig wirkende Handbewegung und wandte sich ab. Mit gesenktem Kopf und hängenden Schultern ging er, schwer auf seinen Stock gestützt, zu der wartenden Kutsche zurück. Seine Begleiter folgten ihm.

58. KAPITEL

Von den Feldern und aus den Städten und Dörfern Ägyptens, von den Feldern, die durch die Plagen verwüstet, und von den Städten, die durch die Gerichte Gottes mit Tod, Elend und Zerstörung geschlagen waren, stieg ein Jubel zum Himmel empor, der lauter und lauter wurde. Es war der Jubel von Sklaven, die endlich ihre Freiheit bekamen, der Jubel eines Volkes, das für rund 400 Jahre unter der harten Arbeit und den Peitschen der Sklaventreiber des Pharaos hatte leben müssen.

Ja, es war 430 Jahre her, seit die Söhne Jakobs das Land am Nil betreten hatten. Der Anfang ihres Aufenthalts in Ägypten war sehr schön gewesen, denn sie wurden begrüßt von den offenen Armen ihres Bruders Joseph, der im Land zum zweitmächtigsten Mann aufgestiegen war und auf einem Thron neben dem Pharao saß und alle Macht in der Hand hatte, ihnen einen bevorzugten Siedlungsplatz in der schönsten und fruchtbarsten Gegend Ägyptens zu besorgen.

Einige Jahrzehnte hatten die Kinder Israel in Goschen gewohnt, dort ihre Herden gehütet und ihre Söhne und Töchter in Reichtum und Überfluß aufgezogen. Doch nachdem Joseph gestorben war und auch der Pharao, der ihn noch kannte, waren sie der Willkür der folgenden Könige ausgeliefert, die aus ihnen ein Heer von Sklaven und damit billigen Arbeitskräften machten. Und für fast 400 Jahre hatte das Volk unbeschreibliche Unterdrückungen und Leiden erdulden müssen.

Doch in dieser Nacht änderte sich alles. Sie waren nun keine kleine Sippe mehr wie damals, als sie nach Ägypten kamen, sondern waren in den mehr als 400 Jahren zu einem stattlichen Volk von fast drei Millionen Menschen angewachsen. Und am Morgen, der dieser Nacht des Schreckens folgte, machte sich diese beachtenswerte Schar von Menschen auf den Weg in die Freiheit. Aus allen Teilen Ägyptens kamen sie — von Ra-Amses, Theben, Memphis, Heliopolis, Bubastis und aus allen kleineren Orten dazwischen.

Die einzelnen Gruppen hielten eng zusammen, bis sie zum sich versammelnden Volk stießen. Außerdem schlossen sich diesen Gruppen eine ganze Anzahl anderer Menschen aus anderen Völkern an, vor allem Sklaven, die an Jahwe gläubig geworden waren oder schon immer Sympathisanten der Israeliten gewesen waren. Sie unterzogen sich alle dem Ritual der Beschneidung und wurden in die Volksgemeinschaft Israels aufgenommen. Ja, es gab sogar einige Ägypter, die mit ihnen auszogen.

Als die Söhne Jakobs vor mehr als vier Jahrhunderten nach Ägypten kamen, hatte eine Hungersnot sie dazu gebracht, in dem reichsten Land der Erde Hilfe zu suchen. Doch dann waren sie als Sklaven durch die Jahrhunderte hindurch die Ärmsten im Lande gewesen. Und nun waren sie buchstäblich über Nacht reich geworden. Denn die Ägypter hatten ihnen aus Furcht, aber auch in dem Wunsch, sie endlich loszuwerden, mitgegeben, was die Israeliten von ihnen erbeten oder gefordert hatten. Ja, sie hatten freiwillig noch mehr hinzugefügt an Hausrat, Schmuck und anderen Gütern, so daß sie nun auf vielen Wagen diesen Reichtum mit sich führten.

Natürlich nahmen die Israeliten auch ihre Viehherden mit. Da die meisten Tiere der Ägypter durch die Plagen getötet worden waren, würde es für das Land schwere Zeiten und Hungersnot geben, bis sich der Viehbestand allmählich wieder vermehrte.

Doch kein Ägypter versuchte mehr, einen Israeliten oder das, was er mitnahm, zurückzuhalten, sondern die Ägypter halfen ihren ehemaligen Sklaven noch dabei und drängten sie, daß Land so schnell wie möglich zu verlassen. „Geht!" riefen sie. „Geht und beeilt euch, ehe Jahwe noch weitere Strafen über uns kommen läßt und wir alle noch umkommen!"

Doch obwohl sich ihnen niemand in den Weg stellte, zogen die Israeliten in ordentlichen Kolonnen und gut beschützt durch Trupps von jüngeren Männern, die Schilde, Speere und Schwerter trugen und als Vorhut vorausmarschierten sowie an beiden Seiten und auch den Schluß des Zuges bildeten. Niemand konnte ja wissen, was ihnen unterwegs für Gefahren begegnen würden.

Im Augenblick aber folgten all die vielen Gruppen eifrig den Anweisungen ihres Führers Mosche. Sie strebten einem Treffpunkt zu, den er ihnen durch Boten angegeben hatte und der unmittelbar jenseits der östlichen ägyptischen Grenze am Rand der Wüste lag. Es würde noch einige Zeit dauern, bis das ganze Volk dort versammelt war.

Doch überall im Lande, wo diese israelitischen Gruppen zogen, herrschte unter ihnen Freude und Jubel. Und alle Ägypter mußten es immer wieder mit anhören, wenn hier und da aus vollem Herzen das Lied der Verheißung angestimmt wurde, das sie jahrhundertelang nur unter Mühe und Plage und in Hoffnung gesungen hatten und das sich nun zu erfüllen begann:

Milch und Honig!
Wir werden Milch und Honig haben
in dem Land unseres Vaters Jakob!
In dem Tale Jahwes
werden wir ausruhen!

EPILOG

Herr, mein Herz ist nicht stolz,
nicht hochmütig blicken meine Augen.
Ich gehe nicht um mit Dingen,
die mir zu wunderbar und zu hoch sind.
Ich ließ meine Seele ruhig werden und still;
wie ein kleines Kind bei der Mutter
ist meine Seele still in mir.
Israel, harre auf den Herrn
von nun an bis in Ewigkeit!

In der Wüste südlich von Gosen hatte sich ein rötlich schimmernder Glanz auf den Erdboden gelegt. Für viele, viele Kilometer konnte man diesen Glanz sehen. Er reichte fast bis an die Mauern von Ra-Amses auf der westlichen und bis zum großen Bittersee an der östlichen Seite. Und vom Sand der Wüste angefangen bis hoch hinauf in die Luft erstreckte sich eine gigantische feurige Wolkensäule, die mit ihrer leuchtenden Aura den ganzen Himmel auszufüllen schien.

Höher als die höchsten Berge der Erde erhob sich dieses seltsame Phänomen im herrlichen Strahlenglanz von der Erde scheinbar bis zu den Sternen empor. In der ersten Nacht des Auszugs hatte sich diese feurige Säule wie von selbst über dem riesigen Zug der Israeliten geformt, war vor ihnen hergezogen und hatte sie auf dem Wüstenweg in Richtung Sukkoth geführt. Als es gegen Morgen hell wurde, hatte sich das feurige Gebilde in eine weiße Wolkensäule verwandelt und war dem scheinbar zahllosen Volk weiter südostwärts vorangezogen.

Den ganzen Tag konnten die Israeliten diese Säule mit ihren sich bewegenden Wolkenformationen und dem leicht kreisenden Rhythmus wie ein Wunder vor ihren Augen sehen. Doch nachts war der Anblick noch viel großartiger, wenn sie wie Feuer leuchtete und eine wohltuende Wärme über das auf weiter Fläche lagernde Volk aussandte.

Wo die Wolke anhielt, unterbrachen die wandernden Millionen ihren Zug und lagerten. Die Wolke stand dann über ihnen und bewegte sich nur leicht spiralförmig an Ort und Stelle, als ob ein Wächter von einem riesigen Turm herab das ganze Lager beständig bewachte und im Auge behielt.

Für die Israeliten, die Jahwes Macht bisher hauptsächlich in den Plagen und Gerichten erlebt hatten, die über die Ägypter gekommen waren, zeigte diese Wolke etwas von der fürsorglichen und beschützenden väterlichen Seite ihres Gottes. Ihr Glaube, der unter der langen Unterdrückung sehr gelitten hatte, war noch schwankend und unsicher. Deshalb brauchten sie, wie kleine Kinder, ebenso noch die väterliche Fürsorge ihres Gottes wie die Erkenntnis seiner Größe und Heiligkeit.

Mosche selbst kannte diese feurige Seite Gottes schon. Er war ihr begegnet im brennenden Busch und wußte, daß dieses Feuer ebenso schmerzen wie heilen konnte, es konnte wärmen, aber auch verbrennen. Doch auch Mosche kam sich Gott gegenüber oft noch wie ein Kind vor. Er wußte, daß er trotz seiner 80 Jahre noch viel lernen mußte.

Als er an diesem Abend vor seinem Zelt saß und um sich herum das geschäftige Treiben der lagernden Menschen betrachtete, wurde er immer wieder von Ehrfurcht ergriffen und fühlte sich sehr, sehr klein, wenn er zu der feurig leuchtenden Wolke hinaufblickte. Die ungeheure Größe der Aufgabe, die vor ihm lag, war keinesfalls kleiner geworden. Und obwohl der Herr beständig aufs neue bewies, daß er sie führen und ihren Weg begleiten und sie beschützen würde, gab es bei dem Propheten Zeiten, da wollte der Zweifel ihn wieder ergreifen.

Was an Schwierigkeiten noch vor ihnen liegen mochte, konnte er sich einfach nicht vorstellen. Er wußte, daß er diese vielen Menschen quer durch die Wüste über mehr als 300 Kilometer Fels und Sand zu führen hatte. Doch woher der Herr dabei für diese große Schar Wasser und Lebensmittel nehmen würde, wenn die mitgenommenen Vorräte aufgebraucht waren, konnte er sich einfach nicht vorstellen. Und wie es weitergehen sollte, wenn ihr jetziges Ziel erreicht war, wußte er auch nicht.

Außerdem konnten ihnen unterwegs Feinde in den Weg treten. Oder der Pharao konnte seine Meinung ändern und versuchen, sie wieder zurückzuholen. Seine Leute waren für einen Kampf nicht ausgebildet und hatten außer den mitgebrachten Vorräten keine Möglichkeit zum Überleben.

Außerdem befanden sich unter ihnen viele alte Leute, wie zum Beispiel seine eigenen Eltern und die beiden Hebammen Schiphrah und Puah, und auch sehr viele kleine Kinder. Mosche wollte sich gar nicht erst vorstellen, wie hilflos diese Alten und die Kinder wohl waren, würde irgendein Unheil über das Volk kommen.

Da war der Gedanke an Joschua und Kaleb und die anderen jungen Männer Israels schon ermutigender. Auf sie mußte er sich bei der Ausführung seiner Aufgaben verlassen. Auch hoffte er darauf, bald Zipporah, seine Söhne und Jethro wiederzusehen. Die Erinnerungen daran gaben ihm trotz allem auch immer neue Zuversicht.

Als er jetzt wieder einmal zu der leuchtenden Säule hinaufschaute, konnte er sogar ein wenig lächeln. Er zog sich die kleine Decke über den Kopf, die ihm die beiden Hebammen von Hatschepsut mitgebracht hatten, und erinnerte sich daran, bei wie vielen Gelegenheiten diese feine Handarbeit seiner Mutter ihn schon getröstet und aufgerichtet hatte. Einige Male hatte er sie schon für immer verloren geglaubt, doch stets war sie zu ihm zurückgekehrt.

Ihm war jetzt fast, als würde er wieder fühlen, wie er, in diese Decke eingehüllt, auf den Wassern des Nils schaukelte. Hilflos und klein war er den Wellen des Nils ausgeliefert gewesen. Doch plötzlich wurde ihm groß, daß er sogar als Säugling nie allein war. Der Herr war mit ihm gewesen und hatte dafür gesorgt, daß sein gebrechliches Korbschiffchen in die Hände Hatschepsuts geriet. Und so war es sein ganzes Leben lang bis zu diesem Augenblick geblieben.

Ihm wurde plötzlich aufs neue groß, daß er sich trotz seiner Schwachheit und Hilflosigkeit auf die Macht und den Beistand Jahwes verlassen konnte.

Demütig beugte er unter der kleinen Decke den Kopf. „Bewahre mich, Herr", flüsterte er. „Bewahre uns alle, denn wir sind Deine Kinder, und unser Leben ist in Deiner Hand!"